U0903354

互联网+时代
企业管理实战系列

转型力

传统企业营销变革实战手册

刘湛泉◎著

人民邮电出版社
北京

图书在版编目（CIP）数据

转型力 : 传统企业营销变革实战手册 / 刘湛泉著
. -- 北京 : 人民邮电出版社, 2016.11
（互联网+时代企业管理实战系列）
ISBN 978-7-115-43781-5

Ⅰ. ①转… Ⅱ. ①刘… Ⅲ. ①供销经营－手册 Ⅳ.
①F274-62

中国版本图书馆CIP数据核字(2016)第243320号

内 容 提 要

本书重点内容包括用互联网思维重塑传统企业价值链，互联网思维三大法则及生存方式，互联网思维下的团队建设与文化基因，实战互联网整合营销策略、技巧、案例，等等，旨在让读者掌握线上线下推广的各类新媒体营销工具，感受互联网对传统企业的冲击以及传统企业的互联网之道，摒弃传统的商业思维，接受互联网化的新思维，开创传统行业在互联网中的新格局！本书适合企业营销经理、网络推广经理、企业营销总监、网站运营总监、各类电商运营经理，从事传统企业、近期想开展电商业务的大中小企业CEO及中高管人员，小型创业者以及对移动互联网感兴趣的读者阅读和学习。

◆ 著　　　　刘湛泉
责任编辑　冯　欣
责任印制　彭志环
◆ 人民邮电出版社出版发行　　北京市丰台区成寿寺路11号
邮编　100164　　电子邮件　315@ptpress.com.cn
网址　http://www.ptpress.com.cn
固安县铭成印刷有限公司印刷
◆ 开本：700×1000　1/16
印张：20.5　　　　2016年11月第1版
字数：241千字　　　　2016年11月河北第1次印刷

定价：59.80元

读者服务热线：(010)81055488　印装质量热线：(010)81055316
反盗版热线：(010)81055315
广告经营许可证：京东工商广字第8052号

Preface
前 言

近几年来，随着计算机网络的不断普及和发展，越来越多的领域开始与互联网产生碰撞和交流。互联网的发展为各领域植入了新的基因，带来了全新的活力；另外，也使部分行业以摧枯拉朽之势实现了颠覆和创新，从而开辟了全新的发展前景。一言蔽之，互联网已经成为服务业最基本的要素和支撑点，也由此带来了各产业结构、产业组织、产业模式、产业资源配置等重大变革。这正是互联网时代各产业发展的特点。

2015 年，在“大众创业、万众创新”的大环境下，互联网为产业智能化提供了很好的契机，也为更多的企业带来了新的经济增长动力。进入 2016 年，互联网对各产业的影响持续深入，并且呈现出不一样的发展态势。

1. 制造和实体相结合的服务体验将更有发展前景

2016 年，“互联网 +”的发展继续升温，各行业、各企业将更加互联网化。与此同时，互联网与实体制造业结合得更加紧密，优势互补更加明显，这必将更大幅度地推动产业创新。由此，以服务为主逐渐走向与制造和实体相结合，推动产业结构的大变革和实体经济的全面优化和升级。

2. 定制化、智能化依然是实现个性化、人性化必不可少的条件

个性化、人性化是这个时代的突出特点，这使得各传统企业必须借助互联网进行科技创新、模式创新、管理创新、组织创新、产品创新等。对定制化、智能化需求进一步提升，是个性化、人性化的需求，也是互联网时代对企业发展提出的要求。

3. 大数据、云计算等基础设施的重要性将更加凸显

基于互联网，人们无时无刻不在产生大量的数据，这些数据为企业的发展提供了更多的数据保障。可以说，云计算、大数据的应用将为企业经济的整体增长奠定基础，成为企业发展的重要基础设施，其重要性将更加凸显。

4. 农村经济互联网化成为企业多元化发展的方向

越来越多的企业开始认识到，多元化发展才能更好地提升企业效益，而农村互联网市场作为极具经济增长潜力的大市场，吸引了越来越多的企业大力“开垦”。

5. 步入互联网深度整合阶段

2015 年，可以说是一个“合并年”，滴滴与快的合并、大众点评与美团网合并、去哪儿网与携程网合并、58 同城与赶集网合并、百合网与世纪佳缘网合并等，“竞合”成为了互联网企业发展的又一个全新关键词。互联网深度融合能够将过去用于竞争而损耗的投入用到对用户服务质量的提升上，以服务、创新、技术推动整个行业发展，因此，2016 年，互联网整合必将进入一个更具深度的阶段。

6. 移动互联网将出现更多新兴业态

2016 年 4 月 28 日，全球移动互联网大会在北京召开，各种与移动互联网相关的产品为消费者提供了更加便捷的服务体验，由此也推动传统企业向新兴业态领域迈进。

7. 跨界、整合将彻底颠覆传统行业

2015 年，跨界、整合在互联网领域崭露头角，并已经取得了非常显著的成绩。放眼望去，2016 年必将是互联网企业整合如火如荼的发展年，资源整合、产业链整合、场景整合、跨界整合必将成为未来互联网经济发展的一大趋势。与此同时，互联网也推动了社会分工的形成，使得大规模的社会化协同出现。

未来扑面而来，预见方能遇见。2016 年互联网发展趋势绝不仅限于此，更多、更新的产业形态必将取代传统产业形态，使得互联网时代的企业能够更加辉煌。无论互联网时代如何变化与发展，唯一能够让企业不断盈利的还是其自身快速更新的能力，这是一条永不改变的规律。企业如果能够更好地应用互联网思维和技术，必将能够带动整家企业经营、管理、服务的创新和互联网化，这才能够被称为真正的互联网企业。

本书将教会读者如何利用互联网这把利器，在互联网领域决胜千里，实现盈利。因此，本书从 6 个方面带领读者进行互联网实战。

第 1 章，从平台战略系统出发，向读者论述互联网时代企业盈利的根本。

第 2 章，从模式创新系统出发，向读者描述互联网时代企业盈利的基础。

第 3 章，从运营优化系统出发，向读者介绍互联网时代企业盈利的保证。

第 4 章，从组织效率系统出发，向读者讲述互联网时代企业盈利的核心。

第 5 章，从核心竞争系统出发，向读者阐释互联网时代企业盈利的法则。

第 6 章，从企业拓疆技巧出发，向读者传授互联网时代企业盈利的技巧。

这 6 个方面使那些致力于在互联网领域大展宏图的企业明白如何走向创业梦想的彼岸，如何利用互联网实现百万富翁之梦，最终成功。本书通过对互联网企业的各种运营方法与要点进行全面、精准的分析和讲解，帮助读者更加明确互联网时代如何才能抓住机遇获得更大的发展、获取更多的利润。

CONTENTS

目 录

第 3 章 互联网时代盈利保证——运营优化系统

第4章 互联网时代盈利核心——组织效率系统

第5章 互联网时代盈利法则——核心竞争系统

第 6 章 互联网时代盈利技巧——企业拓疆技巧

第1章

互联网时代盈利根本——平台战略系统

互联网时代，企业能否盈利决定了企业的生存价值。然而，横向互联网即传统产业，平台战略已经成为霸气十足、极具统治力和强大盈利能力的商业模式。平台战略的建立充分证明“平台共赢”优于“赢家通吃”，并且这种“平台共赢”方式是企业盈利的根本，平台战略已然成为当前企业发展的一种潮流模式。

1.1 传统企业平台生态圈的战略设计

核心内容展示

- 互联网带来的是整合与专业分工
- 互联网定位转型，实现联动
- 中小型企业战略部署的 5 项任务
- 平台战略产生的环境与运行条件分析

1.1.1 互联网带来的是整合与专业分工

进入 2015 年，互联网迈向了整合的一年，并购热潮此起彼伏，使得资本市场快速升温，由此引发的分享经济若隐若现地隐藏在各种并购活动当中，基于互联网，多方实现了全面整合，由此带来了新一轮的经济发展方向，如图 1-1 所示。

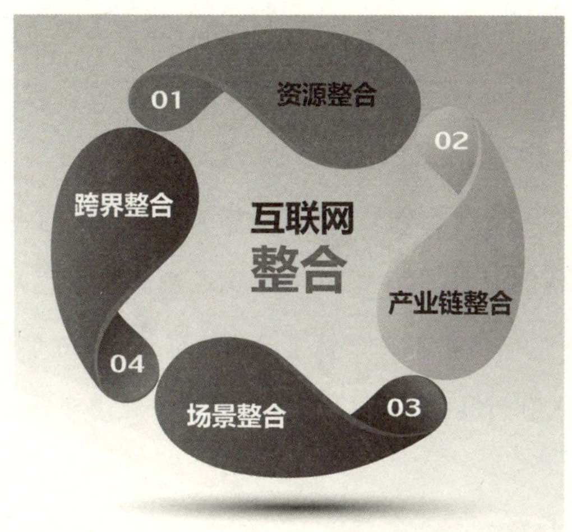

图 1-1　互联网带来的整合

1. 资源整合

资源整合应该是我们经常听到的一个词，这是互联网时代最重要也是最明显的整合趋势。由于互联网不受空间和时间的限制，可以在不同的时间和领域进行信息交换，因此使得企业之间的资源整合更加容易，也使得互联网下的资源整合具有以下特点。

（1）快速收集资源。

（2）有效收集资源。

（3）通过大众参与、公众评价、利益分摊等机制设计，激发更多的资源主体积极主动地参与资源整合。

（4）借助互联网的“长尾效应”，将更多的小众资源汇集起来，形成巨大的资源库。

2015 年，进行资源整合最为典型的要数滴滴和快的的“联姻”。在此之前，滴滴和快的为了赢得市场，纷纷采取“烧钱”的方法，虽然效果显著，但实际上这样的恶性竞争给双方都造成了“伤害”，仅 2015 年第一季度，双方投

入的补贴资金，高达30亿元。痛定思痛之后，双方采取“联姻”的方式，打造重量级O2O入口。这样不仅减少了“烧钱”，还将彼此的技术、人才等资源进行了强势整合，并通过进一步优化，最终使市场得到了极大的拓展。二者共同合作，创建了移动支付O2O消费场景和互联网金融生态圈，使得双方的整体竞争力得到了极大的提升。在双方资源整合之后，滴滴和快的的用户量直增到1.5亿，出租车接单量总计超过了3000万单。除此以外，双方还共同开发了其他附加服务，如美甲、代驾等，业务量由此急剧增长，双方实现了共赢。

---

2. 产业链整合

当前，众多互联网企业都在积极探寻网络整合营销之道。在互联网全面发展的新形势下，要么创新，要么被淘汰，因此，企业应该借助互联网进行产业链的整合创新，使得产品设计、仓储运输、订单处理等各个环节都能高效运行，从而在市场适应以及消费者互动上能够获得先机和主动权，这也是互联网时代的要求。在互联网时代，企业对产业链进行整合，可以帮助企业在市场中获得可持续的竞争优势具体表现在以下几点，如图1-2所示。

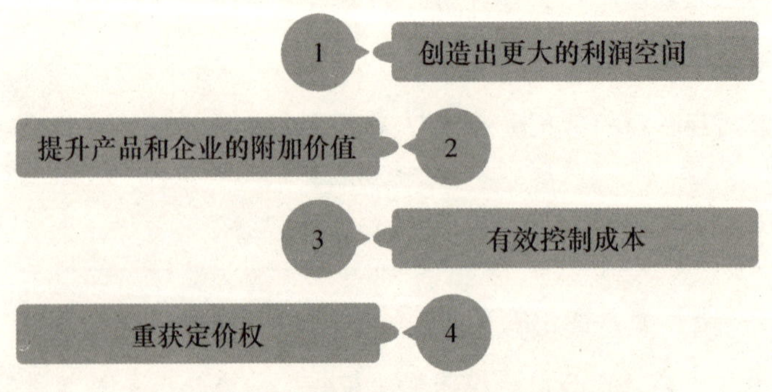

图1-2　产业链整合给企业带来竞争优势

海尔集团就形成了一个强大的品牌产业链，其旗下的各产业均能够相互协同，互相协作，将最终目标定位于“协同海尔集团全产业链，建立起一个能够满足用户需求的交互平台，搭建一个包括家电、家具、物流、金融、地产等全产业链的生态圈，带给用户一种全新的智慧、科技、生态、健康的生活方式”。基于这一点，海尔的组织流程从研发、制造，再到销售环节，都将原来的串联方式改变为并联方式，将所有环节都进行整合，并联在一起为用户服务。

---

3. 场景整合

互联网时代的进一步发展，带来了以智能手机为中心的移动互联网时代，与此同时，人与服务连接成为可能。由此引出的 BAT（阿里巴巴、百度、腾讯三家互联网企业的缩略简称）的 O2O 布局、互联网 O2O 创业等都与场景整合密不可分。

以 BAT 的场景整合最为突出。百度结合自身优势，借助强大的先进技术使原来的人与信息的连接提升到了人与服务的连接；阿里在其强有力的商业背景下将原有的人与商品的连接转为人与服务的连接；腾讯则借助其庞大的社交功能将越来越多的人与服务相连接。在 BAT 的带领下，生活场景中出现了越来越多的场景整合，如社区 O2O（多点）、餐饮 O2O（饿了么、百度外卖）、美甲 O2O（河狸家）、洗车 O2O（亿欧网）等，都实现了人与服务的连接，使得互联网进入了 3.0 时代。然而无论是什么样的场景整合，其实都是虚拟与现实场景相结合，是通过对原有商业模式进行重构之后实现的。

4. 跨界整合

如今，扫码活动已经不是新奇的事情，通过扫码将消费者与互联网相连接，并且使互联网的人气越来越旺。互联网时代下的跨界整合成为新热点，众多互联网企业纷纷朝跨界整合方向发展。同样，最早实现跨界整合的属最具前瞻性的BAT。如百度与去哪儿、百度旅游实现跨界整合；阿里巴巴与在路上、百程旅行等进行跨界整合；腾讯与艺龙、同程等实现跨界整合。当然，BAT并不是唯一实现跨界整合的互联网企业。京东在这方面也有不错的发展。

2015年5月，京东与途牛双方签订协议，途牛获得京东的5亿美元的投资资金。途牛新发行普通股认购价格为每股5.33美元，京东拨出3.5亿美元来认购途牛股份，并且还提供了大量的运营支持。这一协议达成后，京东顺利成为了途牛的第一大股东，并且占有27.5%的股份，成为途牛的董事会成员。

在互联网时代，分工的主要特征是“多样化+专业化”，其中，多样化对应的是品种的多样化，与多样化发展对应的是服务化发展；专业化对应的是规模，与专业化发展对应的是产业化发展。换句话说，**多样化最终体现为服务的多样化，而专业化最终以产业技术专业化为重点**。简单来讲，在互联网时代，多样化、高附加值已经成为增值服务的明显特征，因此，品种和批量之间的关系是一个非常需要平衡的问题，而解决该问题最好的方式就是由单一品种的大规模生产向小批量多品种化进行转变，这也是互联网时代提出的专业分工的最终目的和意义。

1.1.2 互联网定位转型，实现联动

“互联网”对于我们来讲已经不再是陌生的话题。如今，互联网时代已经彻底改变了传统企业迭代更新的速度。马云的阿里帝国崛起、雷军的小米科技创新、罗振宇的罗辑思维平步青云等，都离不开互联网的支持。众多传统

企业也开始向互联网迈进，实现大转型，实现联动创新。互联网时代企业转型的 3 种力量，如图 1-3 所示。

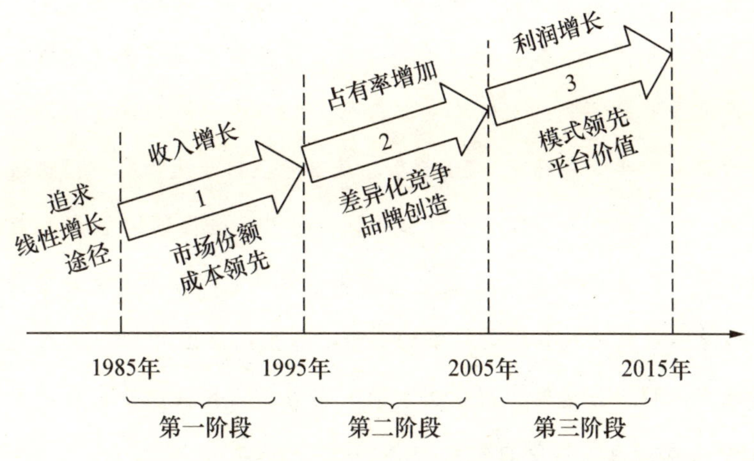

图 1-3　推动中国产业转型升级战略的 3 种力量

从图 1-3 我们看到，我国的产业转型升级经过了三个阶段，每个阶段转型升级的推动力量是不同的。第一阶段推动转型升级的力量是市场份额与成本领先；第二阶段，差异化竞争以及品牌创造推动了产业转型升级；进入第三阶段，即互联网加速发展的阶段，模式领先与平台价值的优势更为凸显，由此推动了我国产业向全新的阶段转型升级。互联网转型升级势在必行，与此同时也加快了各个方面的联动。

1. 线上线下的联动

互联网的出现催生了众多商业模式，最为典型的就是线下实体与互联网的完美结合，实现线上线下的联动。在这种大环境下，京东、小米、万达、大悦城等都搭乘互联网的快车，成为时下的热门企业，因此使得各行各业也都不断效仿、翻新，力求能够在巨大的互联网市场领域中分得一杯羹。

由此，O2O 成为当下最为火热的互联网营销模式。应用该模式最多、最为典型的当数零售业、金融业、汽车行业。

在服装零售业中，借助互联网实现线上线下联动已经是不得不谈的话题。最早的服装实体店试水电商，后来由于“货不对板”而给顾客带来了很多忧虑和不便，因此使得很多万元以上的交易都是在线下完成的。这种局面对于电商的发展是非常不利的。唯一的、最好的解决途径就是借助互联网实现线上线下的联动。在此基础上，2015 年，从事专业裤子生产的友谊裤进行了大胆的尝试。友谊裤线下实体店开辟体验区，另外还全面通过手机 APP 客户端来增加流量，并且 APP 附带了展示功能和销售功能，使得不管是售前还是售后，都有导购人员为顾客进行详细的讲解。目前，友谊裤 APP 已经覆盖了全国很多地方，客户在选择上可以更加有针对性和选择性，并且可以更加精准地在 APP 上找到自己想要的商品。

在汽车行业，汽车的维修也全面进入线上线下的联动时代。我们都知道，在过去，维修汽车只能到指定的维修厂来解决，在地域上受到很大的限制。然而，互联网时代，线上线下实现了联动之后，这些都已经不再是难以解决的问题。上海汽车维修网就是一家专门从事汽车维修服务的创新平台，在全面整合汽车维修行业资讯、汽车保养、汽车美容、汽车电路等专业知识之后，借助线上线下联动的优势，为客户提供等价、透明的消费环境，以及最为优质、全面的服务，并借此赢得了巨大的商机。

事实上，不仅零售业、汽车业能够享有线上线下联动带来的巨大商机，无论是哪个行业，只要能够结合当前“实体与互联网相结合”的大趋势，都能够通过互联网来延续本行业的生命力。

2. 产业链的联动

“产业链联动”是 2014 年习近平主席在“一带一路”构想中提出的，也是在互联网时代，各行各业发展的重点。尤其是进入 2016 年，我国正全面处于互联网时代向产业互联网时代全面转型的阶段，产业链联动将实现真正意义上的对接。

就我国当前的金融业来讲，互联网能够吸纳更多的资金进入金融领域，这与传统银行利用体制内资金实现放贷是大不相同的。传统的银行实际上采取融资的方式来吸引资金，但是客户和投资者，对于资金投向非常模糊。互联网金融不但可以吸引更多的外围资金，还可以给客户带来更多的回报。风险得到有效的控制。产业链的联动已经对我国基于互联网的金融产业创新带来了很多积极的影响。

（1）互联网金融实现了产业金融与现代互联网高科技相结合，将使普惠金融的便捷性、高效性显著改善。

（2）基于产业链联动，诸多产业链实现了互补、升级、发展，并最终带来更多的创新发展方式。

（3）产业链联动可以进一步推动中小微企业实现真正的转型升级、更迭换新以及更深层次的优化。

不仅金融业能够实现产业链的联动，事实上基于互联网时代的各行各业都可以实现产业链的联动。

以我国制造业为例。当前，“一带一路”正为我国纺织服装产业链联动的实现创造更加广阔的空间，这不但使得我国的纺织服装企业获利，更重要的是提升了我国在东南亚市场中的竞争力。也正是因为这种产业链的联动，才使我国服装品牌进军东南亚市场、跻身于国际市场的可能得以实现。针对当前东南亚诸多国家日益增长的纺织服装需求来讲，我国的纺织服装业还有很大的发展和盈利空间。

制造业实现产业链联动也是我国《中国制造 2025》战略中对制造业发展

格局提出的要求，由此提升我国在世界制造业中的地位。由此看来，传统企业基于互联网的产业链联动对于其转型升级是有巨大推动作用的。

3. 场景联动

2014 年，百度钱包借助“三八”妇女节在前夕推出“37 女生节”；2015 年，百度钱包联手糯米钱包再次推出“3.7 元看电影”活动；2016 年，百度钱包又请本年度最受欢迎的魅力明星胡歌来代言，并采取返现方式，再一次在女生节上发力支付场景。除此以外，百度钱包为了更迎合女生，在校园、KTV、餐饮、美容、美甲、美发等众多场景增加推广筹码。百度钱包之所以接二连三地借助女生节向更多场景发力，借助“她经济”，通过让各个不同场景实现联动，来增加其市场竞争力，其关键原因在于当前互联网发展异常迅猛，基于互联网来提升不同场景的闭环链接，可以进一步提升效率，使支付场景一环接一环地实现落地。

从实际情况来看，场景联动的结果是非常清晰的，百度外卖、糯米、百度钱包等产品的市场份额和用户较同类产品而言，是相当高的。之所以有这样的成绩，与百度借助互联网实现场景联动是分不开的。但是，这种场景联动并不是通过一朝一夕就可以快速实现的，而是要取决于消费者能否快速适应并培养起这种习惯。当然，这种场景互动其实也是需要借助 O2O 的布局思路而获得的。

1.1.3 中小型企业战略部署的 5 项任务

互联网的本质在于互联，信息价值在于互通。中小企业面对传统企业的挤压如何利用互联网实现转型，打造出属于自己的一片蓝天，关键还得看其如何利用好互联网进行发展。互联网时代，中小企业实现互联网化还需做好战略部署，以下是中小企业实现互联网化必做的 5 项任务，如图 1-4 所示。

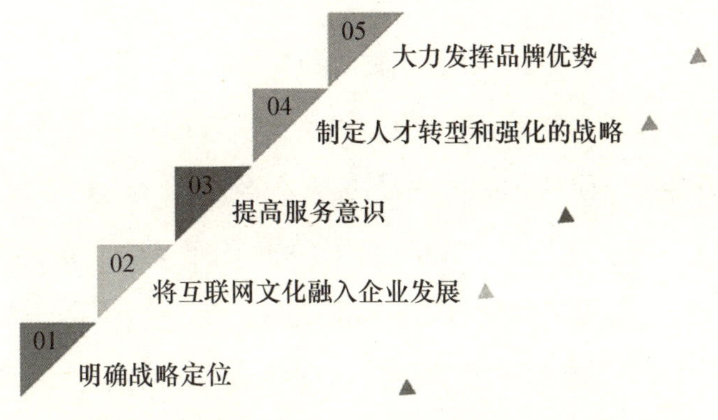

图 1-4　互联网时代中小型企业战略部署的 5 项任务

1. 明确战略定位

中小企业要想在众多大型企业的竞争夹缝中求得生存，最为关键的还是要给自己进行明确的战略定位，要明白自己的产品是否适合借助互联网在网上销售，之后再根据产品特点，寻找精准的目标客户。另外，还需要结合自己的产品进行科学评估和清晰定位，寻找适合自身发展的销售渠道。

一家家具生产企业在经过各方面考察之后，将淘宝商城作为自己的销售渠道。它也可以像小米科技那样通过自建网站打造自己的品牌；还可以通过第三方渠道和自建渠道同时进行网上销售；甚至可以建立一个专业团队，将产品的网上营销进行外包。这三种方式都是当前互联网时代常用的营销渠道方式。

---

2. 将互联网文化融入企业发展

企业文化是一家企业不可缺失的重要部分，它能够帮助企业提高员工

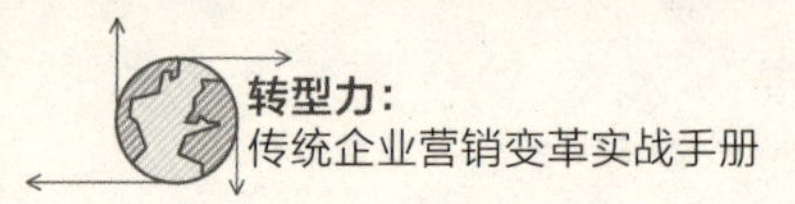

文化素养，形成强大的凝聚力、向心力，约束企业员工遵循企业战略发展朝着正确的方向行进。互联网时代，企业更需要将互联网文化融入企业的发展。

企业文化建设应该去中心化，尤其是中小企业，更需要使企业文化落地，而这种企业文化的特质就是互联网化。这种互联网文化要在企业内部自上而下地形成文化系统，使得每位企业成员都成为企业文化建设的主体。

腾讯 CEO 马化腾曾说："腾讯专注做互联网的连接器。"这就是腾讯的互联网文化。事实上，在互联网时代，无论是小米的人与智能设备的连接，还是像 58 同城将人与服务的连接，其本质上都是将互联网作为一个连接器，而信息传递则是一切运作的根本。无疑，把互联网文化作为企业文化能大大提高连接的效率、速度和范围。

3. 提高服务意识

通过互联网这个庞大、高效的连接器，企业与客户的一对一交流变得更加便捷、容易，因此深入了解客户需求对于企业来说也不再是一个难以实现的问题，企业在此基础上可以为客户提供更加个性化的服务体验。与此同时，客户也可以通过互联网对企业产品和服务进行评价，客户的每一条评价都会对企业的发展或多或少地产生影响，这样能够更好地帮助企业完善和改进自己的产品和服务。这里体现了互联网及时传播的特征，以及放大效应的作用。

中小型企业需要借助互联网与客户保持实时沟通和交流，以客户为主导，为其打造能够让其满意的产品和服务，增强自我服务意识，为客户提供良好的满意度体验，进而增加客户黏性。

4. 制定人才转型和强化的战略

我国互联网人才供不应求。在这种大背景下，作为中小企业，就更加需要对企业内部人才转型和强化提出切实可行的方案。互联网企业对于人才的需求大致为以下三种。

第一种：具有强决策能力的高级管理人员。要求冷静、果断、睿智，主要负责企业在整体运营过程中需要制定的重要决策，要全盘都能考虑和照顾到。

第二种：具有强操作能力的技术型业务人员。要求技术过硬、复合型、多样化，主要负责互联网技术的开发，利用互联网帮助企业实现转型。

第三种：具有精通商务技术的商务型人员。要求精通商务知识，善于理解商务需求，具有较强的商务问题处理能力，主要负责整个商务过程中的相关事宜。

企业必须重视以上三种互联网人才的培养和引进，通过人才优势推动企业高效发展。

5. 大力发挥品牌优势

传统企业在转型之前积累了大量的客户资源，并且形成了较好的品牌影响力，在借助互联网实现转型之后，之前积累的客户资源对推动互联网营销的发展非常重要。如果企业放弃原有的客户资源，另辟门户创建新的品牌，那么不但需要投入大量的资金和时间成本，而且未必会达到原有的品牌影响力。

因此，中小型企业要充分借助互联网优势，在原有的品牌上多下功夫，发挥品牌优势，通过互联网与客户进行互动，进一步提升品牌影响力，从而实现线上与线下实体的共同发展，进而提升竞争力。如何打造品牌优势呢？如图 1-5 所示。

首先，打造强识别性的商标。商标如果能够起到强识别的作用，可以为广告宣传等打下良好的基础，对于消费者的购买行为能够起到很好的引导作用。

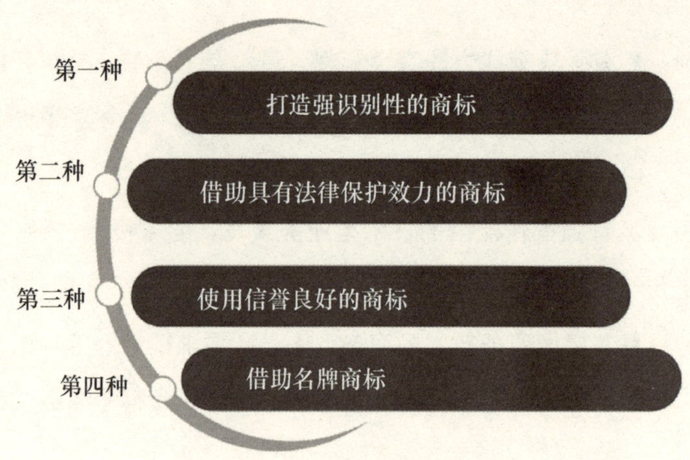

图 1-5　打造品牌优势的方法

其次，借助具有法律保护效力的商标。这种商标可以很好地遏制不法竞争者对产品市场的不法行为。

再次，使用信誉良好的商标。信誉是企业能够持续发展的重要因素，良好的信誉商标可以帮助企业产品顺利进入市场。

最后，借助名牌商标。名牌商标在消费者当中具有一定的影响力和信誉度，会对更多的顾客产生吸引力，便于提高产品的市场占有率。

国美作为一家大型家电零售连锁企业，随着互联网向各行各业的全面渗透，也开始通过互联网进行产品营销。国美将海尔作为其重要的合作伙伴，主要是借助海尔享誉海内外的品牌商标优势，从而增加国美的线上销量。国美近几年与海尔合作，通过促销活动等提升其在同类企业中的竞争力。如“买两件以上海尔产品，金额达到 3000 元就送价值 50 元的海尔礼品；达到 5000 元就送价值 80 元的海尔礼品；达到 8000 元就送价值 120 元的海尔礼品；达到 10000 万元以上就送价值 200 元的海尔礼品。”

另外还推出随机刮奖活动：“凡购机的用户，凭发票领取刮刮卡（每

1000元领取刮刮卡一张，不足1000元按1000元计算），获得一等奖的消费者奖励5000元海尔礼品；二等奖奖励3000元海尔礼品；三等奖奖励1000元海尔礼品及纪念奖等。”国美通过利用海尔的品牌优势很大程度上提升了自己和海尔在消费者心目中的位置，并且迅速扩大了双方的品牌影响力，实现了共赢。

1.1.4 平台战略产生的环境与运行条件分析

近年来，诸多大型互联网企业纷纷将自己的业务平台开放，通过这种方式吸引更多的资金、资源、数据信息、用户流量等，从而提升自己在业界的竞争力。这种在互联网时代下的全新商业模式，不但可以增强企业自身的客户黏性，还可以将企业的外部性能发挥到极致，从而形成一个放射性的产业格局，**即以某一家企业为核心或者主题，围绕其产业链形成一个完整而庞大的产业生态体系**。这就是当下最为火热的新一轮互联网平台战略热潮的中心内容。

1. 产生环境分析

传统企业往往是将主要的注意力放在那些固定的目标客户身上，因此，其产品和服务往往只能满足部分客户群体的需求，这样其运营过程中的所有经营策略、管理理念、资源配置等策划都是围绕这些固有的客户进行的。因此，面对庞大的外围客户群体，传统企业在产品和服务方面显得力不从心，无法全面顾及到，非常不利于大规模的价值创造。

随着互联网的发展，人们对于产品和服务的需求已经有了很大的改变，并且趋于个性化，这时候，企业就不得不为了迎合消费者需求，在产品和服务上下功夫，因此满足广大用户不同需求便成为新的战略焦点。利用差异化满足不同客户需求，是传统企业向互联网企业转型的重要途径。

这样，当消费者需求变更时，企业就会根据消费者需求进行实时调整。但是，这样的后果是产品品种越来越多，虽然消费者数量也会随之增加，但往往对企业起决定性作用的、能够提升复购率的还是其中的20%，这就是我们通常所说的“二八法则”。

当需求能够相对集中时，就能够满足消费者需求，但是当消费者需求进一步分散或者变化的时候，消费者需求又与当前的“满足”相分离，这样，能够成为企业忠实消费者的人还是之前转型时的消费者；等到需求进一步变化的时候，新进的消费者则在喜新厌旧中流失。这种情况下企业是无法做大做强的，永远追随着客户需求，但永远追不上客户需求。最终能够适应市场需求，并在竞争中存留下来的企业，往往是那些大型的互联网企业，而中小型企业往往是最终的牺牲品。

在这种用户需求不断“碎片化”的互联网时代，中小型企业如何能够走出不被“长尾”拖垮的困境？搭建互联网平台是最好的解决方法。**搭建互联网平台可以将不同的客户集中到互联网平台上，通过另一种形式为客户提供产品和服务的解决方法，从而为客户创造出更多的价值。也正是在这种环境下，平台战略诞生了。**

在这里，我们不妨对当前企业战略转型的原因做一下简单分析。

（1）企业通过自身发展，已经获得了行业领导地位，但因受产业本身格局的限制，已经没有可发展的空间，企业为求继续发展而不得不选择转型。

（2）行业竞争环境逐渐恶化，企业处境无法改变，已经失去继续生存发展的机会，因此不得不转型。

（3）企业在发展过程中捕捉到了新的商机，该商机会为企业带来更大的发展空间和溢价利润，因此进行转型是必然的。

企业商业模式的战略发生了不小的变化，可参照图1-6进行一下对比。

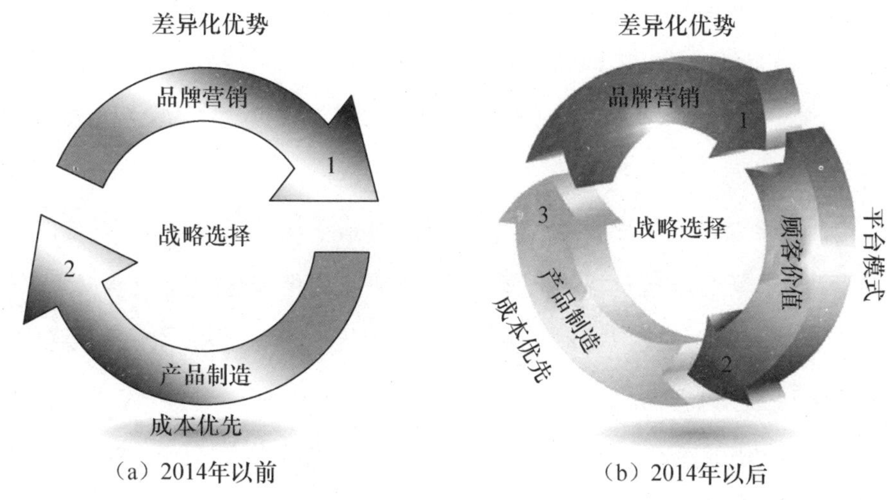

图 1-6　2014 年前后企业商业模式的战略比较

2. 运行条件分析

平台化战略的目的是将所有消费者吸引、集中在平台上，借助互联网平台进行分析、研究，获得消费者需求，进而通过调整生产布局来满足消费者需求。**这里首先是将平台作为吸引消费者的“入口”，等到消费者获得了能够满足其需求的产品之后，再变成“出口”。**这样看来，平台就形成可以进进出出的开放式平台。基于这一点，平台上的企业之间才可以实现互利互惠和双赢。

首先，要有一套完整的服务流程。平台化战略中，互联网企业成为了整个平台的创建者，并且通过平台服务消费者。因此，互联网企业在平台上的职责就是搭建平台、维护平台的整体运转、制定平台的各项管理制度，从而使平台运作有序进行，保证消费者能够最大限度地获得需求方面的满足。由此看来，互联网企业在平台上所做的就是为客户提供一整套服务流程。而互联网企业与消费者之间的连接器就是平台，这是互联网企业平台化战略得以运行的核心要点。

其次，要有巨大的客流量。对以上这点进一步稍作延伸，我们不难发现，平台化战略能否成功的关键在于消费者数量是否足够多，消费者结构是否足够复杂，只有在这个基础上，才能使交易行为更加频繁，也才会使企业之间的竞争优势越发凸显。

最后，要有广泛的承载力。这种承载力其实表现为多种业务和功能的支撑，如京东、阿里巴巴这样的大型互联网企业，不但包含零售，还涉足金融等诸多业务。另外还可以表现为更多的新鲜跨界业务的注入，通过资源整合来增加平台的承载能力。

具备以上几个条件，并且配合恰当的管理方式、方法，互联网企业建立起来的平台就可以更加高效地运转。

1.2 传统企业平台生态圈的成长路径

核心内容展示

- 互联网催生新的平台“5+2”要素
- 把握机会能力、变现能力和创新能力

1.2.1 互联网催生新的平台“5+2”要素

在我国，百度、腾讯、京东、阿里巴巴、360 奇虎等都是在互联网平台上排兵布阵、成功突围的互联网企业，成为互联网时代背景下催生的全新平台。从这些成功的突围者中我们不难发现，互联网开放平台能取得成功，不仅要依靠开放还要借助“5+2”要素，如图 1-7 所示。

1. 核心资源和能力

淘宝、京东、360 奇虎等之所以能成为互联网企业中的佼佼者，其关键在于它们都拥有自己的核心资源和能力做后盾，并且在此基础上聚合了更多的合作伙伴和第三方开发者，在大众的帮助下有了平台价值的提升，使平台的运作形成了良性循环。

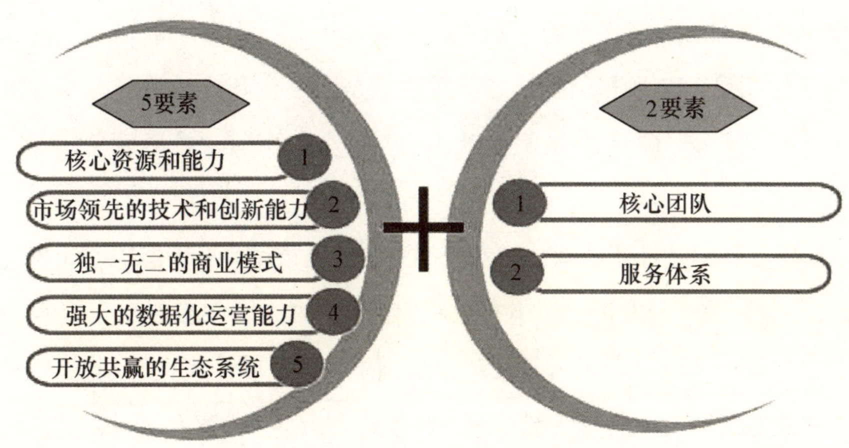

图 1-7　互联网催生新的平台“5+2”要素

所谓核心资源，实际上就是指能够使企业实现自身竞争力的提升、使自身地位在市场中稳固发展的优势资源，这种优势是他人很难复制或者达到的一种超强能力。企业一旦形成自己的核心资源，就能够在日后强烈的市场竞争创造竞争优势，这是一个企业能够在市场中鹤立鸡群的关键所在。

腾讯之所以能够在国内众多社交网站中一枝独秀，是因为它拥有别人无法企及的 QQ 核心应用，因此才有了今天 10 亿 QQ 用户，以及 7 亿活跃用户，同时也推动了腾讯快速跨入其他领域；谷歌拥有全球领先的移动广告网络，并且全球覆盖率最高，拥有 Android/iOS 移动应用合作伙伴、全球最大的信息库等核心能力，基于这些才使得谷歌在市场竞争中永远保留着强大的竞争实力。

---

2. 领先的技术和创新能力

企业竞争力是否强大，主要看其是否具有超越他人的领先技术和创新能力。先进的技术和强大的创新能力是企业实现生产工艺、经营管理等方面创新的助推器，这样才能实现产品质量的提高、服务质量的提升以及客户需求的满足。技术和创新是当下互联网企业平台开放的关键，没有先进的技术和创新能力，互联网平台就不会有长久的发展，更不用说强大的竞争力。

移动互联网是继互联网之后发展的一个新兴市场，其不但结合计算机技术、IT 技术、Web2.0 技术，还有效利用云计算技术，不仅带动了自身日新月异的发展，也推动了平台开放和应用创新，以及商业模式的创新。因此，进入移动互联网时代的企业都将技术和创新作为企业发展的重点，并且借助技术和创新实现商业模式的创新，一旦拥有了先进的技术和强大的创新能力，企业实现盈利自然是水到渠成的事情。

2015 年度国家科技奖颁奖仪式中，华为作为手机市场中的一员，连续 9 次获得国家科技奖项，这也突出了华为在科技创新中的领头羊地位。在通信领域，从技术秘方到技术领先，华为一直处于领头羊地位。

---

3. 独一无二的商业模式

平台开放能够取得成功，还少不了独一无二的商业模式。判断商业模式是否具有创新性，关键要从 5 个方面入手。

第一，能够聚集合作伙伴和第三方开发者。

第二，能够为聚集者提供更多更好的服务。

第三，能够借助互联网优势实现产品低价甚至是免费。

第四，能够形成一个完整的良性循环的生态系统，与各方聚集者之间实现共赢。

第五，能够为广大客户提供更加优质的体验以及高品质产品。

只有差异化的商业模式才能快速吸引客户，从而将企业规模逐渐扩大，最终获利。

奇虎360就是完全利用互联网优势实现独一无二的免费商业模式的。360安全卫士中的360杀毒就是奇虎360推出的一款永久性免费的杀毒软件，该免费杀毒软件的推出，一举颠覆了传统付费式杀毒软件的市场。2015年，360安全卫士的安装量为4.2亿，覆盖了中国网民的60%以上，按照这样的覆盖率来计算，2016年，360安全卫士的用户数量有望超过5亿。虽然这样的免费商业模式有可能给奇虎360的利益带来一定的影响，但是奇虎360并不为此而担心，因为它采用的商业模式是“免费＋增值”模式，即在实际的盈利过程中，采用“基础服务免费＋增值服务收费”的模式来增加收入。

---

4. 强大的数据化运营能力

在互联网时代，产品创新与企业运营实际上是一个有机结合体，有了产品的高度创新，加上高效的企业运营能力，才能将企业发展推向一个新的高度。随着移动互联网的出现，企业的发展更需要如此。然而，移动互联网将客户与企业之间的距离拉得越来越近，数据化运营能力的高低成为决定企业平台开放程度的关键性因素。**消费者的消费行为、交易行为、购买评价等都能通过数据的形式获得，企业可以通过这些数据深入分析用户对产品和服务的喜好、消费习惯等，从而可以为用户提供更加有针对性的个性化产品和服务，让用户获得好的产品与服务体验。这对于增加客户重复购买率具有重要的作用。**

苏宁近日对外公布了一项名为“S-TV”的计划，该计划打破了传统挑选消费者的工厂主导模式，转变为以用户为主导、以技术为驱动的反向定制和精准营销，从而为目标用户定制家电产品。然而，传统的营销定制模式，往往是产品上市一段时间之后，才能了解到该产品是否迎合用户需求，这种做法会导致两个弊端的出现：产品滞销和产品供不应求。然而利用大数据则能快速精准地把握用户需求，对于用户来说，可以为其“量身定做”特定的产品，迎合其喜好；对于企业自身来说，可以优化生产效率，降低成本，极大地促进产销供应链的快速运转。

5. 开放共赢的生态系统

之所以打造开放平台，其目的就是通过吸纳各方企业优势和社会力量，增加流量、用户，实现互惠互利，共同成长，从而为产业链上的各方提供共赢的机会。价值链优势是推动平台开放的又一个重要因素。良好的价值链，必然需要具有创新能力的企业共同聚合打造而成，因此，在挑选战略合作伙伴的时候，一定要围绕产品定位、客户定位进行，从而使合作各方提供更加有价值的互补性产品和服务。

与此同时，在选择好的合作模式方面，可以采取投资入股、战略联盟等，从而保证彼此之间的合作能够长期、有效地进行；在合作成分上，要充分利用合作伙伴的优势，明确各自分工，从而让合作各方都能最大限度地发挥自己的优势，创造出更大的价值。只有这样才能形成良好、开放、共赢的生态系统。

6. 核心团队

一个企业能走多远，取决于企业的核心团队。企业的高速运转离不开团队的支持。同样，互联网时代催生的全新开放式平台也离不开核心团队的建设。开放平台要想能够高效运转，团队的群策群力作用是非常重要的。因此，互联网企业需要打造一支极富战斗力的核心团队，作为企业运营和发展的先行兵，才能保证企业开放平台战略决策的制定和发展战略的顺利实施。互联网时代，平台建设的核心团队应当具备以下能力。

（1）具有对外部环境的强适应能力。

（2）能够敏锐地嗅到外部环境变化的能力。

（3）面对问题能快速做出反应的能力。

7. 服务体系

当前，用户体验最优化成为现代市场发展的必然要求，因此产品和服务成为实现用户体验的两大载体。尤其是进入互联网时代后，无形的服务给客户带来的体验满意度已经超过有形的产品。因此，通过服务建立深层次的情感体验已经成为开放平台的一大要点。通过良好的情感体验可以将客户与企业的心拉得更近，最终获得更多客户的忠心，这也是互联网企业在激烈的市场竞争中获得竞争优势的一大法宝，也是其最终实现盈利的有效武器。

1.2.2 把握机会能力、变现能力和创新能力

如今，互联网与传统行业深度融合，全新的经济形态已经形成，在充满活跃能量的互联网平台上，众多企业全面铺开了以互联网为媒介的黄金之路。以 BAT 为代表的互联网企业借势互联网快速前行，并不断向其他领域展开了“圈地运动”，在互联网市场抢得先机，开辟了势不可挡的发展局面。然而这些互联网企业能够巧借平台优势取得成功，不仅需要有敏锐的前瞻性目光、强大的核心优势，还需要具备把握机会的能力、变现能力和创新能力，如图 1-8 所示。

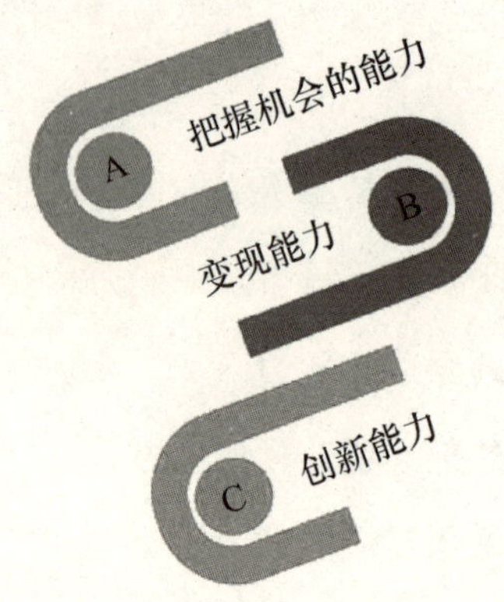

图 1-8　互联网时代企业必备的 3 个能力

1. 机会

互联网本身就具有快捷、实效、安全、省时的特点，因此，企业在互联网时代建立开放性平台就能够快速抓住发展机遇，将互联网平台做强做大，并迅速发展成为一个完整的、共赢的平台生态圈。

如今，企业与企业之间的竞争已经是来自互联网的竞争，很多不起眼的传统企业能够借助互联网在短时间内在同行业中形成巨大的影响，其关键就在于这些企业能够抓住互联网所潜藏的机会，从而在短时间内实现转型升级。比如，借助云计算、数字信息技术等都是传统企业实现互联网平台战略的强效技术。同时还要看企业是否能够发现这些技术的优势，能够正确将其加以利用。无论是医疗、金融、农业、制造业，还是教育、家具家电、交通旅游等领域的企业，只要具备把握机会的能力，都可以在互联网背景下通过平台战略寻找到巨大的商机。

2. 变现

图 1-9 清晰地呈现出互联网企业需具备的 3 种变现能力。

（1）数据变现

作为传统企业，要借助互联网平台实现数据变现，其关键的切入点就是跨界合作。企业与企业之间通过数据合作、资源互换、整合推广等方式，用数据共享来驱动平台上合作伙伴彼此之间的主营业务，这样才能从根本上提升数据变现的能力，进而为企业带来经济价值。

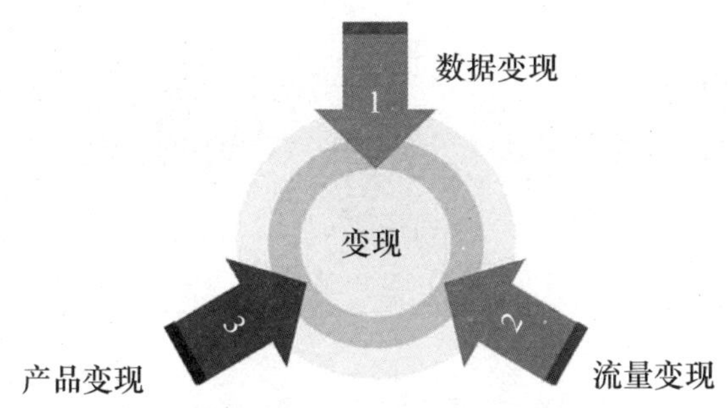

图 1-9　互联网企业需具备的 3 种变现能力

像腾讯、新浪博客之类的平台类企业，其用户的特点就是在其平台上不断流动，在这种特征下，用户所产生的数据量会越来越多；在早期，腾讯的用户数量虽然庞大，产生的数据量也很庞大，但是腾讯从中获利是十分微小的。后来腾讯改变营销策略，把公司之前长期积累的大量数据做到了变现，从而使得盈利翻了几十倍甚至上百倍。由此可见，企业盈利的决定性因素之一就是是否具备数据变现的能力。

（2）流量变现

在互联网市场中，不论是商业模式还是业务定位，都离不开流量的变现。可以说互联网企业之间的较量就是流量变现的较量，因此，流量变现是互联网商业的本质。流量变现能力的高低直接决定了企业互联网平台战略的成败。

如 Google、百度等，都是借助平台使流量变现，最终实现盈利。利用广告实现流量变现是众多互联网企业常用的方法。在黄金广告位不断上涨的今天，在“二八法则”的影响下，企业通常注意的仅仅是20%的流量，而剩余的80%往往被忽略。充分挖掘这80%的剩余流量，可以提升平台在竞争中的盈利水平，也可以帮助广告主找到合理的流量成本变现途径，更重要的是能够提升流量变现的能力。

（3）产品变现

互联网平台建立的最终目的就是产品成功销售。成功的互联网平台都是因为其产品能够迅速变现，才使企业的竞争力得以进一步提升的。

丝宝集团旗下的舒蕾对宝洁公司的“三剑客”——飘柔、海飞丝、潘婷发起巅峰对决，在这场对决中，舒蕾的产品迅速实现了变现，最终为舒蕾成为中国洗发水第一品牌奠定了坚实的基础。在我国，对于产品变现，最为典型的还有背背佳。当时背背佳同英姿带引发了一场激烈的竞争，在这场竞争中，背背佳可以说是典型的产品变现决定了其在同类企业中的排名。当时背背佳的一则广告成功运作，使其产品打入市场，并且在短短的一年时间里就占领了市场总份额的80%。

要实现产品变现，关键是要维护客户关系，通常包括8个步骤：**接近客户、产品展示、产品推荐、达成交易、深度挖掘、维护关系、利益共赢**。此外，还要在平台上针对不同的客户采用适合的销售方式，这样更加有助于产品变现。

3. 创新

“创新”这个词是互联网时代企业发展中强调最多的词汇。面对激烈的市场竞争，没有创新，企业经营就很难继续下去，甚至会导致破产。

（1）产品创新

产品创新是企业获得竞争力的最基础方式。通过为平台上的客户提供更加优质的产品，满足客户对产品的需求，赢得客户的信赖，最终提升产品的竞争力，实现企业市场竞争力的提升。

仔细研究诸多不成功的企业，我们会发现，即便是经历了互联网浪潮的冲刷，其产品还是原来的产品，外形、功能和效果没有发生任何变化，这样的企业就很难在夹缝中存活。

我国白酒市场的竞争一直非常激烈，市场份额基本上被众多老品牌占据。“我是江小白”是近几年问世的白酒品牌，虽然在口感、质量上并不差，但是起初的销量很不乐观。后来，“我是江小白”在产品上做了创新，利用新鲜有活力的宣传语“‘屌丝男’，文艺心，追求简单生活。”“主要功能是增加勇气，提高自信心。性格特征是简单、文艺。有点事便于携带，拿得出手。缺点是魅力太大，能瞬间秒杀‘清纯女’和‘文艺男’。”这样的宣传不拘一格，好像说的不是酒，而是一个人。

在外形上，“我是江小白”与市场上那些一板一眼的老牌酒也有所不同，瓶身上印的卡通人物把“我是江小白”形象化；而在喝法上，“我是江小白”不但可以像其他普通酒一样单喝，也可以加入饮料混起来喝，不但味道上更胜一筹，还有不同的寓意：加入红牛，便是“小白放牛”；加入牛奶，便是“白富美”；加入脉动，便是“含情脉脉”……

（2）营销渠道创新

营销渠道的创新主要是为了提高效率，可以充分利用电商作为渠道，或者借助互联网社交工具反向定制产品。这样可以省去零售渠道环节，缩短产品与用户之间的距离，实现产品的快速交易。

（3）营销模式创新

营销模式的创新可以在很大程度上提升消费者对产品和品牌的认知，并且通过最小的摩擦力实现产品营销。

（4）企业组织结构创新

结合企业自身的特点进行组织结构的创新，能够推动企业的发展，提升企业的竞争力。

1.3 传统企业平台生态圈的战略竞争

核心内容展示

- “赢家通吃”PK“平台共赢”
- 平台生态圈搭建与核心竞争力打造
- 平台战略制定的 5 把金钥匙

1.3.1 “赢家通吃”PK“平台共赢”

2016 年伊始，《纽约客》网站上登出了一篇由美国科技博客 Gigaom 的创始人奥姆 · 马利克发表的文章，文章中有这样一段话：“在传统行业里，可口可乐不会淘汰百事可乐，丰田也不会扼杀本田；但在今天这个互联网无处不在的世界里，科技行业已经迈入‘赢家通吃’的时代。”

从马利克的这段话中我们可以十分明确地感觉到，在互联网平台竞争中，企业与企业之间的竞争蕴含着一种“赢家通吃”的本质。**所谓“赢家通吃”，就是指企业在互联网平台上进行激烈的竞争，最终的胜利者将占有绝大部分的市场份额，而失利者则在市场中被淘汰。**反过来思考，之所以出现“赢家通吃”的现象，其实还是基于互联网时代信息传播和处理速度突飞猛进，因此那些独具慧眼、能够在互联网时代运筹帷幄的企业所获得的筹码越来越多，最终将他人从利益空间中一点点挤出去。

是“赢家通吃”专享独食的做法能够取胜，还是“平台共赢”的经济共享更有优越性呢？图 1-10 阐明了两种方法的不同。

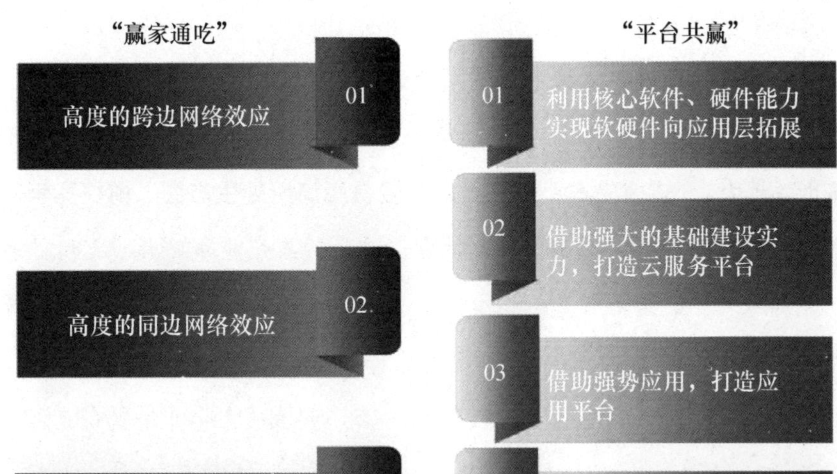

图 1-10 “赢家通吃”PK“平台共赢”

1. 赢家通吃

“赢家通吃”的可能性决定了平台竞争的激烈程度，在平台产业中，能够满足以下三点，并且程度越高，则“赢家通吃”的垄断现象出现的可能性就越大。

（1）高度的跨边网络

（2）高度的同边网络

（3）高度的转换成本

平台商业模式之所以能够长期存在，是因为它的存在具有一定的意义，**一是为了抓住多边市场的网络效应，二是满足不同群体之间的需求。**平台并不像有的人想象得那样，是中介渠道，而是能够吸引更多的合作伙伴以及客户，从而开启多边市场之间从未发掘的动能，并基于各方合作伙伴、客户等形成一个庞大而复杂的生态圈，互联网、线下实体店、手机终端客户都是平台生态圈的业务对象。然而，高度发展的网络则成为使用者入驻平台的原动力，从而推动了企业在平台市场中的占有率，并最后形成了独霸的局面。

跨边和同边其实是网络外部效应中的两个部分。**“跨边网络效应”是任何网络平台建立的前提，连边市场的用户通过互相吸引，并最终在平台上达成交易。“同边网络效应”实际上是某单一市场的用户数量越多，为彼此带来的价值也就越大。“转换成本”是防止用户轻易脱离所处生态圈、前往竞争对手生态圈的防线**。因此，这 3 个条件越高，该企业或产业能够形成平台独霸的可能性则越大，最终形成垄断；反之，当这 3 个条件都低时，则整个市场份额都被大家分享。

但是，这 3 个条件仅仅是前提，关键一点还要取决于企业是否有能够“通吃”的资本。在这里我们先看一个能够做到“通吃”的例子。

大概在八九年前，MSN 作为社交工具，其用户数量猛增，使得 MSN 一度成为当时最热的并几乎成为白领专属的交流工具。但是，在之后的短短几年时间，腾讯一跃而上，不但 QQ 成为最主要的社交工具，并且还研发了最具人性化的微信，让腾讯的身影无处不在。与此同时，MSN 则成为中国社交工具领域中的过去式。可以说，腾讯的成功在于利用了即时通信，再加上腾讯巧借“关系网”实现了当前的垄断局面。之后，阿里巴巴推出了陌陌和 Tango，希望能够打败腾讯取胜。但是腾讯早已铺设好的这张人际关系网并不是一朝一夕可以打破的，就当前的情形来看，阿里巴巴的希望要落空了。

诚然，腾讯“通吃”取得了成功，我们经过分析发现，那些但凡能够在某一领域中占据单极的企业，都拥有能够打败对手，但又让竞争对手很难复制的绝对优势，这样才能形成“赢家通吃”的局面。由此看来，能够实现“赢家通吃”的企业必须有独创的杀手锏，才能最终取胜。而那些平平庸庸、不能在细分领域的核心竞争力上取得绝对优势的企业，则与“赢

家通吃”无缘。

2. 平台共赢

当前，我国诸多互联网企业转战开放性的平台共赢战略，在互联网基础上共享入口、数据、用户资源等，以吸引更多的业界主体加入。这种平台共赢战略在增加了互联网企业自身黏性的同时，也将网络外部优势发挥到了极致。互联网企业开放平台的发展实现“平台共赢”，主要依托以下几种路径来实现。

（1）利用核心软件、硬件能力，实现软硬件向应用层拓展。对于这一点，小米最有发言权。小米虽然与其他老牌手机相比，起步晚，但是通过众包的方式实现了产品生产与内容服务的一体化，在手机行业内以最快的速度实现从崛起到扩张。

（2）借助强大的基础建设实力，打造云服务平台。如阿里巴巴就具有实力雄厚的基础建设设施。如今，在此基础上，阿里巴巴已经全面打造了开放的云计算服务平台，也成为当前全球领先的云计算服务平台。

（3）借助强势应用，打造应用平台。在这一点上，腾讯是当之无愧的典型案例。腾讯凭借微信公众号形成了以即时通信为基础的，集微商、媒体等于一体的应用平台。如腾讯帮助数百万开发者实现了创业梦想，并且支持上千万的创业者实现了转型。

（4）基于行业优势主动进行转型，打造跨界融合平台。如易到用车联合奇瑞汽车、博泰集团共同成立了合资公司——易奇泰行。三方在合资的基础上打造了互联网智能共享平台，在此平台上启动互联网智能共享汽车计划，打造了全球第一款全新跨界、全新理念、全新商业模式的智能电动汽车。

就当前的情形来看，互联网企业的“平台共赢”战略已经很大程度上具备了颠覆传统商业模式的能力，甚至还可以在当前的基础上释放出更具革命性的威力，进而推翻当前的产业结构，改变整个社会行为。由此可见，“平台共赢”优于“赢家通吃”。

但是，值得注意的是，并不是所有的行业都适合“平台共赢”。如医疗行业，由于其领域的细分性和专业性特点，决定了互联网医疗的分散性，这样就不便于企业之间借助互联网实现“平台共赢”。

1.3.2 平台生态圈搭建与核心竞争力打造

中国的互联网从发展至今，仅仅用了20年的时间，使用人数就已经突破了6亿，在互联网的推动下，一场传统企业向互联网企业转型的热潮更加汹涌。越来越多的领域被互联网化，如金融领域、旅游领域、交通运输领域、零售领域等。如何才能在众多的互联网企业中获得竞争力，抢占市场先机、引领时代潮流，很多企业将发力点集中在了搭建互联网平台生态圈上。因此，在互联网时代搭建具有核心竞争优势的开放平台生态圈、打造核心竞争力成为了众多互联网企业关注的焦点。

1. 平台生态圈的建设

平台生态圈的建设需要以下7个条件，如图1-11所示。

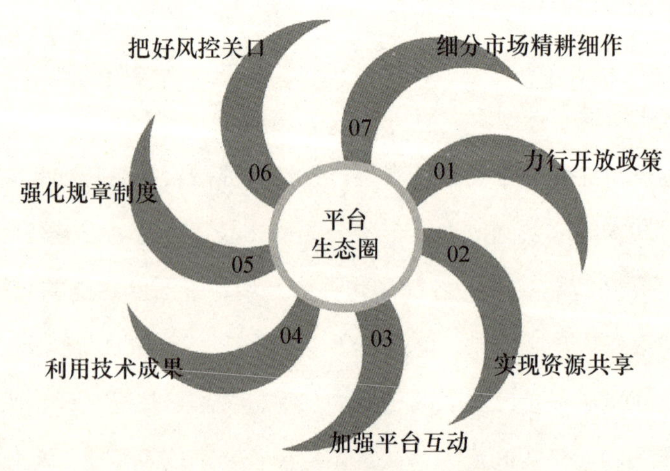

图1-11 平台生态圈建设的7个条件

（1）力行开放政策

既然要搭建开放性平台，那么就必须将开放作为平台搭建的主要原则，不仅需要思维开放，格局开放，还应该注意平台资源的开放以及商业模式的开放。如果能够将你的产品在消费者面前一目了然地展现，那么消费者对于你的平台的开放程度必然也了然于心。

（2）实现资源共享

一个好的平台能够运转起来，关键是平台上的每个人能否全体参与进来，从而激发每个人的“参与感”，这里的参与不但包括对价值的认同，也包括在平台上的每个人能够实现利益共享，进而为推动平台良性运转增加动力。由于平台资源来自各方，因此，由此而产生的利益也同样需要各方共同享有。

2015年，全球最大的客车制造业宇通与全球最大的移动出行平台滴滴正式达成了战略合作，共同打造绿色出行的互联网巴士新型生态圈。双方在合作过程中还实现了资源共享、优势互补，从而推动了新能源巴士在城市居民出行中的渗透率，推动了新能源巴士的迅速发展。

（3）加强平台互动

再好的平台也需要平台上的人集体加入互动行列，这样才能使平台生态圈更加有生机和活力，进而实现平台生态圈的可持续性。这里的互动可以是线上线下的互动，也可以是资源整合平台上企业与企业之间的互动。好互动才有好交流，才能增进彼此之间的信任，才能达成交易，才能实现企业的共赢。

（4）利用技术成果

在互联网、大数据、云计算等技术的推动下，众多技术成果层出不穷。作为平台上共谋发展的一员，有责任和义务将自己的独创技术作为共享资源提供出来，如果将这些技术成果很好地加以整合和利用，那么对于整个平台生态圈的发展将起到很大的推动作用。

（5）强化规章制度

一切发展都离不开规章制度的管理和规范，平台生态圈更是如此。基于平台上的跨界融合、资源整合、协同发展，就会催生出全新的商业模式和服务模式。因此，要围绕价值创造这个核心强化规章制度，这是搭建良好的平台生态圈的关键。

（6）把好风控关口

对一个平台来讲，风控是整个平台的生命线，好的风控能力对维护平台正常运营具有至关重要的作用，同时也是平台生态圈得以建立的关键环节。

由于淘宝花呗存在套现问题，其问题愈演愈烈，因此淘宝全面整顿，力图把好风控关口。2016 年 2 月，淘宝建立了花呗风控机制，不论是以套现为目的还是以正常交易为由，这项机制都将严格控制花呗的交易。该风控机制做出如下规定："花呗付款需要短信验证且不能大额交易，大额时找不到花呗选项；限制额度 1000 元以下甚至更低；限制平台，电脑不能付款，手机可以或者 C 点不能付款，天猫可以；登录支付宝，显示花呗账户被冻结……"这套风控机制对套现监控更加严格。

（7）细分市场精耕细作

平台生态圈搭建的关键在于连接多方不同市场，让他们通过彼此来满足需求，即便是同一领域的产品或服务，每位用户的需求也是各不相同的，因此利用细分市场精耕细作的战略可以保证多方市场中满足每个人对产品或服务的需求，这也是平台生态圈得以持续运行的核心要素。

2. 打造核心竞争力

（1）在用户定位的基础上寻找更加广阔的市场

用户数量也是平台核心竞争力之一。**平台要想获得有效的核心竞争力，要对自己的产品进行用户定位，要明确谁是真正的用户、客户的开放程度、客户的购买习惯等**，在这个基础上可以牢牢抓住客户特征，进行有的放矢的市场拓展，在保证原有用户数量的基础上，进一步增加用户量。如何打造核心竞争力如图 1-12 所示。

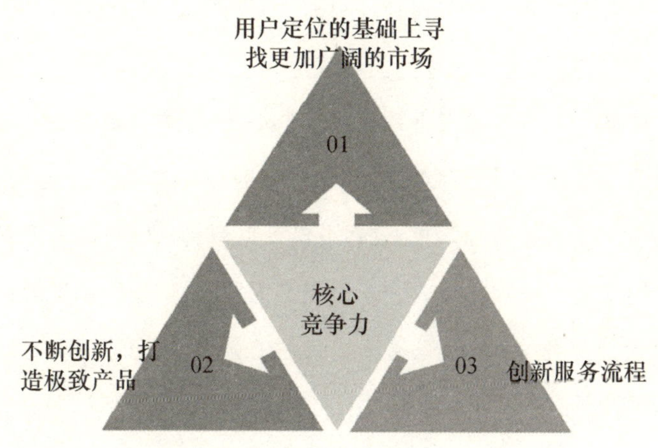

图 1-12　打造核心竞争力的 3 种方式

（2）不断创新，打造极致产品

在互联网时代，“顾客是上帝”虽是老生常谈，但却是贯穿整个互联网时代的一条主线，因此，满足“上帝”的需求成为互联网企业生存的途径。要为“上帝”打造出极致的创新产品与服务，是平台上各企业的核心目标。但是，这个目标会随着市场变化不断进行更迭，因此在打造极致产品的同时还应注意定制规模的快速实现。

伴随互联网模式开发 IU 的不断跟进，小米逐渐脱去了以往对苹果的模仿，

走具有自身特色的道路。小米和MIUI的上百万用户每天在小米论坛上进行各种讨论，并提交建议和意见，小米基于这些建议和意见对MIUI系统进行进一步完善。最终取得了互联网系统开发模式的成功，雷军将MIUI系统发挥到了极致。

（3）创新服务流程

将服务流程进行创新，把产品嵌入具体服务场景中，变革产品营销模式，推动线上线下共同发展，对不同的客户提供有针对性的个性化服务。

穷游网在举行十周年发布会的时候，Uber宣布与穷游网联合形成战略合作关系，穷游网在发布会上正式推出了自己的核心产品——行程助手APP，与此同时还创新了服务流程，该APP不仅可以帮助用户制定行程规划，还可以进行目的地索引、添加旅伴、分享设置。基于此，Uber和穷游网将以API接口嵌入和形成助手APP为开端，提供用户旅途中随时叫车的服务。

1.3.3 平台战略制定的5把金钥匙

好的战略能够审时度势、找到对手的优势和劣势，安排好时间进度，充分利用各种有效的方法来攻击对手的弱点，并迅速占领市场。在互联网时代，企业与企业之间的竞争更加猛烈，因此要想击败对方，就需要制定高效的平台战略。

下面我们说一下在互联网时代，企业平台战略制定的5把金钥匙，如图1-13所示。

1. 理念

企业要想将自己打造成平台型企业，就需要舍弃独霸的想法，放弃“赢家通吃”“肥水不流外人田”的心理习惯。只有将合作伙伴视为自身发展必不可少的一部分，并且能够做到“合作伙伴赚大头，自己赚小头”，才能真正打造出一个可持续运转的合作平台。如果没有这样的心胸和理念，是不能搭建起平台的，制定平台战略也将毫无意义可寻。

图 1-13　互联网时代企业平台战略制定的 5 把金钥匙

面对手机市场如此激烈的竞争，小米却能够脱颖而出，关键在于雷军选择了像苹果那样“将产品做到极致”的理念来经营小米。于是，雷军给小米定义了基本的发展路线：“用移动互联网做手机，做到极致，形成不能替代和复制的核心竞争力，击败对手。”为此，雷军在第一次做小米手机的时候就采用了双核 1.5G 处理器，并且花费了很长时间和很大的精力来寻找最顶尖的合作商。在小米手机销售半年多的时候，其他效仿小米产品的手机品牌才出现在市面上。然而只有雷军想到了别人想不到的，做到了别人做不到的，让小米成为全球第一家做双核 1.5G 高端 WCDMA 智能手机的生产商。

---

2. 鉴别

虽然已经有很多互联网公司通过平台战略取得了巨大的成功，如百度、腾讯、阿里巴巴、亚马逊、Facebook 等，但是失败的例子也并不少。究其原因，关键还在于其制定的平台战略不符合其自身发展情况。因此在制定平台战略之前，首先要做的就是鉴别。鉴别出什么样的平台能够捕捉到商机、哪些群体可以通过平台连接起来，这是制定平台战略的初步工作。

3. 分析

所谓“知己知彼，百战不殆”。在明确什么样的平台能够捕捉到商机、哪些群体可以通过平台连接起来之后，还应该“知己”，结合自身特点，包括优势和缺点，分析自己适合什么样的平台战略，才能在市场竞争中掌握绝对优势、更胜一筹。

4. 定位

（1）产品定位

产品定位要明确 5 个问题：满足谁的需求？他们有些什么需求？我们提供的产品能否满足其需求？我们提供产品的切入点是什么？如何才能实现？

（2）企业定位

企业定位应结合以下角度来进行：第一，从竞争角度，自身具有何种优势、对方的弱点在哪里、如何才能有效攻破对方；第二，从合作角度，合作方能够给我们提供什么资源、能够给我们的发展带来什么样的优势。

（3）战略定位

战略定位大方向应该是全面分析客户需求变化趋向，使产品更加便于传播，并且与客户心智相匹配。但是，由于客户的思想和需求也同样受到互联网的洗礼，因此互联网企业在进行战略定位的时候也应当在动态变化当中完成。同时，战略定位的时候也需要进一步区分产品品牌和服务平台。

像京东这样的大平台，在其平台上销售的产品依然有独立的品牌，比如其自营产品就是该类型，也因此使得京东本身除了是电商平台以外，也在具

备了品牌效应的基础上实现了平台型流量能力的提升。这也是京东的战略定位。

在这里我们不妨以实达和康佳再举个反例。

当年实达的年营业额超过了十几亿，但又恰逢多个战略风险当中，并且每个领域都存在非常强势的竞争对手。当时实达的战略如果定好了，将其具有领先地位的“计算机终端”作为其具有绝对优势的决战高地，进而在资源优势上取胜，那么它在 IT 所建立的居高临下的地位又岂能是联想所能企及的呢？

再来看康佳。康佳其实在当时有很大的发挥空间。当时作为国内家电行业的前三甲企业之一，康佳如果能够趁对手犯错之际，将主要精力放在“彩电”上，如今早已在同行业中占据领先地位，并且还在平板等领域有更加广阔的发展前景。但是，当时同样处于骑墙境地的康佳，由于手机短期获利而忽略了对长期发展的战略影响，一味地发力手机领域，但是随着手机功能的逐步升级，以及整体运营能力的不断提升，康佳的手机产品并没有特别的优势，同时也因为错误的战略定位而影响了整体发展的进程，并且失去了在彩电领域发展的绝佳机会。

由此看来，企业战略定位精准且具有前瞻性，会影响企业发展的命脉，决定了企业发展的生死。互联网时代，企业平台战略的制定，更应当注重战略定位的方向，使企业未来的发展具有可持续性。

5. 制定

当前期工作都准备就绪之后，就可以针对企业当前的实际情况制定具体战略内容。在制定企业战略的时候还应当注意以下几点。

（1）从企业实际情况出发

企业制定的战略是为企业服务的，因此，在制定的时候要结合企业的实际情况进行，切勿脱离企业本身制定一些不切实际的战略，做到“量体裁衣”，才能使企业战略定位更加精准。否则制定出来的战略决策随意性较大，缺乏科学机制及严谨性，不利于企业的发展。

（2）以人为本

优秀的企业是需要优秀的员工来支持和扶持的，因此，在制定战略决策的时候应当充分考虑企业中每位成员的作用，可以在战略制定的过程中让每位成员充分参与，这样，在制定的时候可以集思广益，获得更好的意见和建议，从而保证企业战略决策更有针对性，更加符合企业发展需求，最终实现互联网企业的可持续发展。

（3）征求有关部门意见

在制定好战略决策之后，还需要将战略决策分发到有关部门，以征求这些部门的同意。如果通过率达到98%以上，那么说明该项战略决策是顺民意、符合企业发展整体规划的战略。这样才能保证战略决策在企业运转过程中顺利、高效地实施。

案例：酒仙网互联网生态圈战略

随着互联网的不断发展，各大企业都发力互联网，进行线上线下布局。酒仙网也抓住这个商机，通过自建、加盟等方式在互联网基础上打造互联网生态圈战略，以领跑酒业。

2016 年 3 月，酒仙网在糖酒论坛上宣布：2016 年将实施互联网生态圈战略，全面借助互联网优势，实施线上平台与线下实体店相结合的商业模式。酒仙网计划将“全面整合资源优势，打造行业内规模最大、形式丰富、效率最高的互联网生态圈”。酒仙网的这一举动无疑将率先带领酒业进入互联网生态圈时代。

首先，酒仙网借助明星效应，助力其品牌实现腾飞。在本次论坛上，酒仙网与著名喜剧艺术家潘长江为其女儿专门打造了潘掌柜品牌。在大力扶持新贵的同时，也将酒仙网的品牌推向了一个全新的高度。酒仙网的这种合作模式将线上线下相结合，全面拓展产品线的同时，也为酒业电商树立了良好的标杆。

其次，随着电子商务发展速度的不断加快，越来越多的传统酒品牌也开始加入酒仙网，如泸州老窖、洋河等，扩大了酒仙网的销售线。

再次，酒仙网打造的酒行业最强的互联网生态圈包括：“在传统 B2C 的业务上，实现官网、移动客户端和第三方平台三管齐下，通过高品质服务和良好的口碑传递获得 1500 多万忠实‘酒友’”。

之后，酒仙网在其 B2C 业务上以互联网为基础，将酒厂与终端客户直接相连，这样缩短了流通环节，减少了渠道成本，极大地促进了酒水的销售效率和速度。目前，酒仙网的 B2C 模式已经在全国 1000 个县市实现了全面覆盖，其销量也在同行业中位居榜首。

最后，在O2O模式上，酒仙网借助互联网优势，将线下诸多的酒水实体店进行全面整合，统一在线上销售平台进行销售，从而将线上线下紧密结合，这样不但扩大了其终端优势，还借助强大的生态圈，使得更多与酒仙网合作的酒企提升了销量，最终使得酒仙网在酒行业中获得了大众认可。

酒仙网布局互联网生态圈战略的确为其自身以及众多的合作酒企带来了互利共赢的大好局面，这是当前互联网时代企业发展战略的需求，也是酒类电商得以持续发展的最佳选择。

第 2 章 互联网时代盈利基础——模式创新系统

较传统的商业模式，互联网时代的商业模式发生了很大的变化，并且适用于当前各行各业的企业运营。也正是互联网技术的广泛应用，使之成为商业模式创新的支撑点，使得企业的发展迈入了前所未有的创新阶段及盈利阶段。可以说，商业模式的创新是互联网时代实现盈利的基础。

2.1 无即是有——互联网时代商业模式创新

核心内容展示	⑤ 开放平台模式：实现信息共享 ⑤ 免费模式：实现用户聚集 ⑤ O2O 模式：改变商业格局 ⑤ 长尾型模式：去库存化 ⑤ 多边平台商业模式：改写商业战局

2.1.1 开放平台模式：实现信息共享

开放的平台型商业模式其核心就是通过打造足够大的平台，使产品更加多样化，将用户体验作为平台的第一要领，并且实现产品的闭环设计。但是借助开放平台模式实现这些，还是得建立在该平台能够实现信息共享的基础之上。在互联网时代，平台有两个特性，**那就是开放和资源**。在开放的基础上实现资源的共享，也就是平台模式构建的目的。

拿淘宝来讲，在传统零售行业，电商的发展速度远远超过传统商业的发展速度，因为电商是借助平台来发展的，即三大平台：信息交互平台；支付平台；配送平台。在信息交互平台上，买家与买家以及厂商的所有信息都清晰可见。但是如果到一个大商场中，就很难获得这么多的信息。在传统模式中，如果商场能够做得足够大，达到同行业的榜首，其他同行业中的企业就很难与你势均力敌，更不用说与你竞争。但是现在淘帮网可以做到一万亿元，而一个实体店要想达到同样的水平是非常困难的。目前淘宝网还在继续一步步成长和壮大，原因在于它搭建了几乎让所有信息资源都能够实现共享的三大平台。平台的力量是非常巨大的，也正因为如此，开放型平台商业模式才更加有成就商业巨头的可能。如今全球最大的 100+ 企业中，有 60+ 企业的主体收入来源于开放型平台，如苹果、谷歌、亚马逊等，比比皆是，不一而足。

企业平台化是当前互联网时代非常明显的一个特点，由此也使原来的封闭式生态圈转变为开放式生态圈，在这个生态圈中，甚至可以实现全球资源的整合。关于基于开放性平台生态圈的构建，我们在上一章中已经详细讲过，此处不再赘述。我们在这里要讲的是开放型平台商业模式具有哪些具体特征，如图 2-1 所示。

1. 开放

之所以称之为开放型平台商业模式，其最基本的特征就是开放性，这也是平台生态圈最具生命力的首要条件。只有具备开放性，才能使平台具有巨大的资源承载能力，从用户特征、需求，到供应商产品特点、功能，再到产业链上的各个环节，都离不开平台资源的开放性。平台可以快速汇集资源，从而保证用户需求日益多元化的特点得以实现。

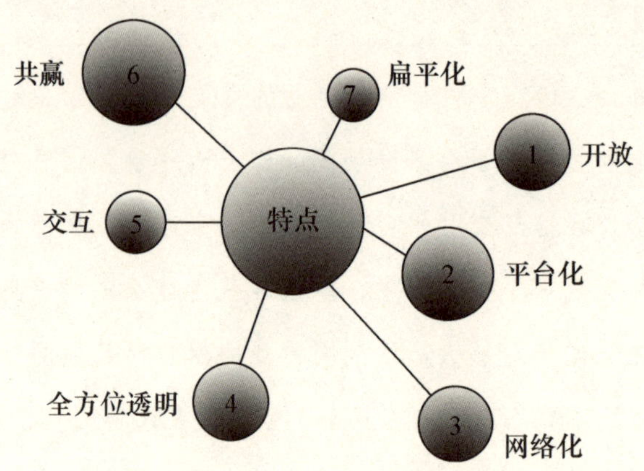

图 2-1　开放型平台商业模式的特点

2. 平台化

平台是实现资源整合、需求实现等的载体，过去没有平台，企业以及产业链上的各个环节不能将用户需求实现很好的交互。

3. 网络化

网络将人与人、人与企业之间的距离拉得越来越近，从而实现了人与信息的交互、支付等实现了零距离。网络冲淡了商业规模，未来的商业规模都将建立在网络上进行和完成，是网络的出现为平台的运转提供了更加广阔的空间和优越性。

4. 全方位透明

进入互联网时代，任何信息都将趋向透明化，各种信息都拿出来与他人共同分享。开放平台模式更是如此，它向平台的各个“边”清晰地展示彼此的信息，从而使得平台上的各个“边”都具有透明化。

当前，家装行业普遍存在一定的弊端，如货不对板、质量低劣、延误工期等，在这种情况下，基于互联网家装平台的出现使这些现状得到了极大的改观。当前，小米、海尔等企业也开始涉足该领域。2015 年，互联网家装平

台企业已经达到了200多家。互联网家装平台其实是一种自建的垂直的重度装修团队平台。在这个平台上，所有与家装有关的选材质量、品牌、价格等都是透明的，套餐内的所有品牌信息都在平台上一目了然。另外，装修过程也实现了透明化，每天通过拍照上传的方式向客户提供装修情况和进度，并且还在装修现场安装了摄像头，让用户足不出户，在平台上就可以对整个装修过程进行实时监控，从而体现了平台的透明化特征。

---

5. 交互

平台实际上是实现交互的一个场景，如果平台没有交互，那么整个平台将犹如一潭死水，毫无生气。整个生态圈也将是没有活力的生态圈，更不用说平台企业的正常运转了。

6. 共赢

在平台上的每个合作伙伴都是平台上的一员，所有成员都是绑在一起的，牵一发而动全身。一荣俱荣，一损俱损。只有实现平台成员共赢，才能使生态圈得以持续运行。

7. 扁平化

平台上的任何成员在互联网的作用下都是没有边界的，在组织管理上都是扁平化的，是没有上下等级之分的，这也是整个生态圈得以正常运行的重要保障。

2.1.2 免费模式：实现用户聚集

在如今的互联网时代，免费已经成为一种营销策略，甚至成为一种商业模式，已经被越来越多具有洞察力的企业所使用，并且为其创造了相当可观的利润和价值，助推互联网企业实现盈利的目的。

像免费投放广告，在客流量大的地方租下店面，从而让消费者知道你的存在；免费为客户提供产品体验，让客户在体验的愉悦感中记住你；免费为客户赠送小礼品或者产品，让客户在不知不觉中对你产生好感……这些都是互联网时代免费模式的应用。实际上，免费模式在互联网时代出现的主要目的就是实现用户聚集。由于互联网的核心观念是“用户体验至上”，想方设法地创造让用户体验的机会，让他们在体验的过程中感受产品的价值，这是一种把商业价值建立在用户价值基础上的有效手段。不论是免费产品、免费服务还是免费体验，其目的归结到一起，其实就是为了很好地聚焦用户目光，进而实现盈利。因此，这种免费模式也是聚焦用户的有效途径。

互联网本身的特点就是免费，因此，基于互联网免费的特点形成的免费商业模式能够使大规模的受众获得免费成为可能。这种免费模式之所以受到广大用户的青睐，关键一点在于：**用一款产品免费做广告换来海量的用户数量，使得成本趋向于零**。互联网时代，如何才能使免费模式做得更加长久呢？关键在于以下几点。

1. 让免费增值

之所以免费，实际上还是借助“免费”来实现“收费”。这也就是我们通常所说的免费模式的最高境界。这是一种“横向免费，纵向高额收费”的模式。通常情况下，横向免费的都是一些基础性应用，这些应用实际上是为后续的纵向高额收费积累用户流量，进而打造品牌，抢占市场。事实上，这是一种“羊毛出在狗身上，让熊来买单”的商业模式。

实现免费增值常用的方法有开源、按使用量收费等。

（1）开源

所谓开源就是为用户提供免费产量，然后通过对产品的安装、维修、定制化服务等进行收费。

众所周知，QQ作为一种免费的及时通信工具获得了海量用户，然而在

玩游戏的时候，如玩斗地主的时候，如果用户的欢乐豆已经输光，但还想继续玩，这时候，就需要花费一定的金额来购买欢乐豆以保证游戏继续进行。

（2）按使用量收费

所谓按使用量收费，即超出为用户提供的免费额度之外，就会按使用量的多少进行收费，使用范围内是完全免费的。

像中国移动推出的移动业务套餐服务，以 18 元套餐为例。在 18 元基本套餐内包含 180 分钟免费通话时间，70M 免费流量，接电话免费。但是如果在当月通话时间超出了 180 分钟，则按每分钟 0.1 元收取费用；使用流量超出本月套餐 70M 之外，就按照 1KB/0.01 元收取相应费用。这就是一种通过按流量收费让免费实现增值的模式。

---

2. 提高产品的客单价

足够高的利润完全可以支撑得起反复消磨的转化率。通常，提升客单价的方法有以下两大类。

（1）新客户客单价提高的方法

对新客户来讲，往往对首次选择的商家有一定的疑虑，信任度不高，因此在选择商品的时候通常会选择一些促销商品或者知名品牌的商品。对其他不太知名或者价格并不实惠的商品往往不予理睬。这时候，对新客户就需要适当提升知名品牌的客单价，但是由于信任度缺失，对新客户采取提升客单价的策略，往往效果并不理想。

（2）老客户客单价提高的方法

由于是老客户，已经与商家之间建立起了充分信任关系，因此，对提升老客户客单价是比较奏效的。可以通过扩大购买商品种类的方式来提高老客户客单价。

常用的有两种方法。

① 在同一时期对一组品牌不同但是高度相仿的商品进行促销。这样可以给老客户提供一定的产品选购空间，更有利于达成交易。

② 利用套装组合来促进销售，很多时候，顾客也会同时购买一些相关的产品，与其让顾客到处寻找相关联的产品，不如帮其组合在一起形成套装，这样利用专业科学的方式来引导顾客消费，使顾客在购买的时候可以省去寻找商品的时间，而且还可以提高客单价，积累自身品牌资产。

3. 建立成熟的运营机制

成熟的运营体系能够加快免费模式的实现，建立成熟的运营体系应当从以下几方面入手。

（1）分析产品特征，是否满足免费经营的条件

企业有效实现免费模式就必须确保其产品能够满足 3 个条件：用户数量足够多、增值空间足够大、能够有效绑定客户。

（2）精准定位目标市场

实现精准定位应当从两方面作为切入点：第一节约成本；第二塑造品牌。企业利用免费模式进行营销，有效地节约成本，可以很好地支撑免费模式的实现。除此以外，企业还可以利用免费产品进行“病毒式”传播，让更多的人了解、认识品牌，从而有效塑造品牌形象。

（3）从价值链中挖掘客户需求

免费模式是对传统营销模式思维的一种变革，这种变革应当以客户需求为主导，以满足客户需求为出发点，不断创新增值服务。像旅游景点就可以作为一个免费模式的典型行业，当游客数量达到一定规模的时候，需求的价值量就越来越大，在这种情况下可以借助相对独立的地理空间有效绑定客户，这样就能够更加方便地为游客提供更加便捷、丰富的增值服务，以此来满足

游客在旅游需求链上的各种价值需求。

（4）将价值创造放在首位

免费模式实施的目的是尽可能地为客户提供满足其需求的解决方案，这样企业就需要全面整合当前的产品和服务，从而为后续市场的进一步拓展打下良好的基础。这种免费产品和服务是可以通过价值再造来实现整合的，只要再造的价值足够大，那么即便是产品全部免费，企业也能够获利。

（5）“免费”承诺要兑现

所谓的“免费”并不是企业为了制造营销氛围而炒作的噱头，这种忽悠消费者的方式必然会最终输掉整个市场。相反，如果能够兑现对你的“免费”承诺，那么这必然能够以压倒性优势笼络消费者的心，消费者也愿意主动成为你的铁粉。

4. 建立快速的人才培养机制

实行免费模式，同样也应当注重人才的培养，通过建立快速、有效的人才培养机制，打造一流的企业团队，培养优秀的企业人才，使其可以担当和胜任各个核心岗位，这样可以快速提升企业的成长速度，为免费模式在商业活动中的运用保驾护航。

总之，免费模式是当前互联网时代最能聚集用户的有效方式，只有做到以上几点，才能保证免费模式在互联网时代发挥的淋漓尽致，才能使企业快速获利。

2.1.3 O2O 模式：改变商业格局

当前 O2O 的概念已经持续火爆了几年，但就目前的发展情况来看，O2O 还有继续升温的趋势。目前，各种 O2O 商业不断出现，像美容美甲、上门家政、上门洗车、订餐外卖、家电维修、上门洗衣、生鲜水果、厨师上门等。无论是个人创业者还是传统企业，都将 O2O 作为切入点，成功实现了由传统行业向新型行业的转型，改变了传统的商业格局。传统企业和创业者应当如何借助 O2O 线上线下相结合的方式实现盈利？如图 2-2 所示。

1. 盈利步骤

（1）找准定位

提起线上线下相结合，传统企业首先要做的就是结合自己的产品特征以及企业核心，然后根据这两点进行定位。但是要注意的是，不同行业在线上线下的政策是有所区别的，因此，切不可一味地照搬他人的方法，要灵活定位。

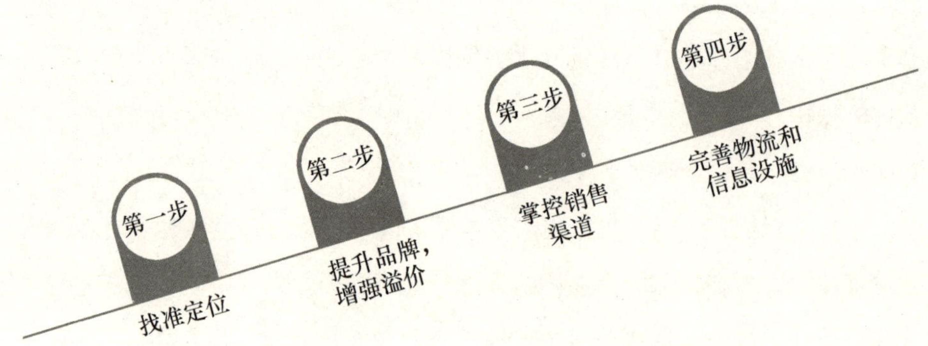

图 2-2　O2O 模式的盈利步骤

（2）提升品牌，增强溢价

消费者对品牌的钟情与信赖是经过长期的沉淀积累而成的，然而品牌又分为高中低端，不论品牌高低，其最终的净利率是不会相差太远的，关键在于其成本结构和运营模式的不同。很多时候大量成本往往耗费在了门店装饰、品牌外观包装设计以及购物体验上，因此使得产品形成了暴利产品，但其根源就是成本构造不同导致的。但是，将产品搬到线上，这些却成为一个隐形的杀手，因为，顾客线上根本无法触摸到产品实体，也无法感受到店面的视觉冲击，更无法获得良好的购物体验。因此，溢价越高的品牌产品，线上销售就往往成了一大痛点。

（3）掌控销售渠道

营销渠道的选择对于 O2O 来讲也是非常关键的环节。可以说“渠道为王”是 O2O 模式的死穴。以往的实体销售渠道将逐渐式微，线下实体渠道与线上相结合则成为全新的渠道。因此，面对当前全新的、错综复杂的渠道方式，其管控也势必随之变得复杂化。品牌商只能通过控制加盟商和经销商的货源，但是很难保证它们与品牌总部的盈利模式保持一致。因此，越是没有能力掌控销售渠道的企业，其线上线下的统一就越难。

（4）完善物流和信息设施

运输是企业物流的核心业务之一，运输能力的高低直接决定了企业整体运营能力的高低。因此，完善物流和信息设施就成为企业 O2O 模式顺利进行的关键。对于如何才能保证物流和信息设施的完善性，这里总结了以下 3 点。

① 借助物联网，加强物流信息建设

物联网本身的特点就是可以通过射频识别、红外感应器、定位系统等设施来实现物体与互联网的连接，从而达到信息交换和通信的目的。因此，在加强物流信息建设的时候，可以借助物联网的力量，使客户能够实现实时物流信息查询、货物运输定位跟踪、客户信息存储等功能，从而减少客户由于线上的虚拟性而产生的不安全感，提升客户价值。

② 建立数据仓库系统

建立庞大的数据仓库系统，目的在于能够在实时监测企业运营数据的同时，对运输车辆进行实时跟踪，利用传感器获得运输车辆的实时数据，进而分析其运输路线是否最短、最节省油耗成本等，如果发现运输路线出现偏差，则通过传感器发出警报，起到提醒运输人员回归路线的作用。

③ 提高配送服务质量

在这个服务当道的互联网时代，提高配送服务质量已经成为迫在眉睫的任务。尤其是采用 O2O 商业模式运营的企业，更需要注重配送服务质量的提升。线上销售 + 线下配送的物流模式成为 O2O 物流模式的核心，使得物流配送更加高效，物流服务得到很大的提升。

2. 盈利模式

（1）迎面直击法

迎面直击法实际上就是生产什么就卖什么。这种方法最为常见的就是餐饮、上门服务、商品零售等，基本上是卖什么挣什么钱。很多做餐饮业的企业，就是采用二维码下载 APP 的方式实现线上与线下的连接，通过线上下单，做餐饮卖餐饮。采用直击法的时候，互联网实际上就相当于连接线上下单与线下取餐的一个渠道。

（2）旁枝侧击法

这里讲的旁枝侧击，实际上就是像淘宝一样，淘宝本身并不是卖家，而是连接卖家与买家的一个桥梁，它并没有产品，因此挣的并不是 C 端的钱，而是挣 B 端的钱。像赶集网，其做的是信息服务平台，平台上销售各类服务和商品，但是其盈利来源于商户。

（3）跑马圈地法

跑马圈地法最常见的应该是教育 O2O。在许多网站上，授课是免费的，但是一旦讲到更深层次的时候，如果你还想继续获取知识，那么就会采取收费模式。这种圈地法的盈利多少完全取决于用户数量的多少。

3. 盈利方程解析

图 2-3 解释了 O2O 模式的盈利方程。

（1）解析工具一：高频 VS 低频

很多时候是高频击败了低频。

以滴滴的出租车业务为例。乘客在闲时可以直接用滴滴打到出租车，但是在上下班高峰期，即便使用滴滴，同样还是打不到，这是因为车辆数量有

限。但是滴滴却依然能够在出租车市场取胜，其关键一点就在于，滴滴充分巧妙地利用了高频市场的优势，从“让司机开专车，让乘客坐专车”这一点入手，很好地抓住了乘客的心理，并且很好地教化了大众，使大众认为，滴滴的时效性是优于普通出租车的。

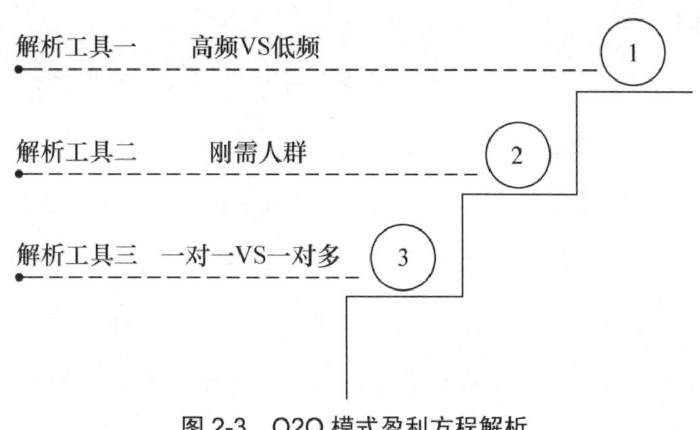

图 2-3　O2O 模式盈利方程解析

（2）解析工具二：刚需人群

衣食住行，可谓是人们生活中的四大刚需。然而饿了么和滴滴就抓住了其中的两大刚需——食、行。

河狸家起初是着眼于美甲 O2O 服务的，但是美甲只是一小部分人的刚需，并不像美发那样拥有庞大的客户群，然而美发的频次却比较低。因此，河狸家就牢牢抓住美甲这个高频刚需但从部分人群的角度入手，拼命烧钱、抢速度，通过占领少数人的刚需来快速占领市场，并逐步扩充市场。因此，河狸家如今不但拥有美甲 O2O，还有美发 O2O、美容 O2O。

（3）解析工具三：一对一 VS 一对多

在餐饮 O2O 和洗衣 O2O 领域，发展最快的要数饿了么和 e 袋洗，其原因在于这两家O2O企业采用的都是一对多的方式。

在以前，一个单独的餐厅派遣一个送餐人员向一个客户派送，洗衣店同样也是从一个单独的洗衣店派送专门人员接送衣物。这样在忙时，送餐人员和洗衣店派送人员忙得不可开交，闲时却又没事可做，造成了人力资源的浪费和过度利用。

现在O2O模式彻底改变了这种状况。一个送餐人员可以背二十多份盒饭向同一个小区进行派送，可以把派送人员以一当五来合理利用。这样，通过平台的方式，不但提升了服务效率，还可以做低价战略和实效战略。

但是回过头来再看一看河狸家的一对一服务。因为美甲不像送餐一样可以快速完成，做一个人的美甲往往至少需要一小时，这样的话只能进行一对一服务。这种一对一的服务是建立在个性化需求的基础之上的，只有这种强烈的个性化需求才能在时效上打败一对多的模式。

因此，无论是一对多还是一对一，其成败关键在于是强调时效性还是注重个性化。

4. 2016年盈利趋势分析

（1）懒人经济+创新，仍具前景

如今，懒人经济已经成为一个巨大的商机，因此，懒人经济也成为一个非常火爆的切入点。基于懒人经济的应用，诸多企业借助互联网实现线上线下的联动。由此，O2O成为了一种建立在互联网基础上的消费者与品牌之间的全新链接模式。在此基础上，形成了社区O2O。

2015年，O2O全面走进社区，因此，社区O2O成为一个前景非常广阔的领域。但是，进入2016年，懒人经济下的社区O2O如果还想走老路，不求创新，那么前景也不容乐观。客户对于服务的需求日渐多样化，要求更多的是获取良好的产品和服务体验，如果还是一味地走老路，想必越来越“挑剔”的客户未必会买账。

以前，上门理发，理发师只需带上理发工具即可。但是，随着客户日益对服务的方式提出的更多需求，仅凭理发工具是很难让其获得心理上的满足的。如果能够在此基础上进行创新，比如携带更加舒适的理发椅，既便于携带，又能够给客户提供更加舒适的理发感觉，这是最好不过的了。仅凭这份与其他美发 O2O 有所区别的创新，就能让客户产生一种满意的体验感。

要想充分利用懒人经济走社区 O2O 道路，并从中获利，关键还需创新。

（2）另类边缘 + 定制 / 接缝，商机无限

① 另类边缘 + 定制

当下，O2O 企业竞争异常激烈，这种情况下只有寻求更好的客户体验方式以提升企业口碑，或者找到一个全新的边缘化创新来作为突破口。但是这已经不能够以压倒性优势击败竞争对手。定制化就是边缘化创新的延伸与升级。

最早的餐饮 O2O 是线上下单，线下配送；后来延伸为厨师上门服务。如果能将以往的常规订餐服务进一步提升为定制化服务，这样，就能够满足那些希望在家里举办大型宴会，除了能够吃到部分家常菜，还能够尝到大厨级别精心打造的美味料理的客户。这就是一种另类边缘 + 定制。

---

② 另类边缘 + 接缝

很多时候，企业把思维定势放在为大众提供生活服务上，往往忽略了一些能够起到连接作用的服务领域。

2014年，青岛“易速递”智能收件柜成功面世，如今，已经在多个小区内试用成功。“易速递”只要两步即可在一分钟内快速完成：第一步，刷卡进入系统；第二步，快递存柜。并且整个过程都有监控设备进行记录。存入柜后，系统会自动向收件人发送短信，凭短信从智能快递柜取件。这样不但方便而且高效，还不会造成丢件。“易速递”就是巧妙地将电商与快递服务相结合的“边缘化+接缝”服务。然而，当前有的企业已经开始在“边缘化+接缝”服务基础上进入全新的探索阶段，即“另类边缘+接缝”：用带有保险功能的收件柜来对之前的收件柜的弊端进行补充。这样一些新鲜果蔬、外卖也可以实现在收件柜中的存储，这为生鲜O2O和外卖O2O提供了很好的接口。

2.1.4 长尾型模式：去库存化

在互联网市场中，越来越多企业的盈利目标并不是在头部取得了多大的优越感，而是其尾部具体有多长，因此，那条有利可图的“尾巴”往往是互联网企业获利的最佳路径。**所谓“长尾理论”简单地讲实际上就是放弃那些更加有前途和销量旺盛的大容量市场，转向销售冷门商品，并且通过这种方式获利。**

通常的图书销售往往将畅销书作为重点销售对象，那些冷门图书则不作为重点对象对待。但是亚马逊则不同。亚马逊深知人们所接受的知识大多是一些普及性的内容，但是对于那些不同社会角色的人来说，他们所选择的图书往往是一些偏冷的书籍，这充分体现了不同读者的个性化需求。互联网的出现打破了时间和空间的限制，使得读者在网上可以随意找到自己想要的书

籍，商家不用考虑图书在书架上的摆放位置是否能够吸引读者。这也充分满足了读者的读书需求，整体上增加了读书量，只要有这本书，就没有找不到的，只有想不到的图书。事实上，这种在互联网基础上利用网络书架增加阅读量的方式就是一种长尾效应的体现。

另外，据统计，亚马逊每年图书销量所获利润中，一半来自畅销书，另一半则来自那些较偏、较冷的书籍。这就证明，那些偏冷的书籍虽然销量少，但是借助种类繁多的优势同样也可以获得巨大的利润。亚马逊书籍获利来源也充分证明了长尾理论。

从亚马逊的图书长尾营销模式中，我们可以看到。

长尾型模式的核心是“多样少量”。企业更加关注的是如何为利基市场提供大量的产品，而每种产品的销量却又相对较少。这种利基产品的销售总额往往可以与那些少量畅销产品所获得的销售额达到旗鼓相当的状态。

利用长尾营销模式可以巧妙地提升客户价值。充分利用冷门图书数量多的优势，同样可以吸引更多的读者前来购买，使得那些具有个性化阅读需求的读者价值得到了有效提高。

企业如何才能在互联网时代借助长尾型商业模式实现盈利呢？企业需要有低库存和强大的平台。利基产品对于个性化的消费者来讲是相对容易获得的，如图2-4所示。

首先，分销渠道要具备大众化特点。互联网时代，电子商务成为了继传统线下实体渠道之后，消费者获取商品的最主要的渠道，电子商务同时也使得企业以极低的产品库存、沟通成本、交易费用，为利基产品开拓更加广阔的销售市场。

其次，建立强大的互联网平台。销售利基产品最大的挑战就是能够寻找到感兴趣的买家进行匹配。互联网的电子商务平台正好为利基产品和买家搭建了一条有利的桥梁。在搭建电子商务平台实现长尾型商业模式的时候，可以分为三种类型。

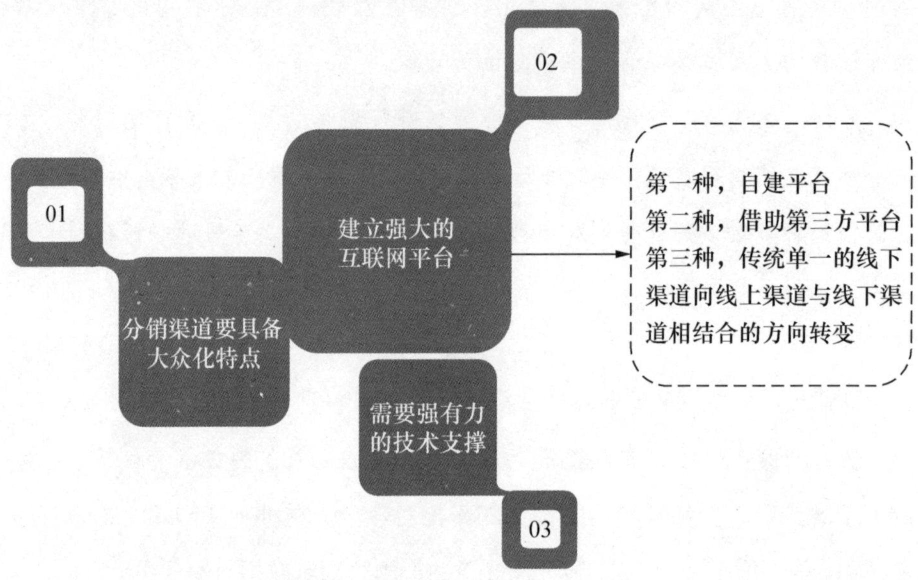

图 2-4　长尾型商业模式实现盈利的方法

第一种是自建平台。典型的如小米科技，就是在自建的平台上自产自销。

第二种是借助第三方平台。淘宝、唯品会、京东等就是为众多商户提供第三方平台。

第三种是传统单一的线下渠道向线上渠道与线下渠道相结合的方向转变。

传统的零售业往往会因为信息的不对称而提升溢价，同时也增加了消费成本，最终导致大批货物在库存中积压的现象，这样就使得其销量受到库存的影响。唯品会是一家专门做时尚品牌特卖的第三方平台，也是一家专门经营大幅折扣的 B2C 企业。唯品会所采取的销售方式是一种闪购的方式，既可以通过大幅折扣来吸引消费者，也可以在较短的时间内将过季、积压的商品快速处理掉，可谓是一箭双雕，不论是消费者还是商户都能受益。

唯品会的这种闪购的做法看似是商家处理库存的“下水道”，但是这确实是一种帮助商家快速去库存的极佳方式。也正是这种方式刺激了那些冲动型消费者去抢购，使得库存的价值得到了最大化的体现。作为时尚品牌，其生产的商品往往会随着时尚的时效性而快速被淘汰，唯品会却正好为这些在时尚品牌刚上市时买不起的人提供了一个很好的折扣渠道，为时尚品牌提供了巨大的需求空间，同时也为那些堆积了大量被时尚打败的淘汰品的企业，换来了更加充足的运转资金。由此可见，唯品会利用“淘汰品”这个长尾，帮助时尚品牌企业“去库存”，这也是唯品会选择“时尚品牌特卖”这片蓝海成功的关键。

再次，需要强有力的技术支撑。随着互联网 IT 技术和运营管理的不断发展，针对数量庞大的新用户开展量身定制的价值主张越来越多。长尾式企业需要的是多渠道多平台的电子商务管理体系，同时，企业还必须将其资源计划管理系统与电子商务管理体系相结合，形成一体化的 IT 掌控系统。

事实上，长尾型商业模式在互联网时代被广泛使用，是一种针对大多数有利可图的客户进行商品营销，最终实现“去库存”的有效方式。

2.1.5 多边平台商业模式：改写商业战局

在互联网时代出现的创新商业模式中，多边平台商业模式是一种新生代商业模式。当前，经济学家将多平台商业模式看作一个重要的商业现象。随着各种信息技术的不断发展，多平台商业模式得到了迅速、广泛的应用。多边平台商业模式是在取代单边平台的基础上升级而成的。

以日本第二大连锁便利店——罗森为例。在起初经营的时候，罗森还是一家采取单边经营模式的企业，后来决定与一些企业达成合作关系，向顾客

提供除了便利商品之外的其他服务，例如，为东京电力公司收取电费，为东京煤气公司收取煤气费，等等。这样，用户无需专门去相关公司缴纳费用，只要去就近的罗森便利店就可以完成费用缴纳，省时省力。而罗森提供服务所获得资金来源于那些为其提供代收服务的公司。这样罗森就由原来只提供便利商品的单边商业模式，变为了强大的多边服务平台，将多边平台商业模式作为其盈利模式。

根据罗森由单边转向多边的案例中，我们不难看出，实际上所谓多边平台商业模式，就是将两个或者两个以上具有明显区别，但又有一定依赖关系的客户群体集合在一个平台上进行商业活动的模式。

多边平台模式的价值主张是针对一个客户细分群体，这些客户细分群体可以为最初的模型增加收入来源。实际上，多边平台上单个特定用户群体的价值大小几乎都取决于这个平台上“其他边”的客户数量的多少。通常，在这个多边平台上，平台运营商会利用低价甚至免费的方式来吸引一个群体，并且利用这个群体再吸引与其相关联的另一个群体。

腾讯旗下的QQ对广大用户都是免费开放和使用的，也正是基于这个宽广的平台，不论开发什么业务，都能够从中获利。QQ游戏就是一个典型的吸金来源渠道，通过游戏来吸引QQ用户中喜好游戏的玩家，从而获取收入。

互联网企业如何才能将多边平台商业模式更加游刃有余地应用于企业营销过程中呢，如图2-5所示。

1. 实现单边到多边扩展的要点

在互联网时代，要从传统的单边成功扩展升级到多边，就需要做到以下两点。

实现单边到多边扩展的要点　利用核心业务为平台创造价值　多边平台运营商需要多问几个为什么　让平台宽广化、深入化

图 2-5　多边平台商业模式应用步骤

（1）发现和连接新的一边或多边，这样就可以通过互联网平台将已有的一边和全新的另一边或多边一起创造网络效应。

（2）找出已知一边和新加的另一边或多边之间具有关联的业务，并且从该业务上获利。

2. 利用核心业务为平台创造价值

多边平台商业模式的整体核心资源便是平台。其 3 个关键性核心业务即为平台管理、平台推广和服务的提供，并且通过这 3 个方面创造价值。

（1）将平台打造成能够进行客户群体细分的媒介

（2）通过平台吸引更多的客户群体

（3）在平台渠道上进行交易，有效降低成本

3. 多边平台运营商需要多问几个为什么

（1）如何能够为平台上的各边吸引到更多的用户

（2）哪边的客户对价格问题更加敏感

（3）如何对价格敏感的一边给与相应的补贴

4. 让平台宽广化、深入化

（1）打开新渠道，拓宽平台

平台企业应当全面打开各方渠道，吸引更多的客户群，充分利用网络效应，实现平台的扩大化。在竞争如此激烈的互联网时代，技多不压身，宽广

的平台可以容纳更多的客户群，实现业务拓展，这样更加有利于在竞争中实现扩张。

（2）深化平台运作，增加各边黏性

多边平台在构建的时候，必然是新进的一边给已有一边创造更多更大的价值，只有这样才能使整个平台运转走向深化。与此同时，还需要全面提高各边的交易效率和交易频率，从而通过增强网络效应来有效地增加各边的黏性，以此保证多边平台的正常运转。

另外，在多边平台上，除了要有网络平台做后盾，还需要强大的支付平台、管理运行机制、商家平台来全面支撑，才能保证多边平台商业模式的正常运行。

2.2 画布绘模式："想着打"的流程聚焦

核心内容展示

- 互联网时代商业模式画布的 9 个构件
- 画布在商业运营中的具体使用方法展现

2.2.1 互联网时代商业模式画布的 9 个构件

互联网时代的商业模式是与互联网商业模式有一定区别的，互联网时代的商业模式不但适用于互联网企业，同时在各个行业中也同样适用。对于互联网时代商业模式的创新，重在创新。通常用商业模式画布来对商业模式进行描述、可视化、评估以及改变。在设计互联网时代模式创新的过程中，往往涉及 9 个构件，根据这 9 个构件之间的相互关系绘制出一幅互联网时代商业模式画布，如图 2-6 所示。

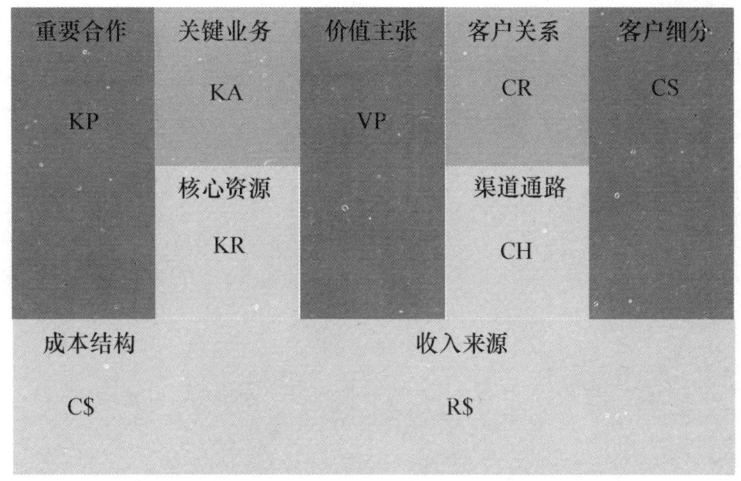

图 2-6　互联网时代商业模式画布

1. 客户细分

客户细分构造块用来描绘一个企业想要接触的服务和不同人群或组织。简言之就是互联网企业的目标用户群，一个或多个集合。客户细分群体的类型包括以下5种。

（1）**大众市场**：价值主张、渠道通路和客户关系全部聚集在一个范围比较大的客户群组，客户具有大致上相同的产品需求和需要解决的问题。

（2）**利基市场**：价值主张、渠道通路和客户关系都是建立在某一利基市场的特定需求上进行定制的。

（3）**区隔化市场**：在这里，客户之间彼此的需求稍微有所不同，细分群体之间的市场区隔表现出一定的差异性，所提供的价值主张也存在些许不同。

（4）**多元化市场**：多元化市场中，经营业务体现出多样化的特点，通过完全不同的价值主张来满足客户细分群体中存在的不同需求。

（5）**多边平台或多边市场**：该市场针对具有相互依存性的两个或多个客户细分群体的特点为其提供服务。

2. 价值主张

价值主张构造块用来描绘特定客户细分创造价值的系列产品和服务。换句话说就是强调客户需要的产品和服务，这是互联网时代企业进行商业活动的痛点。价值主张有以下几大要素。

（1）**新颖**：无论产品还是服务都能够给用户带来一种前所未有的新颖感。

（2）**性能**：要想创造更大的价值，对产品和服务的性能进行改善是非常有效的途径。

（3）**定制化**：能够针对客户需求为其提供定制化的产品和服务，以帮助企业创造更大的价值。

（4）**设计**：优秀的产品设计往往能够使产品在市场上众多同类商品中脱颖而出。

（5）**品牌**：使用体验是发现品牌价值的最好方式。

（6）**价格**：以更低的价格满足客户细分群体的商品需求，可以让客户满意度最大化。

（7）**降低成本**：有效地降低产品和服务成本是有效提升产品和服务价值的重要方法。

（8）**风险把控**：做好风险把控可以更加容易地创造客户价值。

（9）**可达性**：让以前无法触及到产品和服务的客户能够获得真正的体验。

（10）**便利性**：将购买流程、适应流程简洁化，可以让客户方便操作，便于客户接受产品和服务，从而为企业创造更加客观的价值。

3. 渠道通路

渠道通路构造块是用来描绘公司是如何沟通、接触其客户细分而传递其价值主张的。简单来讲就是无论是企业寻找客户还是客户寻找企业，如何才能通过一定的联系找到对方。通常，实体店、网店等都属于将企业与客户进行连接的接口。

渠道包括 5 个阶段。

（1）**认知**：如何提升客户对公司产品和服务的认知？

（2）**评估**：如何帮助客户评估公司价值主张？

（3）**购买**：如何帮助客户购买想要的产品和服务？

（4）**传递**：如何把价值主张传递给客户？

（5）**售后**：如何提供售后支持？

渠道类型分以下 2 类。

（1）**按照自由渠道 / 直接渠道**：销售队伍、在线销售。

（2）**按照合作伙伴渠道 / 非直销渠道**：自有店铺、批发商、合作伙伴店铺，如图 2-7 所示。

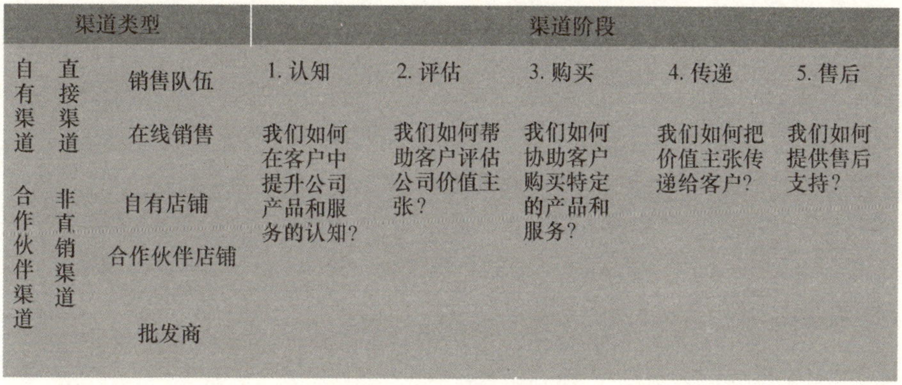

渠道类型			渠道阶段				
自有渠道	直接渠道	销售队伍	1. 认知	2. 评估	3. 购买	4. 传递	5. 售后
		在线销售	我们如何在客户中提升公司产品和服务的认知?	我们如何帮助客户评估公司价值主张?	我们如何协助客户购买特定的产品和服务?	我们如何把价值主张传递给客户?	我们如何提供售后支持?
合作伙伴渠道	非直销渠道	自有店铺					
		合作伙伴店铺					
		批发商					

图 2-7　渠道通路构造块

4. 客户关系

客户关系构造块描述的是公司与特定客户细分群体之间建立的关系类型。这里的客户关系可以简单地理解为客户在接触企业的产品之后，应当如何建立与企业的关系，是长期合作关系还是一锤子买卖。客户关系常见类型有以下 6 类。

（1）**个人助理**：通过人与人之间发送电子邮件或者其他互动方式来作为个人助理的互动手段。

（2）**自助服务**：为客户提供所有自助服务的条件。

（3）**专用个人助理**：指派专人为客户专门提供客户服务，尤其是为那些高价值的客户提供服务。

（4）**自助化服务**：充分利用自动化来识别不同客户的特点，并且为其提供相应的服务。

（5）**社区**：通过社区与客户搭建一定的关系。

（6）**共同创造**：让客户参与进来，共同开发、创新产品。

5. 收入来源

收入来源构造块所描绘的是公司从每个客户群体中获取的现金收入。换种说法就是企业如何从自己提供的产品或服务价值中获得收益。收入来源渠道包括以下几种。

（1）**资产消费**：主要是销售实体产品所获得的收入。

（2）**使用收费**：从特定的服务方面收取相应的费用。

（3）**订阅收费**：通过销售一定的订阅产品来获得收入。

（4）**租赁收费**：通过租借使用，但没有最终所有权的方式收取费用。

（5）**授权收费**：依靠将知识产权授权于他人的方式获取费用。

（6）**经济收费**：通过向他人提供中介服务，并收取一定的中介费。

（7）**广告收费**：提供广告宣传服务，并收取相应的费用。

6. 核心资源

核心资源构造块描绘的是让商业模式有效运转所必需的最重要因素。简单来讲就是为了提供并销售这些产品或服务价值，企业必须拥有一定的资源，如资金、技术、人才等，这些都属于重要因素。核心资源的类型包括以下几种。

（1）**实体资产**：主要是指那些生产设备、运作系统、销售网点等资产。

（2）**知识资产**：品牌、知识产权、专利、数据库等资源都属于知识资产。

（3）**人力资源**：主要包括知识密集型产业和创意人才。

（4）**金融资产**：现金、信贷、财务担保等都属于金融资产。

7. 关键业务

关键业务构造块用来描绘为了确保其商业模式可行性，企业必须做的最重要的事情。这里实际上指企业在商业运作过程中必须从事的业务。关键业务类型主要有以下3种。

（1）**制造产品**：包括产品的设计、研发、制造的有关环节。

（2）**平台/网络**：主要是那些与服务、管理、推广有关的平台交易、网络服务等。

（3）**问题解决**：为客户提供相应的问题解决方案。

8. 重要合作

重要合作构造块描绘的是让商业模式有效运作所需的供应商与合作伙伴的网络。简单来讲就是哪些人可以为企业的高效运转提供一定的战略支持和辅助作用。合作关系的类型有以下3种。

（1）**合作**：不存在任何竞争关系的纯合作联盟。

（2）**竞合**：既存在一定的竞争关系但又离不开相互的合作。

（3）**供应**：为确保可靠供应的购买方与供应商之间的关系。

9. 成本结构

成本结构构造块用来描绘运营一个商业模式所引发的所有成本要素，即互联网企业在运转过程中哪些项目需要付出相应的成本。成本结构的类型包括以下2种。

（1）**成本驱动**：具有创造和维持企业经济运转的成本结构。

（2）**价值驱动**：通过提供增值服务或者高度的个性化服务来创造更高的价值，从而推动商业模式的发展。

商业模式画布的优点就在于能够让讨论商业模式的会议变得更加高效、可行，同时也能够在最短的时间内产生多套方案供决策者选择，从而找到有利于企业高效运行的最佳方案。

互联网时代商业模式创新的 9 个构件简单来说即如图 2-8 所示。

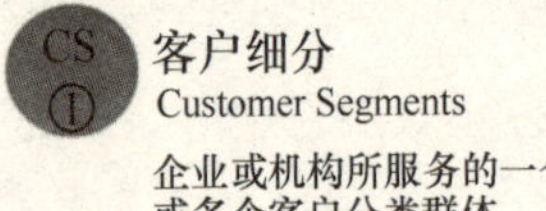

客户细分
Customer Segments
企业或机构所服务的一个或多个客户分类群体

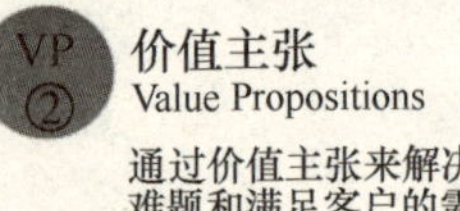

价值主张
Value Propositions
通过价值主张来解决客户难题和满足客户的需求

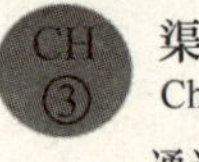

渠道通路
Channels
通过沟通、分销和销售渠道向客户传递价值主张

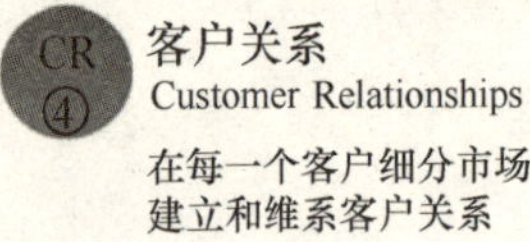

客户关系
Customer Relationships
在每一个客户细分市场建立和维系客户关系

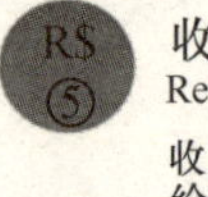

收入来源
Revenue Streams
收入来源产生于成功提供给客户的价值主张

核心资源
Key Resources
核心资源是提供和交付先前描述要素所必备的重要资产

关键业务
Key Activities
通过执行一些关键业务活动，运转商业模式

重要合作
Key Partnerships
有些业务要外包，而另外一些资源需要从企业外部获得

成本结构
Cost Structure
商业模式上述要素所引发的成本构成

图 2-8　互联网时代商业模式创新的 9 个构件

2.2.2　画布在商业运营中的具体使用方法展现

画布虽然只占一张纸、一幅图的篇幅，但却被很多商业活动所使用，小但被广泛使用必定有其重要的用途或作用。那么这一张小幅的画布能够为企业在运营过程中体现价值带来哪些帮助呢？

首先，画布具有一定的完整性。这里的完整性并不是事无巨细的完整，而是更高层次的全方位的概括。

其次，画布具有一定的一致性。画布可以帮助企业很好地做出全盘判断，从而发现企业商业模式的各个方面是否具有一致性。举个简单的例子。从画布中可以判断出成本结构假设与收入来源假设是否一致。

再次，画布具有一定的明确性。画布为我们清晰地展现了互联网时代企业运营各环节的战略战术，使得各环节的每位员工能够明确自己需要做什么，为什么要做。

最后，画布具有一定的沟通性。整个画布使得每个战略决策更加一目了然，因此也非常便于各个领导阶层、决策阶层讨论并及时改变或完善战略决策内容。

那么这种画布商业模式在具体运营过程中如何使用呢？我们这里以天猫为例。首先我们来了解一下天猫的发展历程。

2003 年 5 月 10 日淘宝网正式上线；随后，2008 年 7 月 5 日淘宝网推出了 B2C 业务；2011 年 6 月 16 日，淘宝上长城一分为三，分别为一淘网、淘宝网和淘宝商城；2012 年 1 月 11 日，淘宝商城更名为天猫商城。如今，天猫商城已经拥有了 4 亿多买家，5 万多家商户，以及 7 万多个品牌。天猫的发展目标是成为网购世界中的第五大道或者香榭丽舍大道，能够成为中国乃至世界 B2C 的新地标。

通过对天猫的各方面深入了解，我们分别从 9 个构件出发，为天猫做一下画布分解图，如图 2-9 ~图 2-17 所示。

1. **客户细分**

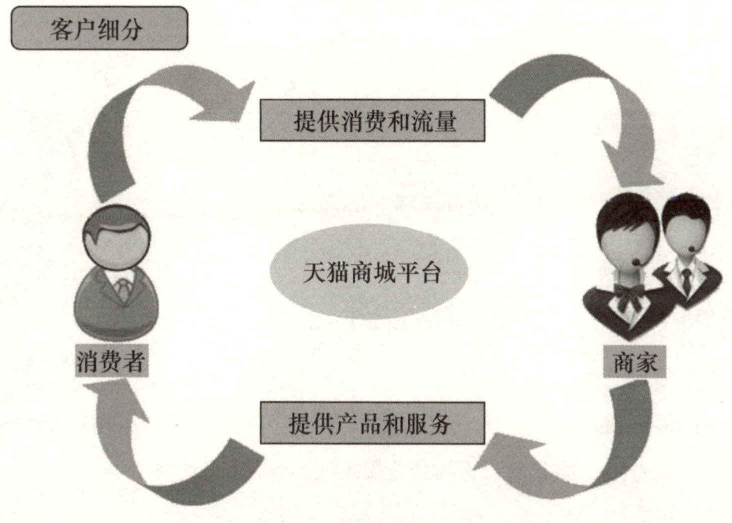

图 2-9　天猫商业模式画布中的客户细分

2. 价值主张

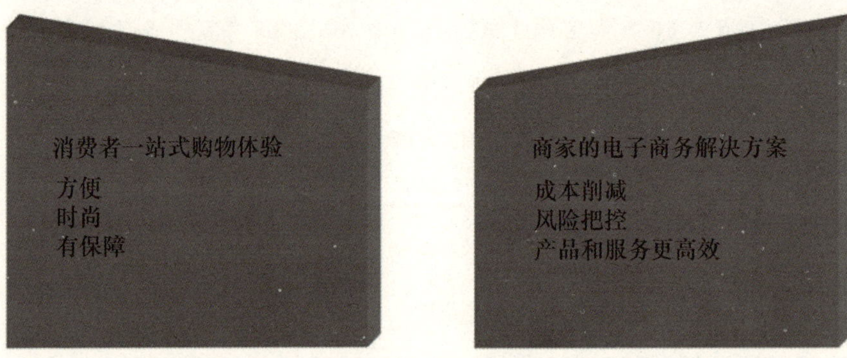

图 2-10　天猫商业模式画布中的价值主张

3. 渠道通路

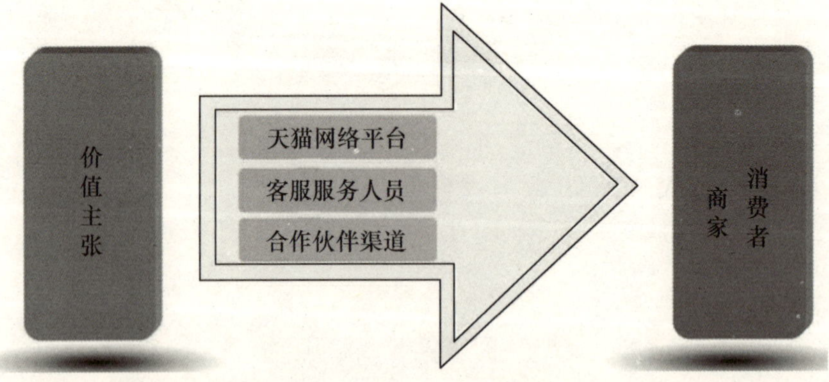

图 2-11　天猫商业模式画布中的渠道通路

4. 客户关系

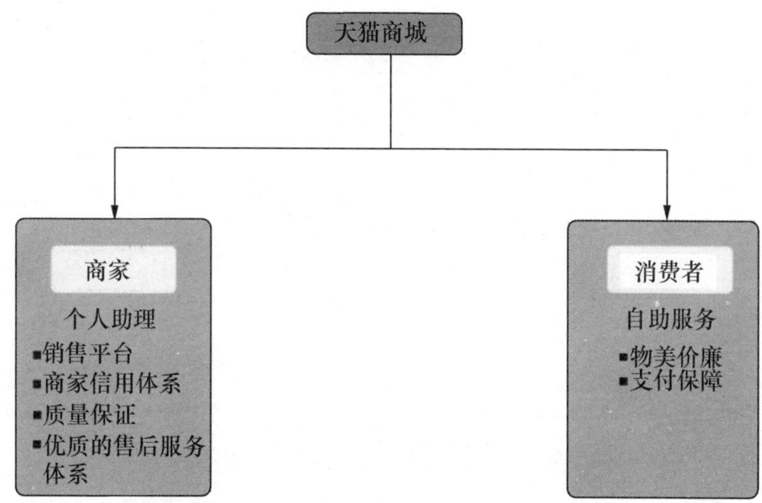

图 2-12　天猫商业模式画布中的客户关系

5. 收入来源

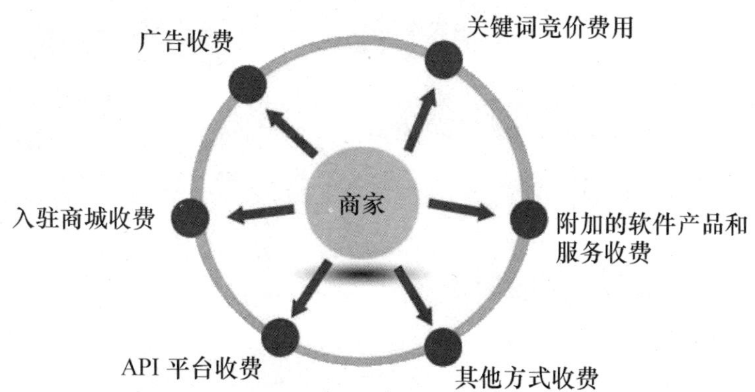

图 2-13　天猫商业模式画布中的收入来源

6. 核心资源

核心资源

庞大的数据库

高效的运行系统

知名度

图 2-14　天猫商业模式画布中的核心资源

7. 关键业务

关键业务

图 2-15　天猫商业模式画布中的关键业务

8. 重要合作

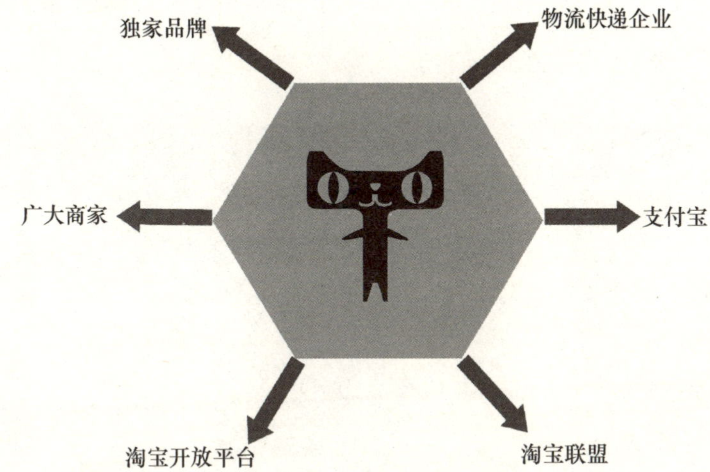

图 2-16　天猫商业模式画布中的重要合作

9. 成本结构

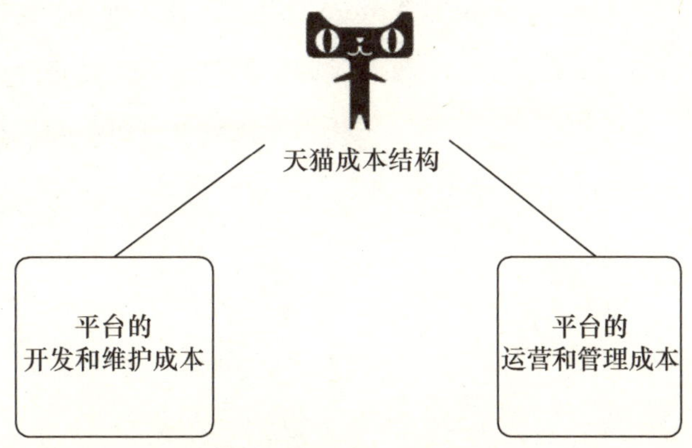

图 2-17　天猫商业模式画布中的成本结构

以上 9 幅图向我们很好地展示了天猫 9 个构件的实际情况，从而向我们描绘了天猫的整体运营情况和格局，这也是众多互联网企业在运营过程中需要详细绘制的。

如图 2-18 所示，以 iPhone&APP Store 在商业运营中的具体应用为例，我们再来看一幅完整的画布。

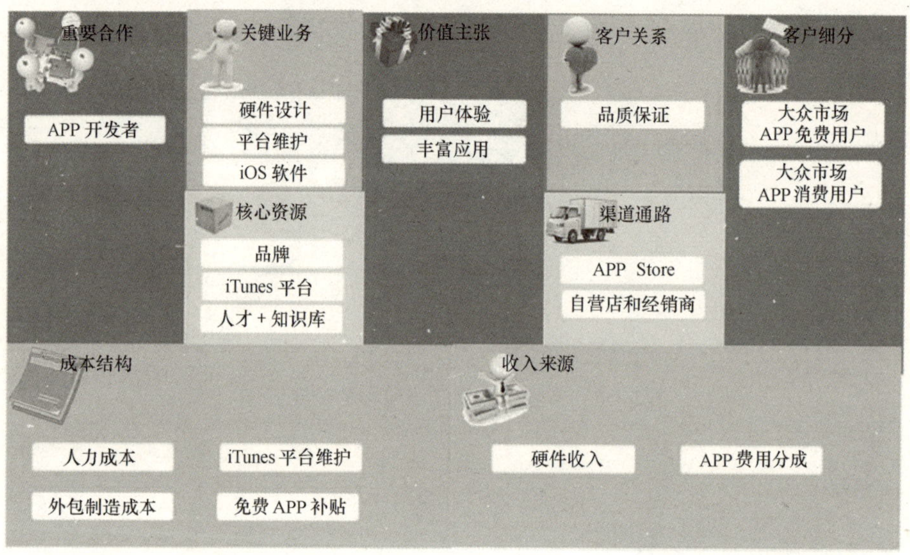

图 2-18　iPhone&APP Store 的商业模式画布

上图中，是 iPhone&APP Store 在商业运营中画布的具体应用，结合商业模式创新的 9 个构件，可以非常清晰、明确地看到运营过程中各个构件的具体方案，从而保证企业按照该方案有序高效地进行运营。企业在商业运营过程中应当充分利用画布模式所带来的一目了然的运营布局的优势，更好地实施企业运营策略。

2.3　客户定制化：在平的世界里竞争

核心内容展示

- 企业平台化，员工创客化
- 把客户变成生产力的策略
- “互联网 + 大数据”实现个性化、定制化

2.3.1　企业平台化，员工创客化

在互联网时代的大环境下，企业转型成为了一种潮流和趋势，如果你只作为传统企业中的一员，那么你已经跟不上时代的潮流，也必将一步步走向淘汰。一家互联网企业实现企业平台化、员工创客化已经成为必然，如图 2-19 所示。

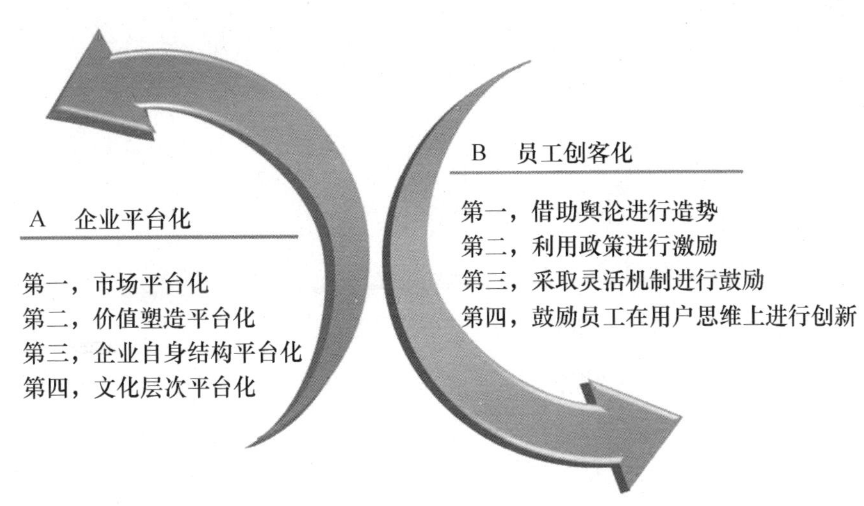

图 2-19　互联网企业转型的两大趋势

1. 企业平台化

互联网时代的企业都是以平台作为支撑点的，在这个点的基础上放射状地连接各个边，从而实现企业的运营。因此，基于这个平台运转的企业已经被平台化。企业实现平台化，必须从以下 5 个方面进行改造。

（1）市场平台化

基于互联网平台，结合企业内部的分利和交易机制，将企业划分为若干个小业务部门，进而将其转变为自组织结构以及独立核算部门，然后按照优胜劣汰的机制对不合格的小组或部门进行淘汰，与此同时也可以借此机会打通各业务板块之间的交易关系，建立起联动机制。在这个基础上吸引更多外部创新企业以及具有创新能力的人才加入企业的发展队伍。

（2）价值塑造平台化

作为平台型企业，就应当让企业内部的各个单元、组织、部门都能够基于这个平台高效运转。企业平台所提供的资源优势是各个单元、组织、部门逐渐做大做强的基础。在传统企业向平台化企业转变的过程中，企业的核心部门应当率先实现转型，从而在不断积累的数据资源、知识资源、人才资源等基础上实现价值塑造的平台化转变。

（3）企业自身结构平台化

企业组织结构犹如企业的脊梁，每个结构上的结点都是组织结构的重要组成部分。在互联网时代，网络加速了企业发展的进程，也由此加速了企业组织架构向平台化发展的步伐。企业组织架构扁平化可以帮助企业更好地搭建创业平台，并且充分激发企业内每位领导的主人翁意识，从而更有利于企业的快速发展。

组织架构实现平台化的范本当属海尔集团。2014 年，海尔集团对其组织架构进行了新一轮变革，这是海尔集团所做的一次非常大规模的组织架构调整，即在

海尔集团下面组建五大全新平台：家电型平台、房地产平台、物流平台、文化产业平台和 PU 平台。这五大平台给海尔集团的运营带来了十分明显的优势，使原来 690 和 1169 两大产业集团在竞争中存在重合的业务全部归到了 690 范畴，并让 1169 纳入物流服务职能范畴。经过这样的调整，690 主要负责产品环节，而 1169 主要负责渠道环节。以前海尔的文化中心也归到了全新的文化产品平台下；财务、行政、人力等部门则转入了 PU 平台。海尔经过此次组织架构的大变革，其组织结构趋于平台化，这使得海尔的内部运转效率和市场反应速度实现了全面提升。

（4）文化层次平台化

每家企业都有自己特殊的发展格局，然而企业文化很大程度上也决定了企业格局的编排。文化的力量可以使更多具有一致观念的创业者和具有创新思维、创新能力的人结合在一起，使得共同的价值观能够在一个平台上实现融合和凝聚，从而在更大的商业平台上实现大众认同以及商业利益的叠加。

（5）人本生态平台化

企业发展终归是以人的创新驱动为动力，因此，只有搭建好人本生态平台才能使创新能力和创业能力最大限度得到释放，只有这样才能使企业在平台上的竞争力更强。

2. 员工创客化

当前，“大众创业、万众创新”成为热点话题，各类创客也争相大显身手。作为企业来讲，在互联网时代更应当注重“创客”能给企业带来的巨大效益，充分发挥每位员工的创新思维，让每位员工争做创客，为企业的发展增加更多竞争优势。互联网企业应当如何鼓励自己的员工实现创客化呢？

（1）借助舆论进行造势

通过舆论来提升员工创新的热情，让他们迸发出激情。只有这样才能在众多员工中挖掘出一大批能工巧匠、劳模；并且为其打造攻关实验室和研发实验室，吸引更多员工参与进来，进行技术交流、新品研发等活动，并以这些具有创新意识的员工为领头人，吸纳和带动更多人争当创客。

（2）利用政策进行激励

制定一些具体的激励政策，激发员工的创新意识和创新积极性，从而为企业的发展做出更大的贡献。

（3）采取灵活机制进行鼓励

拘泥于小节往往给人的发展带来一定的束缚，使得各方面的技能和创新思维没有办法发挥到极致。因此，互联网企业应当采取灵活的机制，在允许的范围内为员工创造更加优越的条件，满足其创新需求，一切都以员工实现最大限度的创新为主，只有这样才能使员工的创新能力和思维得到尽可能的发挥，才更有利于企业的生存和发展。

在互联网时代，企业实现员工创客化的特点就是“人人创客”。海尔在探索“人人创客”的道路上取得了不小的成绩。从海尔的组织层面出发，我们看到海尔从生产产品价值的企业转型为一个生产创客价值的平台；从机制层面出发，我们不难发现，海尔从一个管控组织型企业转变为一个投资驱动平台，员工在海尔的创业平台上扮演的已经不再是传统的打工者、执行者的角色，而是一个非常有活力、有思维的创客形象。2014 年，海尔为了全面推进“人人创客”还专门建立了海创汇，以此来吸引更多的创新人才。2015 年，海尔集团人力资源部整合相关资源，创建了“海尔创吧”，借此来吸引更多的互联网人才，加速创客团队的建设和发展，并且借助海尔品牌优势形成了一个巨大的创客链：“海立方线上平台—创客学院—创客实验室—创客空间—创客工场—创客银行—创客市场”。相关数字显示，海尔目前以 1038 亿元的品牌价值连续 14 年蝉联中国最有价值品牌的名号。海尔在实现“人人创客”的过程中实现了企业和员工的“双赢”。

（4）鼓励员工在用户思维上进行创新

产品的最终使用者必然是用户，这也就要求产品的创新研发需要以用户需求为基础员工在进行创新的过程中，要立足于用户，一切以用户为中心，将提高用户使用产品的满意度作为创新的核心原则。

2.3.2 把客户变成生产力的策略

2016 年 3 月 28 日，格兰仕受到了来自北美“西红柿”粉丝分析发来的祝贺视频，为格兰仕“西红柿”粉丝社群成立一周年道贺。这份来自大洋彼岸的祝贺视频实际上充分表明了格兰仕的发展得到了全球的认可。如今，格兰仕已经在微波炉行业持续做了 20 多年的领头羊，并且在 2015 年经济增长更加激烈的情况下赢得了两位数的增长。对此，格兰仕总裁梁昭贤说了这样一句话：“用户，既是格兰仕的动力，也是格兰仕的生产力。”诚然，梁昭贤的这句话一语中的，客户是企业的生产力互联网时代更是如此。

在互联网时代，企业竞争日趋激烈的环境下，如何才能将客户变为生产力呢？具体通过什么策略才能实现呢？如图 2-20 所示。

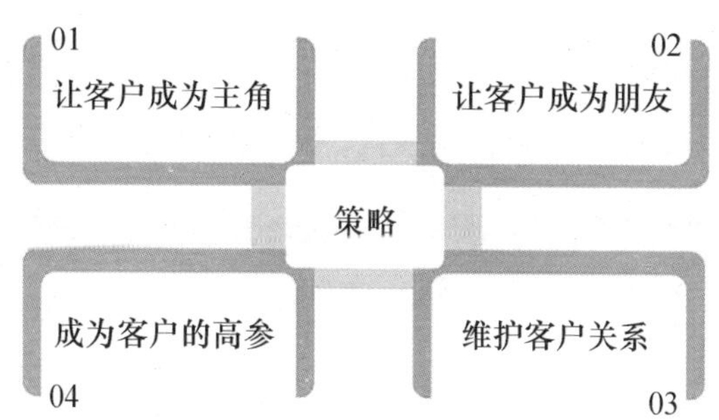

图 2-20　把客户变成生产力的策略

1．让客户成为主角

把客户作为主角反映在企业当中，就是将企业所有的发展战略、部署规划、管理模式、业务流程等都以能够帮助客户实现其价值需求的最大化为原则。客户只有获得了更多的价值需求，以及产品和服务方面的满意度体验，才能觉得自己是整个消费过程中的主角。正是因为这样的“主角感”才能推动客户价值贡献的持续性，进而推动企业发展，并且获利更多。

2. 让客户成为朋友

企业要想发展壮大，如何建立自身与用户之间的良性关系至关重要。以往企业和用户之间的关系不是用户给企业“下跪”（企业觉得自己的产品是最好的，用户不得不接受），就是企业给用户“下跪”（企业觉得用户是上帝，只要能买自己的产品，无论怎么样都可以）。但是，这种关系并不能让企业与客户之间产生一种平等的、更亲近的关系。企业可以通过朋友之间的真诚来打动客户，增加信任感，与客户建立一种朋友关系，进而产生交易行为。要知道，在信任基础上产生的朋友关系更加牢靠和长久，这样客户与企业之间产生的交易行为也才会更加长久。著名销售专家杰弗里 · 吉默特曾说过一句话：“人们更喜欢从朋友而不是从销售员那里买东西！”也正是这个道理。

小米打破传统的凌驾于客户之上或者卑微于客户之下的销售模式，通过与客户建立朋友关系而实现可持续营销。小米通过互联网时代的粉丝经济学，营造了一种高度活跃的用户参与氛围，从产品研发到产品销售，整个过程中小米与用户都是一种朋友关系。

小米与其他手机品牌的最大区别在于，前者是用户在玩手机，后者是用户在用手机。其他手机品牌的用户都在遵循其公司理念，而小米的用户却是和小米一起创造与发展。如今的年轻人，绝大多数已经不像以前那样崇拜或者追逐自己喜欢的事物，因为他们变得越来越有自主性，有能够改变世界和创造世界的雄心。针对这一点，小米将用户的参与感定义为营销的灵魂。只有通过用户参与，大家一起玩起来，企业和用户才能建立良好、融洽的关系链，使用户成为自己真正的朋友，鼓励用户提供更加具有创新性的建议，从而帮助小米研发出更加新奇的产品，使小米在市场竞争中快人一步，抢占先机。

3. 成为客户的高参

只有为客户创造了更多更大的价值，客户才能对企业不离不弃，进而成为你的忠实客户。客户团队越来越壮大，企业的生产力才会为了达到客户满意度而不断提升。在互联网时代，企业的角色定位不仅仅是卖家，还应当担当客户持续发展的高参和智囊，为客户的需求提供更加独到的见解，为客户的问题提供更加完美的解决方案，这样，企业就可以实现可持续发展。

4. 维护客户关系

客户关系往往是非常复杂的，但在商务往来中，客户关系的维护又是必不可少的。很多时候，开发 10 个新顾客不如维护 1 个老顾客，因此，应当花 80% 的时间来维护与老顾客之间的关系。

（1）利用 RATER 模型提高对客户的服务质量

① R（Reliability）信赖度，销售人员要一一履行自己向客户承诺的内容。

② A（Assurance）保证度，要保证向客户提供的产品和服务都能够使客户满意。

③ T（Tansibles）可见度，要充分利用相关工具、设施等向客户提供能够看得见的产品和服务。

④ E（Empathy）关怀度，要经常与客户保持联系，体现对客户的关心和关怀。

⑤ R（Responsiveness）反应度，对于客户提出的问题要及时响应，并且给出能够让客户满意的解决方案。

（2）建立客户数据并进行动态维护

维护客户关系最重要的一步就是建立客户数据库。客户数据库中存储了企业以及所有客户的信息数据和文档。另外，企业还应当对数据库进行动态维护。

（3）借助社会化媒体进行客户精细化管理

得用户者得天下，这句话在商界是一个不争的事实。在互联网时代，“精细化管理”成为企业运营中的主旋律，借助社会化媒体对客户关系进行维护也少不了精细化管理。

① 运用数据分析对客户进行精细化管理。企业通过积累的大量客户数据，指导企业的运营。即通过对用户喜好、购物习惯、购买行为等数据进行分析，将客户进行细分，从而为其提供有针对性的产品和服务，以便实现客户的精细化管理。

② 运用 CRM 关系对客户进行精细化管理。基于 CRM 关系，企业在充分了解客户特征的基础上为客户设计符合其特征的互动活动，通过互动增加品牌黏性，不但能够实现粉丝数量的突破，还能够更好地掌握客户特征，便于对其实现精细化管理。

2.3.3 “互联网 + 大数据”实现个性化、定制化

如今，消费者已经不能仅仅凭借以往的质量过硬思维来满足自己对产品的需求，其逐渐转向通过消费能够代表自己个性的产品展现出自己的与众不同。众多企业为了迎合消费者的这种需求，为消费者打造专属于其个性特点的产品，也正是因此，个性化、定制化已经成为当下耳熟能详的热门词汇。

个性化定制产品已经成为互联网时代炙手可热的产品，它是消费者对于个性化需求的满足，比标准化产品更具价值空间。事实上，个性化定制并不

是近几年才兴起的新鲜词汇。早在20世纪80年代，很多企业已经开始进行大规模的产品定制：根据用户的需求定制服饰、家居等；但是当时由于各种因素和条件的限制，定制产品只能针对富有人群来进行。如今，随着科学技术日新月异的发展、互联网应用的日渐成熟、大数据的不断发展，企业可以通过网络面对面地获取消费者的消费需求，为消费者定制个性化产品。加之高端智能生产技术的不断普及，技术成本、产品价格大幅下降，越来越多的消费者都能满足自己的个性化定制需求。可以说，个性化定制是“互联网＋大数据”的产物。

当前，几乎衣、食、住、行的所有方面都与个性化定制有关：如个性化定制服装、个性化定制旅游、个性化定制汽车等，甚至电影也都实现了个性化定制。

红领集团是一家个性化定制服装产品企业，该企业在产品研发之前都是通过互联网与消费者进行面对面沟通，获得消费者对产品要求的各方面数据，然后再根据数据指标来进行生产。以定制衣服为例，如果消费者对于成品的要求都加以详细的描述，包括材质数据、颜色数据、款式数据、版型数据（包括领型数据、袖型数据、扣型数据、口袋数据、胸围数据、腰围数据、袖长数据等）等诸多细节性数据。加工过程中如果在领型制作环节出现问题，那么就可以将制作返回到上一工序重新按照消费者提供的领型数据进行领型制作，而其他已经制作好的部分可以继续使用。这样不但快速弥补失误，还减少了成本的浪费、节约了时间成本，这也正体现了智能制造可以快速寻址、识别，并可以快速解决生产过程中遇到的问题的特点。

个性化定制已然成为了当前一种新的经济形式，那么“互联网＋大数据”如何推进个性化、定制化实现呢？如图2-21所示。

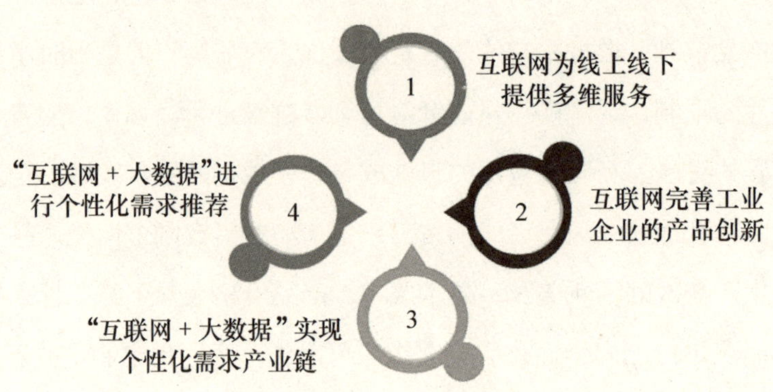

图 2-21 “互联网 + 大数据”如何推进个性化、定制化实现

1. 互联网为线上线下提供多维服务

互联网推进了 O2O 的发展，因此线上线下相结合已经成为互联网时代市场营销的标配。客户通过在网上将自己的身高、三维等信息提供给产品制造商，产品制造商在线下就可以按照客户所提供的数据为其进行独立裁剪，并完成整个定制过程。

以知名的服装定制企业“魔幻工厂”为例。为用户进行个性化服装定制在该企业并不仅仅是一句口号。客户可以在网上将自己想要的服装各部位数据提供给魔幻工厂，同时也可以在线下通过魔幻工厂的实体门店体验线下服务，即通过移动大巴为客户免费提供量体裁衣、设计咨询等服务。这样，通过线上线下相结合的方式，“魔幻工厂”实现了业务的点线面全覆盖，从而保证客户的个性化定制更加人性化和快捷。

---

2. 互联网完善工业企业的产品创新，保证定制得以实现

（1）开放互联

互联网平台本身就具有开放性、共享性、互联性的特点。因此，基于互

联网，企业的产品研发者、生产者、参与者可以在互联网平台上进行交流和资源共享，从而在共享经济下推动横向规模经济的发展，推动更多产品的创新。

（2）自主可控

基于互联网的工业企业，在进行产品定制的过程中，要对生产制作过程中的产品制作、设备运行等环节进行全程监控，从而掌握产销流程、提高生产过程中的可控性、降低生产线上的人工干预、实时精准地采集生产线数据资料，达到合理编排生产计划与生产进度的目的。更重要的是通过互联网的自主可控性来保证产品的制造按照客户的需求来进行，保证个性化定制的实现。

3.“互联网＋大数据”实现个性化需求产业链

互联网技术与云计算、大数据、物联网等相结合，加快了自动化、智能化发展的进程，进而也加速了基于大数据的个性化生产发展，使个性化定制的实现成为可能。3D技术就是“互联网＋大数据”下的产物。将3D技术应用于工业生产，可以形成高度灵活、个性化、网络化的产业链。

从2015年国际国内的3D打印市场来看，不难发现3D打印技术已经由原来的概念阶段进入应用阶段，3D打印技术的应用时代已经大踏步向我们走来。目前，国内购买3D打印机的学校已经接近1000所，这些学校都建立了自己的3D打印教室；工业3D打印技术的应用也达到了迅猛增长的程度，仅2015年国内市场预计销售的3D打印机数量就会超过500台；3D打印机在生物领域的应用也取得了惊人的突破。

除此以外，3D打印技术还在珠宝、鞋类、工业设计、音乐、建筑、汽车、食品、航空、照相馆等诸多领域被广泛使用。

在建筑方面，工程师和设计师用3D打印机打印建筑模型，利用这种方法可以达到快速、环保、精美的目的，更重要的是低成本，节省了大量原材料。

在食品方面，3D打印机已经开始“打印”巧克力。或许在不久的将来，所有食品都是通过这种技术“打印”出来的，届时手工制作食品可能会相对贵很多。

在照相馆方面，操作人员仅仅需要10分钟的时间就可以利用3D扫描技术对人体进行扫描，然后用3D打印技术根据扫描结果进行实体人像打印，将打印出来的人像作为人偶纪念品。

4.“互联网＋大数据”进行个性化需求推荐

互联网可以收集大量用户数据，并分析用户特点，为手机APP客户端推荐商场商品，基于这种方法，那些看似简单的商品排列其实并不是人们想象的那么简单，而是基于消费者数据为其专门设计的个性化商品推荐，这样就可以给顾客带来一种“懂我”的感觉。我们可以说，未来或许不能完全做到每个人都拥有自己的个性化产品，但是可以肯定的是，个性化需求和批量定制必将成为潮流。

2.4 互联网企业实现管理模式变革的四大方法

核心内容展示

- 组织架构变革：扁平化组织模式
- 利益分配变革：分销拓展
- 信息处理变革：快比慢好
- 服务品质变革：以用户为中心

2.4.1 组织架构变革：扁平化组织模式

互联网本身具有短、平、快的特点，也正是在互联网的作用下，人与人之间的距离被拉得越来越近，从而加速了企业信息流、资金流和物流的流通。与此同时，企业的组织架构也发生了重大变革。

传统企业的组织都是遵循官僚式的“金字塔”结构来实现公司从上到下的管理，如图 2-22 所示。然而这种组织架构很明显具有权力性、控制性、强制性和不对称性，容易使企业内部形成一种上下级矛盾，从而阻碍企业内部上下级之间的交流和沟通，影响市场决策的制定，并且影响决策的执行力度和效率，因此非常不利于企业的快速发展。

图 2-22 传统企业的组织架构

进入互联网时代，这种缺乏创新、毫无生机的组织架构逐渐演变为一种全新的模式——扁平化组织模式。

现代管理学之父彼得 • 德鲁克强调：“组织不良的最常见病症，也就是最严重的病症，便是管理层次太多。组织结构的基本原则是：尽量减少管理层次，尽量形成一条最短的指挥链。”组织结构的扁平化模式正好与德鲁克所强调的内容相吻合。扁平化组织结构的特点：

（1）减少中间管理层数量；

（2）增加管理幅度，即管理宽度；

（3）减少信息流在组织链条上的停留时间；

（4）缩短信息流在组织链条上的流动长度；

（5）加快信息之间的交互；

（6）放宽组织成员权限；

（7）提升组织内部的工作效率。

小米的7位创始人都是按照所长各尽其能，每人都分管2～3项业务，彼此之间没有任何工作干涉。例如，黎万强负责市场营销、电商和服务工作；林斌负责人事、行政、法务、财务等工作，并负责战略合作；周光平负责手机硬件、供应链以及BSP方面的工作，黄江吉负责Wi-Fi模组、米聊、小米云服务、小米路由器；刘德负责工业设计、生态链业务方面；洪峰负责MIUI；王川负责小米电视、小米盒子方面。

在小米，只有创始人有职位。王川作为最后一名加入小米的合伙人，曾经是电子阅读器多看的创始人。加入小米之后王川成为小米电视的创始人。小米内部的其他人员都没有任何职位等级划分，每个人都是工程师，对于晋升来说，涨薪水就是对他们最好的奖励。每个人在工作的时候不带任何杂念和杂事，所有的精力都放在工作上，公司成员之间不会存在任何利益冲突。小米在扁平化组织架构下，通过合伙人分权的方式运营公司，做到了人尽其用，极大地提高了工作效率。

在互联网时代，企业的扁平化组织模式如何得以实现呢，如图 2-23 所示。

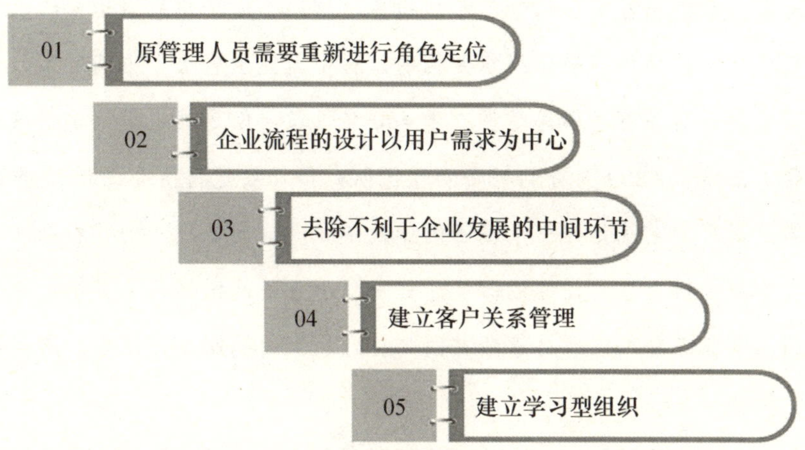

图 2-23　扁平化组织模式实现的方法

1. 原管理人员需要重新进行角色定位

扁平化组织模式下，企业管理人员要由原来的高层管理驱动转向市场驱动，这样，管理人员也成为企业内部创新活动的主要发起人，同时也为企业的创新发展贡献自己的力量。管理人员角色重新定位响应了互联网背景下市场的需求，也是权限下放得以实现的条件。

2. 企业流程的设计应当以用户需求为中心

在互联网时代，企业生产的核心是用户需求，而不是产品，一切生产活动都应当将用户需求放在第一位。在这种情况下，企业的流程设计也应当将用户需求作为主要依据。“用户是上帝”，只有用户得到了产品和服务方面的满足，才会继续进行商业活动。

3. 除去不利于企业发展的中间环节

扁平化组织模式是基于市场的需求而产生的。因此，企业组织实现扁平化就必须砍去不必要的环节，像那些对企业决策正确执行的阻碍性决策都应当去除。

淘宝很多卖家为了在竞争中增加销量，采用了扁平化组织构架。众所周知的御泥坊，在实现扁平化组织架构的过程中就完全省去了中间环节。作为销售面膜的知名品牌，御泥坊拥有近400名员工，但是其组织架构仅仅才两层。第一层是以CEO为首的核心管理团队；第二层是将所有的员工分为30多个学院，每个学院作为一个基础的作战单元。这就好比一个特种部队，平常独立作战，当有重大任务的时候，每一个小分队就根据需要重组为一个大的部门，待任务结束以后再解散并回到自己原来的编制小分队中。御泥坊的每个学院就相当于特种部队的一个小分队。

---

4. 建立客户关系管理

传统思维强调，客户关系管理仅仅在售后过程中用于解决用户的售后问题，但是在互联网时代，客户关系管理已经不仅仅局限于此。客户关系管理是贯穿在企业整个运行过程中必不可少的一环。因为，通过客户关系管理，可以很好地发现客户的真正需求、购买习惯、购买喜好等，深度挖掘这些有关客户的各方面数据，就可以为客户进行精准画像，再结合大数据分析为客户提供更加有针对性的个性化定制产品和服务，从而实现精细化营销。

5. 建立学习型组织

扁平化组织精简了组织层级、缩短了组织链条，并且将权限进行下放，这就表明扁平化组织将重心下移，每个组织成员都有权利掌握和行使职能。但是，这样就对企业内部的组织成员提出了更高的要求，要求成员必须有很好的决策能力、执行力以及敏捷的分析能力等。因此，实现组织结构的扁平化，还需要在这方面培养更多的人才。学习型组织的建立就为这方面的人才培养提供了很好的平台，并且帮助那些有能力缺陷或能力不足的成员在各方面进行弥补，促进其快速成为企业扁平化组织架构中的合格人才。

去哪儿网为适应互联网的快速发展，对以前拥有的机票、酒店、无线、度假、门票、智能住宿、目的地服务七大事业部进行全面改革，将机票、无线事业部升级为事业群。改革之后，去哪儿网将原来总部的职权进行下放，使得每个事业群都具有独立开放市场的权利。与此同时，去哪儿网还建立了内部学习型组织，其成为了去哪儿网的核心竞争力。去哪儿网原 CEO 庄辰超在被问及企业的核心竞争力的时候，这样回答道："有人问我，去哪儿网的核心竞争力是什么？我想，我们的核心竞争力是学习能力，市场需要无线能力，我们就学习无线能力；市场需要地推能力，我们就学习地推能力。只要我们开始学了，我们就会成为第一。"

2.4.2 利益分配变革：分销拓展

进入互联网时代，企业线上线下的利益分配问题成为主要的话题。像一些传统企业，线上线下分别采用两套分销商，但由于其线下分销体系十分庞大，85% 的货品都来自线下分销渠道，因此线下成为其利益的主要来源。但是其线上却略显逊色，对于这样的传统企业，利益分配成为其由传统企业向电商迈进过程中难以逾越的一道坎。

对那些基于互联网的电商企业来讲，与传统企业相比，其营销模式从原来的单店铺直营转变为多通路营销；从直面消费者的营销模式转向了直面渠道商的营销模式；同时将以往的运营中心转移到了对分销商的管理、价格控制、资源分配等层面上。综合这些，基于互联网的电商企业通过分销拓展的模式实现利益合理分配。互联网时代，企业利益合理分配，进行分销拓展是最好的选择，如图 2-24 所示。

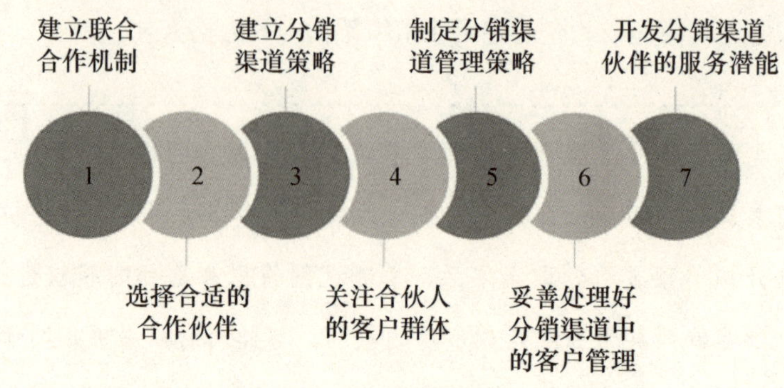

图 2-24　实现分销拓展的方法

1. 建立联合合作机制

当前，互联网加速了企业之间的竞争，单枪匹马已经很难在市场中赢得一片天，强强联合成为当前企业进行市场扩张的重要途径。通过加强合作伙伴之间的合作关系，建立共赢的战略联盟机制，企业之间可以建立强有力的供应链管理、价值链管理、客户关系管理等，这也是当前信息时代的要求。

2. 选择合适的合作伙伴

分销渠道的建立首先是选择能够互利互助的合伙人，在选择合伙人的时候，应当注意从以下几个方面进行选择。

（1）**对方的合作意向和期望：**强烈的合作意向和期望是实现双方友好合作的原动力。

（2）**对方的行业定位：**不同行业中的企业在营销过程中是有很大的差异性的，因此，选择合作伙伴一定要选择与自身企业的行业定位或者操作流程相一致或相近的企业，这样在合作的过程中会有基本一致的见解，从而有助于双方朝着同一个方向奋斗。

（3）**对方的客户群情况：**具有强大客户群的企业可以通过对自身的客户群进行互补，从而扩大自己的客户资源。

（4）对方其他方面的实力：企业拥有的实力和优势越强、越多，则证明该企业越有市场潜力，这样的企业是合作伙伴的最佳选择。

3. 建立分销渠道策略

产品从生产到区域市场，再到全国市场，最后迈进国际市场，其实是高效分销渠道策略的有效体现。通常，具有强烈吸引力的产品才能在分销渠道的基础上实现全面覆盖、强势销售，只有这样才能为企业带来更大的利润。建立分销渠道策略的时候，应当注意以下几点。

（1）将产品销售、品牌形象、客户服务、合作伙伴的利益分配等所有因素都考虑在内，这样，制定出来的策略才更加切合实际，才更加具有可行性。

（2）应当将战略联盟的利益一致性作为重点对象进行考虑，只有这样才能使分销渠道的各个合作伙伴有明确的利益趋向，由此产生的利益也就会越大。

4. 关注合伙人的客户群体

合伙人的客户群对企业自身的客户资源拓展有一定的帮助。因此，我们应当时刻关注合伙人的客户群体动向，通过深入考察分销商现有客户群与企业自身客户群之间的拟合程度，帮助企业判断哪些是能够取得巨大增值的地方，从而为企业未来的持续发展打下良好的基础。

5. 制定分销渠道管理策略

在进行分销拓展的过程中，分销渠道众多，因此就需要制定相应的分销渠道管理策略，对各个分销合伙人进行有效管理，这对于企业与各分销渠道利益实现最大化具有非常重要的意义。各个分销渠道商与自身企业之间是一种互利互惠的合作关系，更多的是通过有序管理实现整体营销销量、运营效率的提升，以及树立良好的企业形象和品牌口碑。对客户而言，在同等条件下，必然是将具有良好企业形象和极佳品牌口碑的产品作为第一选择。

6. 妥善处理好分销渠道中的客户管理

企业的一切营销活动、运营活动都是以客户为中心，因此，客户是企业的生产力。处理好企业与客户之间的关系、分销渠道与客户之间的关系是至关重要的，甚至有人认为与客户达成盟友关系是使企业更具生命力的一种有效方式。由此可见，妥善处理好分销渠道中的客户管理是非常有必要的。

（1）加强人文关怀，让客户感觉到企业对他们的关心。

（2）及客户之所及想客户之所想，为客户需求问题提供更加有效的解决方案。

（3）建立客户关系管理系统，通过建立详细的客户数据资料，为客户提供能够满足其需求的产品和服务，并逐渐增加客户黏度。

7. 开发分销渠道伙伴的服务潜能

互联网时代，服务已然成为一种可以出售的“商品”，良好的服务是企业市场竞争的一大优势。在发展分销渠道的过程中，企业对于服务的重视依然不能松懈，要充分提高分销伙伴的服务意识，大力开发其服务潜能，通过好的服务来赢得企业形象，树立企业品牌。

2.4.3 信息处理变革：快比慢好

在互联网背景下，企业处理基于互联网的内外部信息的速度有了很大的提高，主要表现：客户信息收集更加快速，客户信息变更更加及时，内部管理更加快捷以及决策制定更加迅速等。

1. 信息处理变革的特点

（1）实时不间断性

基于互联网，信息传播不受时间、地域的限制，从而保证了信息传播和处理的时效性、连续性、完整性，缩短了企业与客户之间信息传播的距离，提高了信息处理的速度。

（2）互动性

互动性可以说是网络上信息发布的低门槛和信息传播方式灵活性带来的直接结果。事实上，互动性不仅仅体现在信息的传播上，还体现在企业和客户之间信息的处理上。通过互动、交流、沟通可以让双方之间的信息更加高效地得到处理。

（3）兼容性

网络本身就具有一定的兼容性，不但可以包容几乎所有的媒介传播的信息形态和内容，还可以将这些信息进行加工和改造，从而使其展现出全新的表现形态；也正是这种兼容性给信息处理提供了一个很好的环境，加速了信息处理的速度。

（4）社群化

社群成为借助互联网实现人与人交流的有效工具，同时其也为企业进行商业活动提供了很好的信息传播渠道，建立在社群基础上的企业与客户之间的信息传递更加快速、高效。

2. 信息处理变革的主要原因

结合当前信息传递和处理的实际情况，我们不难发现，信息处理更加快速主要是借助以下几种方式实现的，如图 2-25 所示。

（1）社交网络媒体化

当前，社交网络已经成为人们获取信息的主要来源。相关研究者指出，当前社交网络已经成为互联网用户获取新闻的仅次于 PC 端新闻网站的渠道。这就意味着社交网络不但是人们进行社交的工具，还成为一种获取信息的重要渠道。当下，社交网络的媒体化更加凸显，在社交网络基础上的社交购物功能将更加强大，通过社交网络用户可以分享更多实时、生动的产品和服务体验。

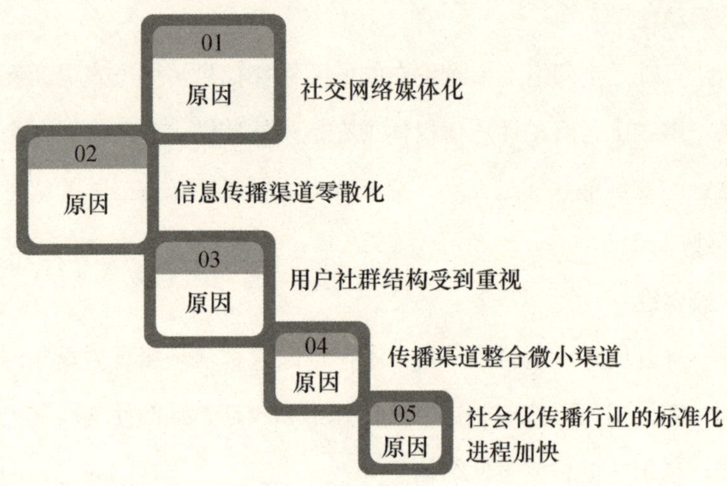

图 2-25　信息处理变革的主要原因

在 Web2.0 时代，互联网用户借助社交网络进行的情感交流。但是随着 Web3.0 时代的不断冲击，以及 iPhone 等诸多智能手机品牌的不断上市与普及，移动社交应用的内容不断丰富，在这种情况下，社交网络媒体化的价值逐渐凸显，越来越多的企业开始将社交网络的媒体化融入企业的产品宣传当中，使得产品的内容、特征等信息在社交网络上快速传播，让越来越多的人认识产品、了解产品，因此，社交网络的媒体化变现商业价值得以实现。

（2）信息传播渠道零散化

现在，传统的电视、报纸等传播渠道已经逐渐退居二线，互联网渠道已然取而代之，坐上了第一的宝座。传统传播渠道是一种集中的传播方式，而互联网则是借助公众号或者意见领袖的方式进行零散化渠道传播。这种转变其实是基于用户而实现的，因为用户的兴趣已经不光放在了产品的更迭上，更重要的是随着互联网的出现，用户更加钟情于互联网的“短、平、快”特点，因此选择放弃集中式传播，而转向互联网的零散型传播方式。

（3）用户社群结构受到重视

基于互联网的社群结构的使用频繁程度已经证明在互联网时代社群结构具有一定的重要性。用户与用户之间的连接并不是单线状，而是呈现出一个复杂的网状结构，社群成为这个网状结构中的焦点。社群用户之间的联系越来越密切，而跨社群的用户联系相对较少，这样，基于社群结构的影响，信息的扩散也受到一定的制约：相比跨社群而言，社群内信息传播的速度更快，而社群与社群之间的信息传播却受到一定的限制。

在这种情况下，企业会借助社群对信息传播的重要性，通过社群信息快速传播的特点帮助企业品牌实现快速传播。

随着移动互联网时代的逐渐推进，社群经济已经成为一种重要的商业形态被众多企业所重视和利用，因此，社群在我国呈现出遍地开花的繁荣景象。小米科技就是一个典型的玩转社群经济的互联网企业。小米通过重视用户的意见和建议，并对其做出快速响应，营造用户参与感来提高社群的利用效率。这种方式实际上是通过用户的参与来建立起用户社群，进而将这些用户一步步培养成为忠诚的粉丝，使那些原本的“弱用户”逐渐转变为“强用户”。

另外，小米还将自己的员工逐渐发展成自己产品品牌的忠诚粉丝，然后让员工来影响周围的人。每当小米新产品一出来的时候，小米便会给员工发放测试机使用，当员工到餐厅吃饭的时候，有人看到了这个新产品，便会用非常羡慕的眼神看着这款新品说：“你从哪里得到的这个手机？我为什么得不到？”不但如此，小米员工的亲戚们也经常打电话来，希望能够通过内部关系得到一台这样的手机。由此一来，员工这枚“忠诚的粉丝”就可以帮助企业免费、快速推广产品，从而让周围的人也都喜欢上小米。

（4）传播渠道整合微小渠道

众包模式是一种利用个人影响力做产品传播的模式，因此也是众多微小渠道实现传播渠道整合和信息有效传播的方式。这种方式可以大规模地增加曝光量，从而使信息传播和处理的速度更快。当前，在互联网的背景下，众包已经成为众多企业选择的一种商业模式。

（5）社会化传播行业的标准化进程加快

一个行业能够发展壮大，关键还得看该行业的标准化程度。一直以来，社会化传播领域处于制度不健全的状态。以公众号为例，在推送产品信息的时候，往往存在价格不透明、质量较差等情况，因此，不法运营商就借机进行不法商业活动，导致整个市场秩序混乱。国家对社会化传播行业的重视程度日益加深，并为社会化传播行业制定了多项相关规范，从而保证了社会化传播行业向标准化迈进的进程逐步加速。

2.4.4 服务品质变革：以用户为中心

随着生活水平的不断提高，人们对于消费层次的需求也发生了巨大的变化。以往日常的衣、食、住、行已经远远无法满足当前的生活需求，人们生活品质的提高不但包括物质需求还包括服务需求。互联网的快速发展，以及移动互联网的崛起，为人们生活中服务需求的实现提供了可能。

整个经济已经全面进入“服务时代”，诸多O2O企业不断崛起并快速成长。这也就意味着，随着互联网向各个行业的渗透，人们的生活场景将完全被服务型经济所颠覆。

1. 服务品质变革类型

互联网实际上就是一种服务性工具，基于这种工具之上，几乎所有行业都产生了一种服务属性，整个产业经济的服务品质也发生了巨大的变革。然而这种服务品质的变革是建立在用户的基础之上的，是以用户为中心的变革，如图 2-26 所示。

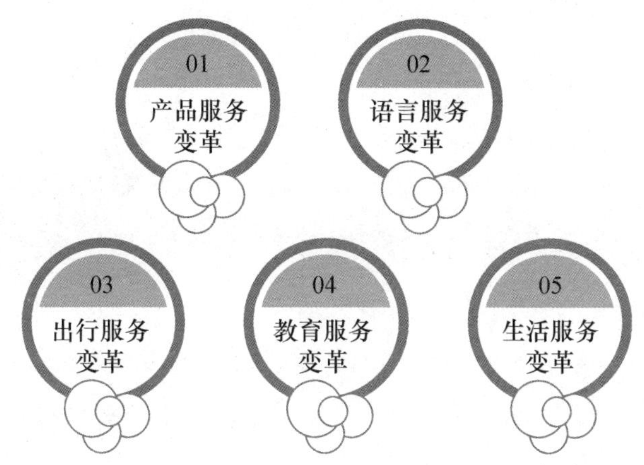

图 2-26　服务品质变革类型

（1）产品服务变革

产品和服务始终是两个形影相随的概念，也是打造一个良好品牌的两大要素。购买产品之后，与其相随的就是售前、售中、售后服务，为客户提供极致的产品和服务是致力于打造“极致体验”的互联网产品主要的发力方向，这也是以客户为中心的需要。

传统企业“唯产品兜售”的思维模式已经不再适应互联网发展的要求，更不利于企业提升品牌和形象。因此，在互联网时代，产品服务变革已然成为一种大的趋势。

去过海底捞的人想必都会被海底捞的服务精神所感动。每到饭点的时候，海底捞总会有很多顾客排队等候，为了解决顾客等待时所产生的苦恼，海底捞会为其提供扑克牌、象棋、围棋之类的休闲服务来打发等待时间，并且还会为顾客免费提供美甲、擦鞋等服务，有些大规模的海底捞店面还会为顾客提供电脑免费上网。当顾客进餐的时候，海底捞还会提供更加贴心的服务，

为戴眼镜的顾客提供擦镜布，为长发女士提供小发卡，以免影响顾客进餐。这样的服务精神是其他商家所无法比拟的。

（2）语言服务变革

基于移动互联网的发展，加上云计算、大数据技术的支持，人与人之间的距离越来越近。人们通过移动终端随时随地接入网络获取相关信息、实现沟通交流等，语言服务在人们生活中频频出现，也逐渐成为人们生活中必不可少的一部分。如今，语言服务已经使得互联网进入人们的口袋，而正在兴起的可穿戴移动设备、物联网技术又使得整个世界都被装进了口袋。

（3）出行服务变革

当下，以滴滴、Uber为代表的一系列网络预约出租汽车服务成为人们出行所关注的焦点。在移动互联网基础上，以手机APP为主要服务平台，用户可以在有出行需求的时候借助APP从预约出租司机那里获得出行服务。这种随叫随到的出行服务方式打破了传统的在路边等出租车的方式，在很大程度上降低了乘客的时间成本，是一种以乘客为中心的新型出行服务模式。

（4）教育服务变革

传统的教育模式是校内的面对面教学模式。然而在互联网的推动下，这种面对面的教学模式已经慢慢被取代。更加让人惊艳的教育服务模式诞生，学习者和教育者不受时间、地域的限制就可以完成教学内容。这种教育服务的变革使得学习者足不出户就可以通过网络获取相关的内容，从而使得教学更加具有开放性、多元性、包容性等特点。

（5）生活服务变革

互联网使得传统的线下实体企业都积极拥抱线上，成功实现了转型。也正是在这种转型的作用下，越来越多的生活服务出现在人们的生活当中，像家政、送餐、美容、美甲、洗衣、洗车都为消费者提供上门服务，这也是懒人经济推波助澜下的最终产物。因此，各种“上门服务”应运而生。使得传统的到店服务转向了到家服务。

如今，大量社区已经开始尝试 O2O。绝大多数社区做 O2O 主要涉及生鲜类商品，原因是社区的居民平时做饭时通常喜欢使用新鲜的食材，但是生鲜送达的及时性严重影响了消费者的体验感受。因此，社区 O2O 抓住了这一特点，将生鲜作为主打商品。

社区 O2O 为生鲜电商和消费者解决了及时配送的问题。即将仓库和门店设在社区，这样就将社区的仓库和消费者之间的距离缩小在 100 米范围之内。在这么近的门店内，消费者既可以选择送货上门，也可以选择到门店自提。与此同时，社区 O2O 门店内设有免费 Wi-Fi，为生鲜 O2O 提供了更加便利的条件，实现了即买即送的生鲜 O2O，因此，在时效性方面，消费者得到了最佳的体验效果，也对社区 O2O 更加青睐。

---

2. 服务变革的切入点

有人说互联网时代是服务的时代。其实这句话说得非常有道理。无论是金融领域、零售领域、汽车领域还是旅游领域，都离不开服务。诚然，服务的目的就是为了获得一定的体验效果，因此服务体验成为一个全新的名词出现在各个领域当中。其实，无论是产品服务、语言服务、教育服务，还是出行服务、生活服务等，其最终的目的都是为客户提供更高的服务体验价值。那么企业如何才能通过为客户提供优质的服务来提升客户体验满意度呢，如图 2-27 所示。

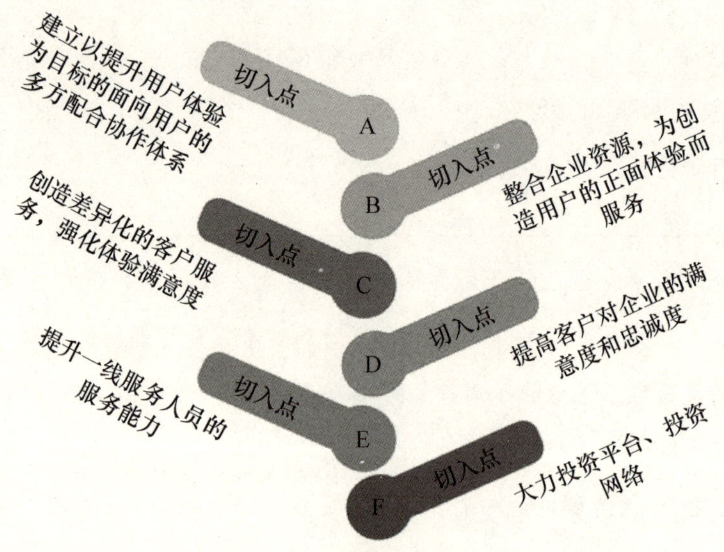

图 2-27　服务变革的切入点

（1）建立以提升用户体验为目标的面向用户的多方配合协作体系

建立面向用户的多方配合体系，让用户参与进来，把客户当朋友，让客户对企业产生一种亲近感，从而让用户获得更加满意的体验。

（2）整合企业资源，为创造用户的正面体验而服务

以消费者的服务需求为核心，整合与其相关的一切服务资源，比如将为消费者提供服务的供应商进行整合，建立一个服务联盟，从而向客户提供更好的服务。

（3）创造差异化的客户服务，强化体验满意度

差异化、等级化的服务，往往能够给客户带来心理上的满足感，因此通过为客户提供优于其他客户的服务，可以为客户带来良好感知，进而提升其体验满意度。

（4）提高客户对企业的满意度和忠诚度

客户体验的满意度及客户体验的质量，取决于产品质量的高低，并受产

品功能（可用性、实用性、愉悦性）、产品技术、产品价格、产品安全性、产品外观等各方面因素的影响。另外，与客户建立强信任关系，可以通过黏性绑定客户，进而使其对企业忠诚。

农夫山泉在线播放了一个长达 5 分钟的广告，向消费者展示了“方强历经艰难寻找水源”的真实素材，目的就是通过实地、实人、实事讲述“方强历经艰难寻找水源，并最终找到了优质水源作为农夫山泉的瓶装水源灌装基地”的故事，从而贯彻其“我们不生产水，我们只是大自然的搬运工”的口号。这个宣传故事重点突出了“大自然的搬运工”，表明农夫山泉水源是真正的纯天然水。这个广告为消费者对于水质的安全性考虑提供了一个完美的答案，通过为客户提供矿泉水的整个“搬运”过程的视觉服务，给客户带来视觉感受，使得客户的心里对产品质量的安全体验获得了极大的满足，进而也建立起了客户的忠诚度，可谓一举两得。

（5）提升一线服务人员的服务能力

服务能力的高低直接影响客户的服务体验，良好的服务素质、热诚和蔼的服务态度、彬彬有礼的行为举止是一个一线服务人员所必备的能力。另外，还要提升一线人员专业知识层次的深度和广度，使其具备迅速处理问题的能力等。

（6）大力投资平台、投资网络

虽然说互联网是免费的，但是搭建互联网平台在必要的时候也是要做出相应的投资的，在各种服务功能、服务设施上投资，可以让客户有一种宾至如归的感觉，让客户通过优质的服务“过一把上帝的瘾”，即获得良好的服务体验。

案例：海尔品牌嫁接互联网的模式创新价值

体现个性化自我已经成为当前消费者消费的一种趋势。随着经济的发展以及互联网的泛化，消费者的个性化特征日益凸显。定制化服装、定制手机、定制珠宝等已经成为当前消费者需求的核心。

海尔旗下的统帅家电抓住当前消费者的个性化需求，从这里入手，借助互联网，向广大消费者推出了互联网定制化电器产品，如冰箱、洗衣机、电视、空调、燃气灶等，无论是从产品的设计、颜色搭配，还是创意上都迎合 80 后、90 后年轻人的定制需求。

首先，海尔利用互联网搭建了网络平台，并且在该平台上展示了可供消费者选择的各个大模块，其中包括规格、背光、外观、功能、底座、材质等，消费者可以在该平台上将各个模块自由组合，从而设计出能够体现自己个性化风格的电器产品。毫无疑问，统帅使客户不但获得了参与感和主人翁感，也让每位客户实现了自己的创造梦想，使其获得了真正属于自己的电器产品。

2016 年 3 月，海尔在上海世博会上正式宣布了海尔“U+ 智慧生活”2.0 战略，并且还发布了以海尔“U+APP”2.0 版本为代表的一系列最为先进的战略成果。这些战略成果的发布，预示着以后用户可以深度参与到产品的交互、设计、制定、生产、售后等任何一个环节当中。通过这种方式，用户可以全程参与产品的设计、研发过程，从而实现了由以前的单纯消费者向现在的“产品研发者 + 消费者”的双重身份的转变。

其次，统帅家电还借助互联网优势，依托海尔集团强大的物流网、服务网、营销网、信息网等优势，在保证产品生产的同时，还保证了配送的时效性。

再次，在互联网思潮席卷整个家电行业的革命下，统帅家电不但在产品形态上带来了个性化定制的变革，还在销售渠道、商业模式以及盈利模式上都带来了重要的变革。

之后，在产品功能上，统帅家电结合互联网，利用APP无线扩展使用空间，通过手机APP，实现了用户远程连接洗衣机，随时随地掌控洗衣机的运作过程，更好地迎合了年轻人对于智能产品的需求。

最后，借助互联网的传输性能，再结合大数据的优势，统帅家电还将产品的生产流程进行可视化，将产品的物流信息、安装服务通过互联网实时向远在生产车间的另一端传输，消费者可以对产品的制作过程进行实时监控，无论何时何地，消费者都能够了解到定制产品的生产进度。

统帅家电的这种基于互联网的个性化定制模式，已然使其成为当前全球范围内第一家消费者能够真正直接参与到产品设计中的家电品牌。可以说，海尔拥抱互联网，顺应了时代的发展，使得企业的发展走在潮流的最前列。

第3章
互联网时代盈利保证——运营优化系统

企业本身就是以盈利为目的的经营组织，它通过营销增值和成本控制两个手段实现盈利。然而，企业的运营系统的优化是企业经济增长的命脉。企业运营优化是对运营过程的方方面面，包括供应链、产品质量、销售与营销、安全健康与环保等方面的设计、运营、评价和改进。企业运营系统优化的最终目的也是为了让客户满意，只有客户获得了产品和服务方面的满意体验，企业才会持续获益。

3.1 互联网时代运营的时机——何时开始？

核心内容展示

- 运营系统设计及实现盈利的方法
- 互联网时代削减成本的七大刀法

3.1.1 运营系统设计及实现盈利的方法

对于成熟的运营体系，不管是前端的推广还是对用户的筛选，抑或是后期对用户需求的把控，以及抓单能力都是经过很多年的反复训练建立起来的成熟的运营体系。成熟的运营体系设计可以用 4P 来表示。

1. 产品运营体系（Product）

从大的方面来讲，产品运营体系主要从围绕内容的运营和围绕用户的运营两个部分来进行。

（1）围绕内容的运营

对于内容的运营，应当制定相应的内容策略，具体在操作的时候遵循 5H

技巧，操作方法如图 3-1 所示。

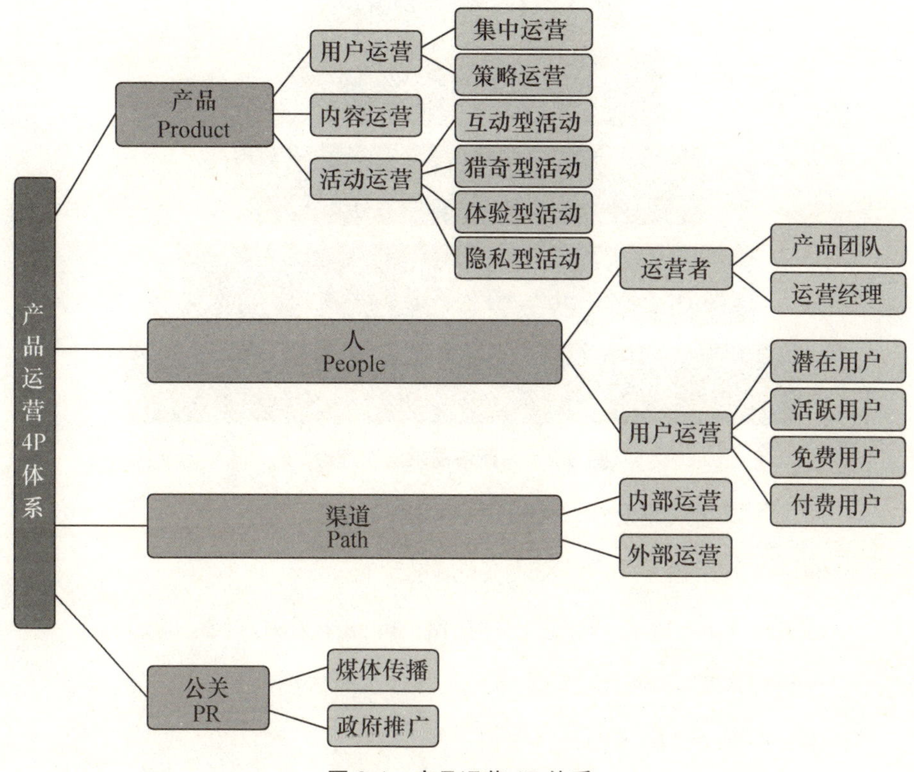

图 3-1　产品运营 4P 体系

① What：企业运营需要什么内容？需要如何展示？

② Why：为什么需要这些内容？这些内容是否具有巨大的商业价值？

③ How：如何才能让用户主动地去分享这些内容？

分享本身不具备任何技术性，因此，在分享的时候如何能让更多人关注你的产品，并且能够帮助你进行有效的扩散，才是分享的重点。在这里我们可以引用马斯洛需求层次理论中的 5 个动机来阐释，如图 3-2 所示。

具体技巧如下。

- 为用户提供可以让其产生信任的产品内容。
- 让更多人看到你的消息。

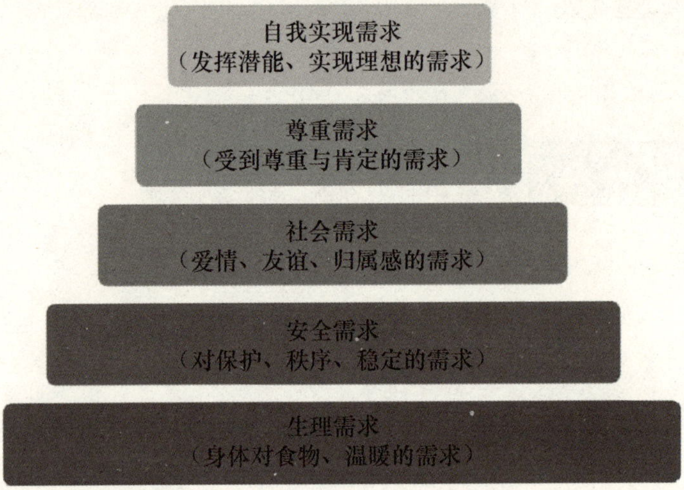

自我实现需求
（发挥潜能、实现理想的需求）

尊重需求
（受到尊重与肯定的需求）

社会需求
（爱情、友谊、归属感的需求）

安全需求
（对保护、秩序、稳定的需求）

生理需求
（身体对食物、温暖的需求）

图 3-2　马斯洛需求层次理论

- 通过共同的兴趣爱好，激发用户的情感共鸣。
- 通过兴趣话题让用户结交更多的朋友。
- 通过分享的内容能够帮助用户在自己的圈子里树立自己的信心。

④ When：内容在什么时候发布最佳？什么时候需要更新内容？

⑤ Who：谁负责内容的日常维护工作？

（2）围绕用户的运营

围绕用户运营的目的是为了增加用户的活跃度、贡献量和忠诚度，通常围绕用户运营的时候，可以从两方面进行。

① 采取集中运营的方式

- 建立用户组织。根据符合产品定位的用户特征、用户喜好等来建立用户组织。
- 引入用户。根据用户的活跃地点、活跃时间来判断最佳的引入用户时间、方式以及手段等。
- 管理用户组织。经过多方审核、考核之后，确定用户正式成为组织成员之后，要制定相应的管理制度对用户组织进行有效的管理。

• 激发用户活跃度。通过组织各种有趣的线上活动来吸引用户参与，并由此激发其活跃度。

• 防止用户流失。一旦用户流失就很难召回，因此要想方设法地延长用户的生命周期。

小米科技其实就是采取集中运营的方式来实现其产品运营体系，进而实现免费营销模式。小米在运营的时候，借助互联网硬件免费的概念，将手机定价较低，性价比却相当高，这是因为它已经不再将卖硬件作为一个孤岛生意，而是通过游戏、产品配件等周边产品来实现盈利。因此，小米手机一上市，就对国内的手机市场产生了极大的冲击。小米科技用免费模式利用饥饿营销的方式让用户觉得越是买不到的产品就越是最好的产品，也正是如此，才使得小米有非常庞大的忠实粉丝团。另外，小米还经常在线上组织各种活动，吸引广大粉丝参与，用户可以进行产品设计，从而很大程度上提升了分析的活跃度。

---

② 采取策略运营的方式

• 分析用户数据。根据用户的贡献量、活跃度、用户数分布情况、消费情况等来分析用户数据，从而找出用户规律。

• 用户细分。当对用户数据进行全面分析之后，就可以结合用户需求，将用户进行细分。

（3）围绕活动的运营

活动运营顾名思义就是通过营销活动设计，对不同性质的活动进行运营。常见的活动运营包括以下几种类型。

① 互动型活动：互动型活动是我们在运营过程中常见的运营方式。像微信营销中经常利用以下话题引出互动："你吃过最黑暗的料理""你穿过的最奇葩的衣服"等。

利用互动型活动实现营销过程应当注意以下几点。

· 引起互动的内容要具有大众化特点，否则很难吸引更多的人参与进来。

· 互动的内容要具有趣味性，索然无味的互动是不会勾起人们的参与欲望的。

· 之所以称之为互动，就是需要企业和用户都能参与进来，只有用户参与的活动并不能称为真正的互动。

② 猎奇型活动：这种活动方式特点就在于新奇、独特、新颖，这样的活动才能更加有效地吸引用户。

猎奇型活动在营销过程中的应用应当注意以下几点。

· 话题内容必须新颖，且是时下最为火热的内容。这样更加容易吸引用户关注，并且使其在朋友圈自愿分享内容，从而达到品牌扩散的目的。

· 引用具有明星效应的人物来增加活动的吸引力。通常可以利用时下最火的名人、明星、网红等来提升用户的关注度。虽然依靠名人等来策划的活动，相对成本较高，但是其所产生的效果非常不错。

· 利用创新的形式来吸引用户。

2015 年，“吴亦凡即将入伍”的 H5 广告在朋友圈异常火爆，吴亦凡从新闻中一跃而上，成为一种全新的广告形式，给众多用户带来了极大惊喜。这种利用明星的社会化影响力，通过制造新闻点，来吸引人们的关注和好奇，并且利用出其不意的方式来解释新闻点的方式，使得新闻点转化为产品的过程更加流畅，这才是创意的精髓。之后，美丽说、美的等也都纷纷采用了这种形式，通过明星 + 朋友圈的创新玩法来提升用户的关注度，提高分享次数。

---

③ 体验型活动

体验型活动其实与互动型互动非常相似，但两者之间也是有一定区别的。互动型活动重在互动，即通过行为、语言交流实现互动；体验型活动重在体验，通过活动创造条件，让用户获得更好的体验。

体验型活动其实是一种非常好的、便于大众接受的弱化的广告形式，**用户可以直接从产品的使用体验中获得产品所包含的各种价值，这种方式较传统的广告形式而言更容易被用户接受**。但是这种活动方式往往存在一个问题，就是成本相对比较高。

④ 隐私型活动

这种活动往往涉及大众的隐私问题，因此在运营过程中不太常见。“接吻大赛”就是一种典型的隐私型活动。这种活动方式一定要注意分寸和尺度，要从“正能量”出发，才能受到大众的接受和欢迎。

2. 人的运营体系（People）

人的运营体系包括运营者运营体系的建立和用户运营体系的建立两方面。

（1）运营者运营体系的建立

首先，要打造产品团队，通过产品团队与用户进行近距离的沟通，从而深入洞察用户需求，进而为其提供有针对性的产品和服务。

其次，培养有能力的运营经理，从而更好地策划运营方案，保证运营体系有序进行。

（2）用户运营体系的建立

首先，挖掘潜在用户。挖掘潜在用户，首要的一步就是建立目标客户数据库，并对数据库中的客户数据进行全方位分析，从而将那些能够为企业带来直接效益的客户作为潜在客户。

其次，激发用户活跃度。当潜在客户成为真正的客户之后，还需要采取相应的方式来激发用户的活跃度，以免用户成为“僵尸用户”。与此同时还需要知道，“开发一个新客户不如维护一个老客户”，因此要采用多种优惠方式来挽留这些老客户，像定时赠送小礼品、发放优惠券、购物红包等，并通过各种社交渠道利用老客户的优势拉拢新客户。

再次，免费用户。利用试用装的方式来为客户提供免费产品，通过这些客户的口碑效应来树立品牌形象，让更多的人知道和喜欢自己的产品。

最后，付费用户。采用相应的付费机制，制定阶梯式付费模式收取费用，如会员等级制等。

3. 渠道运营体系（Path）

（1）内部运营渠道

内部运营体系的建立应当包括实时 TIPS 触达和延时消息中心，这样可以更加全面地推动内部运营体系的建立。

（2）外部运营渠道

外部运营体系建立的时候，应当全面利用论坛、微信、微博等众多社交网站的优势，将其作为外部运营的接入口。

4. 公众关系运营体系（Public Relationship）

公众关系运营体系的建立主要将媒体和政府作为切入口，通过媒体传播和政府推广实现公众关系运营体系的正常运行。

尚品宅配的 O2O 业务从 2009 年就开始进行，当时其网络广告成本低，试错成本也比较低，通过 7 年的试错，至今，尚品宅配在 O2O 的全流程运营已经变得更加成熟，各个环节的转化率经过多年的打磨已经到了一个非常良性的运营状态，如今昂贵的广告成本反而成了尚品宅最有力的“护城河”。

企业运营过程中选择哪种运营方式要结合产品特点、用户特征等各方面

综合考虑来选择，这样才能达到理想的营销效果。那么如何才能通过运营体系的优化实现企业盈利呢？具体方法、步骤如图 3-3 所示。

第二步 制定营销策略

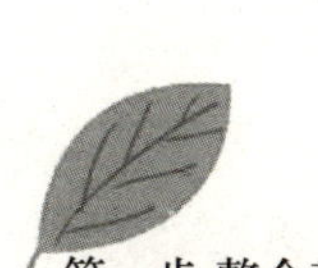

第一步 整合营销资源

1.自然资源整合
2.社会资源整合
3.客户资源整合
4.行业内存量资源整合

第三步 付诸营销实施

图 3-3 优化运营体系实现企业盈利的步骤

5. 整合营销资源

企业实现营销已经不仅仅局限于产品和服务的竞争，还涉及价值链的竞争。而实现营销资源的整合，是达到价值链完整性的必要步骤，也是实现企业盈利必不可少的途径。营销资源的整合通常包括 4 种。

（1）自然资源整合

自然资源往往是那些免费的资源，要充分利用其免费的特点为企业运营服务，并且实现盈利。

（2）社会资源整合

所谓的社会资源其实就是社会关系网下的资源。像微信朋友圈、QQ、MSN 等都可以看作社会资源的一部分，通过这些渠道可以实现品牌的快速分享和品牌影响力的迅速扩张。

（3）客户资源整合

客户是企业营销的最终对象，有效实现客户资源整合，可以帮助企业更好地管理客户，并且利用客户资源优势节约运营成本。实现客户资源整合首先要做到以下两点。

① 收集客户资源

收集客户资源应当从与客户紧密联系的社交软件，如手机通信、邮箱等多种渠道，这样不仅可以保持与用户的实时联系，还可以将所有联系过的用户自动存储到企业的客户库之中，将这些客户信息数据进行分类处理，并建立数据库，为企业持续壮大的客户数据资源提供一个巨大的容量池。

② 跟进整合客户资源

客户资源不仅仅需要收集，还需要通过咨询、问候等方式进行跟进和整合。这样，每位客户与企业之间的关系都可以被进一步拉近，从而产生相互间的信任，最终有助于交易的达成，提升企业业绩。

（4）行业内存量资源整合

行业中那些没有有效发挥生产效率或者闲置不用的生产要素就属于存量资源。如果能够将这些资源集合起来加以整合并合理利用，那么其散发出的巨大价值也是相当可观的。

6. 制定营销策略

营销策略的制定，一定要以客户需求为切入点，要使整家企业的运营活动都围绕为用户提供满意的商品和服务为主旨。具体的营销策略制定方法和技巧将在后面的章节中详细介绍。

7. 付诸营销实施

在营销策略实施的过程中，要按照策略步骤进行，以达到盈利的目的。

3.1.2 互联网时代削减成本的七大刀法

进入信息化时代，尤其是互联网时代，信息的不对称性导致运营成本的大幅增加，然而交易却在以非常低的利润迅速撮合，在这种情况下，要想在市场中进一步提升竞争力，一方面可以付诸于有效的开源，而更为重要的是实现节流，因此有效控制成本是至关重要的。

在这里，我们将介绍互联网时代削减成本的七大刀法，从而有效控制成本范围，如图3-4所示。

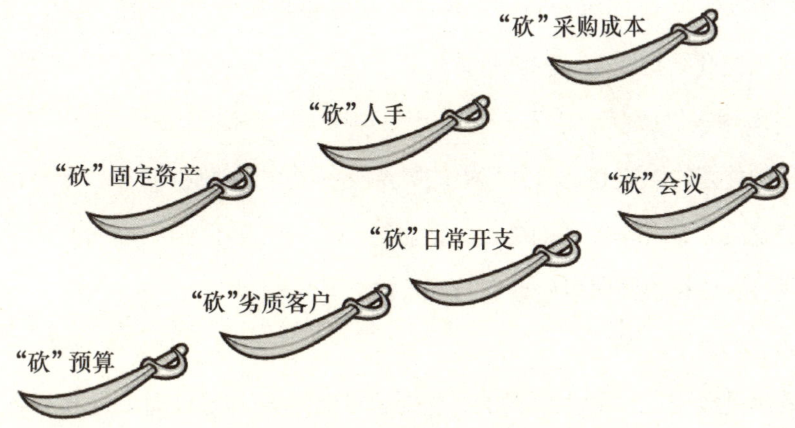

图3-4 互联网时代削减成本的七大刀法

1."砍"采购成本

砍掉采购成本是采购部门的一项重要任务，因此，砍采购成本，应当面向供应商和供应市场进行。传统企业采购成本增加而无法实现盈利，其主要原因就在于供应商结构存在一定的弊端，具体表现在以下几个方面：

（1）对供应商关系管理的重要性认识存在欠缺；

（2）采购策略上缺乏战略思维；

（3）采购管理体系和流程不够完善；

（4）未广泛使用的先进信息技术；

（5）激励与约束机制不够完善；

（6）供应商选择与评价体系不够完善。

针对这些缺点，互联网时代的企业需要全面采取相应的措施，及时削减采购成本。

（1）优化整体供应商结构和供应配套体系

传统的企业与供应商之间的关系往往是市场交易关系、合作伙伴关系、战略联盟关系、后向一体化关系。但是这些关系在互联网时代已经逐渐得到了升华和转变，以往供需合作程度越高越好，但是随着当前合作趋势和合作理念的转变，传统的单一式供应商结构已经不再是一种最佳的结构。因此，多层次供应商结构成为一种创新结构。

① 普通级供应商

这种类型的供应商是一种简单的购买交易类型的供应商，以采购为目的，一旦交易结束，合作关系则终止。企业与这种供应商不存在长期的合作关系，主要通过其价格优势降低企业自身成本。

② 优先级供应商

依然是以交易作为主要目的，但是会相应地与其签订短期合同（可以是一年左右的合同），双方之间共同控制质量。企业在选择策略上以流程优化为向导，以工业能赶上的绩效评价和供货比例调控为手段。企业可以单一选择某一优先级供应商，但是也应当将类似的物料分配给该供应商的竞争对手，这样既可以保证自己获取物料的充足性，又可以使各个供应商之间通过竞争相互牵制，从而在保证企业供应安全的同时，还能避免供需之间的对立关系。

③ 合伙战略联盟供应商

合作战略联盟的目的就是通过相互合作结成战略联盟，从而为了共同的利益目标而共同发展。

（2）对现有供应商、新进供应商采取优胜劣汰的方法，以此来降低采购成本

这里包括原有供应商和通过供应市场调研等方式寻找到更加优秀的新的供应商。通过招标采购的方式，从各个因素（产品质量、交货效率、历史绩效、产品报价、柔性、地理位置等）综合考虑，并利用相应的评价方法来判断供应商的优劣，以此来选择优秀的供应商作为长期合作的供应商。

具体评价步骤如图 3-5 所示。

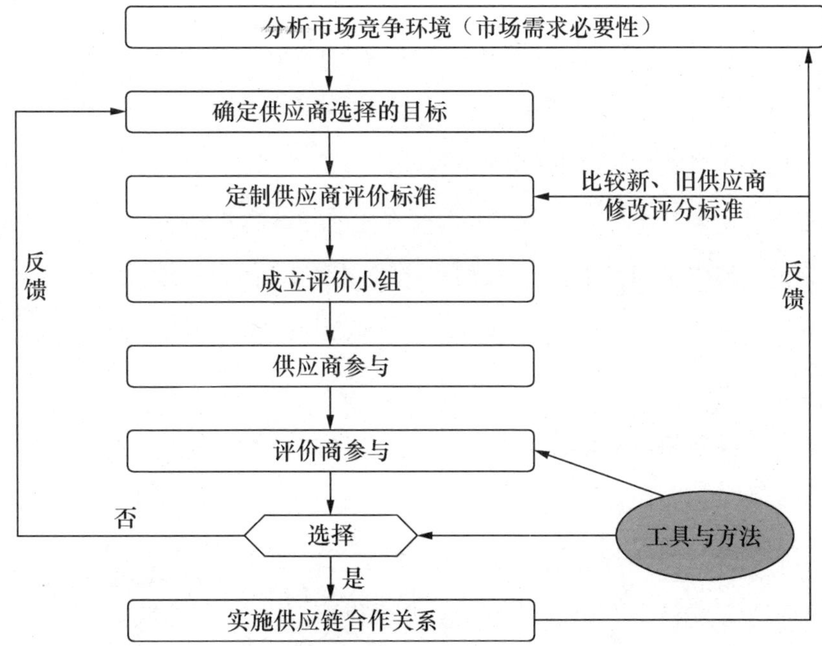

图 3-5　对现有供应商及新进供应商的评价步骤

（3）灵活应用各种战术和技巧来降低采购成本

① 集中采购

将各个部门对于同一物料的需求数量进行总体统计，这样可以利用较大采购量作为筹码来获取折扣价格。

② 谈判

在与供应商进行周旋，降低采购成本的时候，通常的方法就是巧用谈判来说服对方降低物料价格，具体的常用辅助工具是成本结构分析法。知己知彼百战不殆，在实际操作中，只有充分了解对方的价格结构才能在谈判中运筹帷幄，更好地掌握各个供应商的价格取舍问题，从而很好地控制、降低采购成本，此外，企业还应让供应商提供其产品的详细报单价，从而帮助企业核实其价格的准确性。

2．“砍”人手

对企业来讲“成本”是永远的痛。随着国家政策最低工资标准的逐年上升，企业人力成本也成为节省成本的一个重要组成部分。那么企业如何在裁员的同时又保持自身的竞争力不受影响呢？

首先，明确裁员计划。节省人力成本之前要做好明确的计划，这样就可以很好地计算出裁掉多少员工可以保证企业正常运行的同时依然可以获利。

其次，计算好裁员人数。企业裁员并不能想当然地随意裁，要按阶段、按数量来逐渐裁。

再次，采取相应的裁员机制。裁员并不能想裁谁就裁谁，这样必然给企业员工带来不满。因此制定相应的优胜劣汰机制，让被裁的员工心服口服才是最佳的方式。这样既可以提升有潜能的员工的工作能力，又可以将资历较弱的员工合理淘汰。企业可采取绩效制，即全年产能、销售额达到一定的标准线以上者可以继续留用，标准线以下者则被淘汰。

最后，给与适当补贴。要在企业允许的财务资金范围内适当地给被裁人员资金补贴，这样会体现企业的人文关怀。

2016年年初，新一波裁员浪潮又起，诸多企业开始裁员。三星也计划裁去9%的员工。三星在2015年第二季度的运营利润与同期相比下降了38%，三星电子的市值累计减少了440亿美元。同时其出货也与同期相比减少了400万部，市场份额成下滑趋势。为了进一步减少可控成本，增加市场竞争力，三星也采取裁员制来控制运营成本。

3．“砍”固定资产

固定资产是影响企业运营成本的一大关键。实际上，花资金购买固定资产并不是一件划算的事情。

首先，固定资产占用了大量资金，这些资金又不能挪作他用，因此造成了极大的成本浪费。

其次，固定资产，本身就具有折旧性，不论是否使用，其自身价格都会逐渐降低，并且随着时间的推移，折旧价越来越高。

再次，固定资产经常处于闲置状态，本身就是一种资源浪费。

最后，技术在不断更新，固定资产也需要进行相应的更新才能适应当前技术的发展，否则就容易被快速淘汰，但是在更新和维护的过程中也需要花费一定的资金。

因此，企业花一笔资金购买固定资产并不划算，企业需要大刀阔斧地砍掉这部分毫无价值的购买成本。

4."砍"预算

有效控制成本的最好方法就是控制即将产生的成本。因此，设立预算制度很重要。建立一整套完善的预算制度，需要做以下几点。

首先，调查。对企业内部各项所需进行全面、充分的调查，从而明确企业的收入、支出、赤字等；对前期发生的所有费用进行统计分析，找出开支的中间点，在允许上下浮动的范围内编制一个预算明细，并且要明确各个运转环节的正常运转所需的最少资金。

其次，对比。通过将预算资金与实际企业运转所需资金进行对比，如果发现预算资金远远高于实际运转所需资金，那么就可以将超过的部分在允许上下浮动的范围内果断砍掉。

最后，预测。将砍掉之后的预算结果进行模拟预测，以保证预算资金既能够满足企业运营所需，又不会造成成本浪费。

5."砍"劣质客户

通常，企业营销都应当以最大限度地满足客户需求为最终目的，但是，要知道，并不是所有客户都值得你去无限满足，如果毫不顾忌地一味无限满足，企业就会面临破产的危险。另外，对那些劣质客户要果断、坚决“封杀”。那么如何才能知道哪些用户是需要封杀的呢？这就需要首先将客户进行分类，通常，客户可以分为以下 4 种类型。

第一种：铂金大客户，该类客户是最具价值的客户，可以为企业带来巨大的利润。

第二种：黄金大客户，这种客户是非常具有增值潜质的客户。

第三种：铁客户，这种客户通常是具有一般价值的客户。

第四种：铅客户，这种客户往往给企业带来负债和亏损。这种客户就是企业需要坚决封杀的客户类型。

6.“砍”日常开支

所谓聚少成多，不要忽略每天的少量开支，日积月累也是一笔很大的花销，因此，注意降低日常开支也是降低成本的一种有效方式。因此，企业需要制定相应的管理细则。

（1）总分公司之间制定标准化日常开支节省化细则。

（2）尽量使用自然光照。

（3）复印文件时尽量使用正反面。

（4）下班时安排专人检查所有没有必要开的设备电源是否已关。

（5）不准员工使用一次性纸杯。

7.“砍”会议

每家企业或公司为了熟知每位员工的工作内容、工作效率、工作进度，总喜欢开会，周会、月会、季会、年会，逢会必开，其实，开会也是一种时间成本的浪费。当企业花两三个小时来开会，或许在这两三个小时里，产品研发部的研发人员已经能够想出一个极具创意的产品设计，这个创新所带来的利润和价值要比两小时的冗长会议所产生的价值大得多。因此，适当砍掉会议也是一种变相的成本削减方式。

小米与大多数企业不同，采取能不开会就不开会的原则。雷军认为，与其浪费时间开会，还不如把时间用来做产品研发。因此，小米公司在运营过程中，除了每周一开1小时公司例会以外，不会像传统公司那样开季度总结会、半年总结会等。自2010年4月6日小米成立以来，已经过了5年。在这5年多时间里，7位合伙人仅仅开过3次集体会议。因为，小米的企业文化里边没有森严的等级制度和严格的会议章程，而是把做事的效率和成效放在首位。正是这个原因，小米才能够在激烈的手机市场竞争中站稳脚跟，销量不断攀升，最终赢得市场。

3.2 传统企业运营关键即体验式营销的必然选择

核心内容展示

- 粉丝破万的6种武器：定位、内容、活动、游戏、认证、CRM
- 5种体验类型：感官、情感、思维、行动、关联

3.2.1 粉丝破万的6种武器：定位、内容、活动、游戏、认证、CRM

过去，粉丝都是特指那些追星群体的，像范冰冰的粉丝叫“冰棒”、李宇春的粉丝叫“玉米”、周笔畅的粉丝叫“笔亲”等。虽然这些粉丝在年龄、性格上存在很大的差异，但是其有一个不可忽略的共同点，那就是这些粉丝的口碑宣传可以极大地提升明星的人气。

随着互联网的发展，粉丝效应已经不仅仅局限于明星粉丝，企业也开始

利用粉丝效应提升自己的形象和品牌知名度。因此，粉丝经济已经日渐蓬勃，只要有足够庞大的粉丝团队，即便是只做一锤子买卖也不用愁没有销量。产业企业如何借助互联网来炒作其品牌呢？关键还得利用粉丝经济建立庞大的粉丝团队。建立庞大的粉丝团队应当从以下几处着手，如图 3-6 所示。

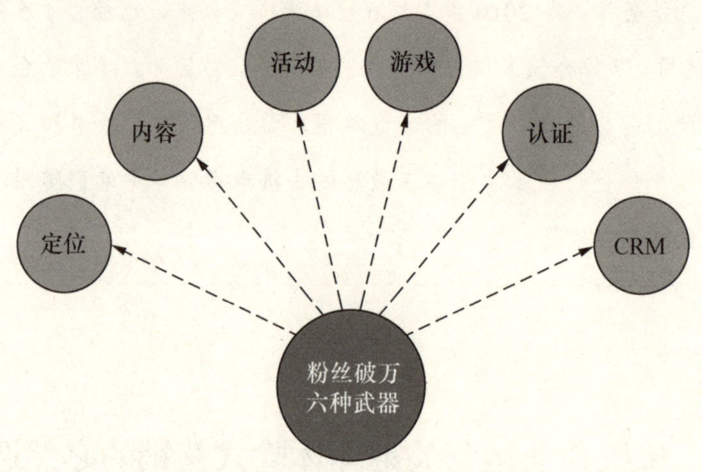

图 3-6　如何建立庞大的粉丝团队

1. 定位

曾听过这样一句很有震撼力的广告语“有定位，才能更出位”。的确，那些优秀的企业家、创业者以及微商，他们之所以成功，之所以创造出了旁人无法企及的成绩，跟他们在创业之初就为自己设定了精准的定位有很大的关系。就像阿里巴巴从一开始就致力于做电商、腾讯从创立之初就致力于做社交、百度一开始就着重于做搜索一样。**定位精准，发力目标才更为明确，效果也才更加立竿见影**。如何才能做到精准定位呢？

（1）明确用户特征

用户特征直接决定了产品特征、营销模式的选择，只有明确了用户特征才更加有可能吸引潜在用户的注意力，进而为将潜在用户转化为粉丝打下良好的基础。

① 通过用户行为分析了解客户心理，以及客户需求。

② 通过用户在网站的停留时间、跳出率来分析用户对品牌的关注度。

③ 通过分析回访者、回访次数、回访相隔时间来分析用户对产品的黏性。

④ 通过用户在不同时间段的访问量和访问情况分析用户活动时间的选择。

通过对以上几个用户特征的分析，企业就可以更加了解用户的需求、关注度、黏性、活动时间的选择等，有助于其针对用户特征更加合理地安排品牌营销的投放时间、投放方式等，从而更好地吸引用户、为用户提供服务。

（2）明确用户价值

通过精准了解用户特征之后，可以将用户进行划分，明确用户价值。这样企业可以更加清楚哪些客户是高价值客户，哪些客户是一般客户、哪些客户是低价值客户，从而着重发展高价值客户为自己的粉丝，直接砍掉那些低价值甚至没有价值的客户，以减少不必要的成本浪费。

2. 内容

社会化营销已经成为当前一种常用的营销方式，像在线社区、博客、微信、微博等社交工具成为社会化营销的重要渠道，也是企业获得粉丝的重要途径。在社会化营销中，内容和传播是不可或缺的两部分。只有内容没有传播，或者空有传播没有实质性的内容，对于产品品牌的建立没有任何意义。然而，不论采取何种渠道传播，做好内容是硬性要求，好的内容才能让产品品牌更具传播性。那么如何才能让内容更具吸引力呢?

（1）图文并茂。发朋友圈只有图片是不行的，还要有文字做解释和介绍，通过图文并茂的方式才能让顾客更加明白意思。但是，图文并茂也有一些注意事项。

① 主题突出。主题一定要突出、明了，让人看后能明白主要意思。

② 文字、图片相辅相成。文字要和图片内容相匹配，文字要为图片服务，

图片要为文字做陪衬，二者相辅相成。

③ 字数相当。字数要有相应的限制，切忌长篇大论，篇幅过长一方面让人看后不知其所以然，另一方面人的耐心是有一定的时间限制的，没有人愿意花太多的时间阅读。通常情况下，字数应当控制在150字以内。

④ 内容精简。文字的内容要精简、干练，尽量用短句，不要用长句。尽量少用形容词，而要多用能够体现真实性的数字来解释、说明，这样更有说服力，更容易让人接受。

⑤ 符合审美。发图片的时候不能随意发，图片数量要尽量选择1、4或6，这样将图片进行整合后，就更加符合人们的审美要求，让人看后有种赏心悦目的感觉。而像5张、7张图片发到朋友圈中，就会出现一个缺角，让人有种不完美的感觉。最为推荐的是4张图片，既涵盖丰富的内容，又能带来一种整洁感。

（2）**不要为了发广告而发广告**。一定要让内容更加生动，具有吸引力，这样才能引起用户兴趣，进而产生关注的欲望。

（3）**文章标题应当醒目且直击主题**。例如，融入当下的新闻热点、名人事件等或者利用幽默的语言做一个新颖的标题，这样就非常醒目且让用户产生一种想进一步了解内容的想法。另外，标题切不可离题或者含糊不清，如果客户在看到标题时一头雾水，也不会再继续阅读下边的内容。

3. 活动

活动的目的就是为了增加参与方与企业之间的感情，并且逐步建立信任，在信任的基础上将其转化为忠实的粉丝。在活动的时候，一定要注意活动内容的针对性，活动程序要清晰、调理、有序，而且还要新颖别致，具有广泛的参与性，人人都能参加。

用有奖活动来利诱，是一种屡试不爽的吸粉法。通常，利用一定的奖励来刺激大众参与，是一种非常有效的方法。有奖活动吸粉法有两个渠道。

（1）线上吸粉

利用平台的功能，在线上与粉丝进行互动，如线上摇一摇、会员签到、积分累计换购、幸运大转盘、拆包有礼品、晒单有奖等活动，对粉丝进行物质上的奖励，进而刺激粉丝参与，通过互动来提高微信粉丝的活跃度，增加粉丝黏性。

作为一家国内中高档的连锁酒店，维也纳酒店最早看好基于互联网的 O2O 商业模式，因此也最早建立企业服务号。近两年来，维也纳申请并使用了多个微信高级接口开发功能服务客户，并且十分注重移动端的粉丝互动体验。在与用户互动的过程中，维也纳通过自定义菜单的深度优化和闭环管理思维，不断提升平台粉丝的满意度，成功地激活了粉丝的黏性和活跃度。首先，维也纳酒店升级酒店预订系统，连接 PC 官网与微信平台，通过“微信预订立减 20 元”“微博预约享受特价”等差异化待遇，提高了线上流量的转化率。其次，酒店还设计了充分互动的每日签到功能，引导粉丝通过参加签到活动来参加“维也纳优质客房免费住”的抽奖活动，赢得免费住的机会。通过结合娱乐、让利等方式，维也纳的用户更加愿意到微信平台上来消费，以获得愉悦和实惠。

（2）线下吸粉

在线下组织活动来吸粉，线下本身不像线上一样具有免费的优势，成本问题是一个难以逾越的坎，因此，在线下组织活动，更加需要创新思维，这样才能使活动更加新颖、更具吸引力，才能达到预期的吸粉目的。

2015 年 6 月 1 日至 8 月 30 日，为了给 3D 电影《哆啦 A 梦：伴我同行》造势，西单大悦城外的现场秘密道具展示区中排满了精心挑选的 100 个哆啦

A梦，其造型憨态可掬，相当逼真。为了宣传该电影，制片方也是赚足了广大粉丝的眼球。一方面正值六一儿童节，许多儿童学校放假，家长带着小朋友前来参展的同时更加愿意去看《哆啦A梦：伴我同行》，满足孩子的心愿；另一方面，这段时间恰逢高考刚刚结束，为此，西单大悦城还特别推出优惠政策，给高考学子带来惊喜，只要凭借高考准考证不但可以有机会获得入场券，还可以免费办理会员卡。这一优惠活动一推出也吸引了广大外地学生提前预定好来北京的票，只等放假就来一睹100个哆啦A梦的风采，重新回到美好的童年。同时，展览也吸引了很多人前来拍照留念，重温儿童时代的美好回忆。西单大悦城就是通过利用大众童年回忆以及小朋友的好奇心来吸引粉丝，进而实现预期的营销目的。

---

4. 游戏

用多次重复的文字内容来吸引粉丝往往会给粉丝带来一种视觉上的厌倦感，这时候可以换种方式来“玩”，重拾粉丝的关注度。游戏就是一种最好的方法。**游戏往往会调动人们的大脑思维，鼓励粉丝想出解决办法和游戏窍门，往往会勾起人们的参与兴趣。**

（1）品牌植入游戏吸粉法

品牌开始尝试游戏化成为当前吸粉的一种趋势和热潮。将品牌融入游戏当中时，人们在玩游戏的时候就已经将品牌深深地印在了脑海当中，更容易记住品牌。

（2）广告植入游戏吸粉法

广告植入游戏顾名思义就是利用游戏为载体借助游戏情节融入品牌广告。当游戏玩得次数多了，人们对该广告中的产品也就从“脸熟”逐渐到了熟记于心。其实，这种方法是通过重复记忆法达到吸粉目的的。

绿盛牛肉干将天畅科技的一款《大唐风云》游戏中的太平公主作为形象代言人，在游戏中开设了“绿色牛肉干店”，并且在店中出售“绿盛QQ能量枣”，玩家在体力不支的时候吃了该枣就能补充体力继续战斗。这其实是一个非常实用的游戏道具，与绿盛牛肉干本身的卖点相吻合，再借助太平公主的角色将产品带入，也起到了非常好的广告效应，使玩家通过游戏接触绿盛品牌，并将品牌深耕植入玩家脑海中，提高品牌美誉度。绿盛与天畅科技合作之后，产品销量大幅提高，合作一个月之后，销售额达到了2700万元，超过同期销量9倍之多。

---

5. 认证

通过认证，可以增加公信力，只要能够掌握有效的方法就可以找到更多精准的粉丝。

（1）QQ空间认证

① 将QQ空间开通黄钻。

② 每天到认证空间添加群和好友。

③ 每天更新自己的说说。

④ 及时参与互动。

（2）微信认证

① 连接中英文Wi-Fi名称。

② 选择关注微信公众号。

③ 进入微信公众号。

④ 输入回复关键字，系统自动回复上网认证链接。

⑤ 点击后上网成功，同时成功吸粉。

（3）手机号码认证

① 连接中英文Wi-Fi名称。

② 选择手机号码登录。

③ 输入短信回复的验证码即可登录。

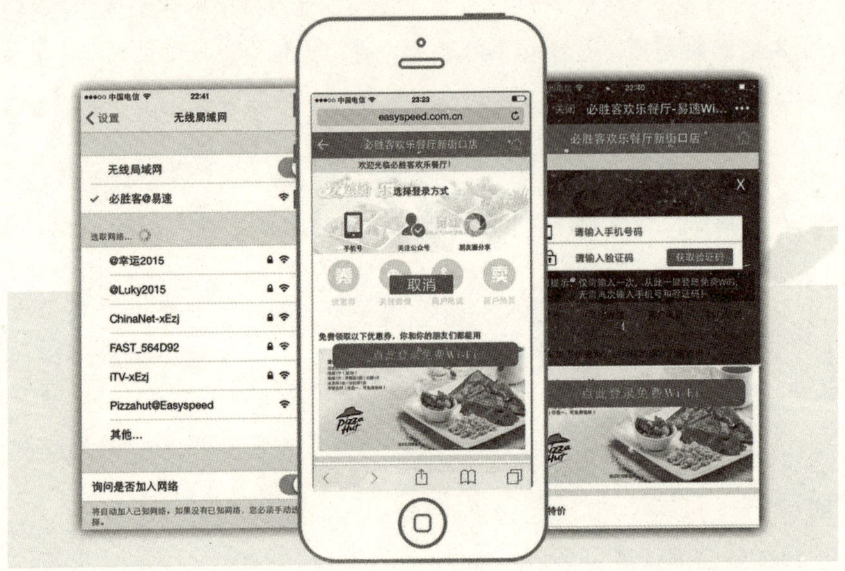

除以上方式以外，还可以通过腾讯微博分享认证、新浪微博分享认证等方式吸粉。

6.CRM

CRM 即客户关系管理，利用 CRM 的目的有两个：一个是为了吸引粉丝，另一个是为了管理粉丝。微信是一个实现客户关系管理的平台，基于微信平台的 CRM 吸粉的具体操作步骤如下。

（1）以微信为基础平台，建立品牌与用户直接沟通的平台，在沟通的过程中获取用户数据信息。

（2）建立全会员服务模块，包括产品信息服务、会员优惠专区服务、客户服务，从而与用户进行高效沟通。

（3）通过用户数据分析，再结合用户实际购买行为，将用户进行新老分类，以老会员带新会员。

（4）通过奖励的方式，利用会员的优势，以朋友推荐的方式带动全体老会员进行会员招募，以扩充粉丝数量。

（5）从所有会员那里采集新进会员的相关数据信息。

（6）通过对新会员的数据分析对其进行画像，充分分析其消费特点，明确其消费理念，以便日后为其提供有针对性的产品推荐。

在 CRM 吸粉过程中，第一步至第四步是为了吸粉，第五步、第六步的目的是为了及时管理粉丝。CRM 可以有效地绑定粉丝，让其成为企业的铁粉。

3.2.2 5 种体验式营销：感官、情感、思维、行动、关联

不得不说，互联网时代“将用户体验做到极致”已经成为老生常谈，即便如此，用户体验是否达到极致依然是影响营销效果的一个关键点。哥伦比亚学院教授伯恩德 • H. 施密特在其《体验式营销》一书中提到：“按照消费者的心理认知过程，可以将体验分为感觉、情感、思维、行动、关系 5 个类型。”图 3-7 直观地展示了这 5 个类型。

图 3-7　体验式营销的 5 个类型

1. 感官体验式营销

利用感官可以感知世界。**感官体验营销方式的诉求是创造直觉体验的感**

觉，包括视觉、味觉、嗅觉、听觉和触觉。通过建立感官上的体验，为消费者提供产品线索，激发消费者的购买欲望，引导消费者的购买行为。

感官往往决定了消费者购买产品的概率。对于这一点，我们自己也都大有体会。如果第一眼看到一个产品的外观特别新颖、独特，那么就会拿其他产品与这个商品进行比较，即便是比较之后还会选择第一眼能够吸引自己的产品。如何借助感官体验的方式来实现营销呢?

（1）**视觉方面**，创新产品的包装设计、色彩搭配，给消费者带来视觉冲击。

（2）**味觉方面**，从酸、甜、苦、辣、咸5个基本元素出发，刺激消费者的味蕾，让其通过不一样的味道产生愉悦感。

（3）**嗅觉方面**，利用甜美的味道让人神清气爽；利用刺激性气味引起人们的注意。通过不同的气味刺激消费者大脑兴奋皮层，影响其情绪，激发其购买欲望。

（4）**听觉方面**，通过悦耳的声音使消费者身心放松，让消费者获得轻松的消费体验，进而产生购买欲望。

（5）**触觉方面**，通过不一样的手感让消费者感受到产品与其他产品之间的差异性，如家纺产品的丝滑感、柔美感，较那些粗糙、坚硬材质的产品，消费者会更加喜欢手感舒适的家纺产品。

知名品牌爱马仕也从线下入驻线上微博。但是在爱马仕与线上挂钩之前，已经有众多奢侈品品牌入驻微博，像香奈儿、迪奥、古驰等。无论是什么品牌与线上挂钩，其目的就是为了通过微博渠道扩大产品知名度、提升品牌形象，并且通过社交媒体的方式加深消费者对产品的进一步了解，吸引更多的消费者线下购买。但是爱马仕并不会仅仅局限于他人都已占领的商海中，而是另辟他径，发布“锦绣梦想”的女士丝巾搭配APP，该APP着重于向消费者介绍丝巾知识以及色彩搭配。同时，爱马仕还在线举办了中国区“锦绣梦想”同名丝

巾展，手机爱马仕 APP 的关注者都可以亲自触摸体验丝巾产品。这正是爱马仕的真正用意，通过实实在在的触摸体验产品品质，刺激消费者的购买欲望。

---

2. 情感体验式营销

情感体验式营销的诉求是顾客内在的感情，通过触动消费者的内心情感，创造情感体验，使消费者产生情有独钟的偏爱。这种营销方式正是借助“人都是情感动物”这个特点来进行的。**情感体验式营销是从消费者的立场出发，考虑消费者的感受、消费情感，通过与消费者进行情感沟通，使消费者获得对企业情感上的信任和认同，进而产生购买行为**。实际上，很多时候，情感体验式销售方式下的消费者产生的购买行为并不仅仅是购买产品或者服务，更多的是购买一种美好的情感体验。进行情感体验式营销需要通过以下几点来实现，如图 3-8 所示。

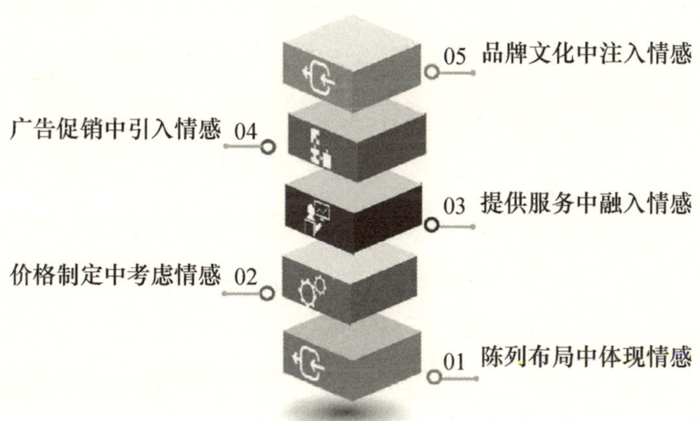

图 3-8 实现情感体验式营销的方式

（1）陈列布局中体现情感

产品的陈列布局应当结合当前消费者需求、消费者人群特点等进行设计，从而给人一种心理上的照顾和关注感，这样便于消费者更多地接触相关产品，实现与产品之间的感官交流，给消费者带来良好的情感体验。

线下营销，可以将老年人用品放到货架的中下层以及宽敞的地方，由于老年人受到身体机能的影响，不是特别灵便，将老年人用品放置在中下层以及宽敞的地方，便于其拿取以及方便找到产品。再例如，线上营销，通过分析消费者的购买喜好数据，从而判断哪些可能是消费者喜欢的产品，进而为其推荐同类产品。这种陈列布局方式虽然看上去非常简单，但是往往能够给消费者带来不一样的情感体验，使消费者产生一种被重视的感觉。

（2）价格制定中考虑情感

产品的价格往往也是影响销量的一个关键性因素。因此，企业在制定产品价格的时候也应当充分分析消费者心理，包括荣誉感、满足感、情感需求等，还要结合消费者的购买能力。在这个基础上根据自身产品的价值属性和实际特点制定出来的价格就是一种情感价格，这种价格能够满足消费者需求，并且使其对该价格产生认同感，进而愿意达成交易。

（3）提供服务中融入情感

在服务中融入情感，通过情感技巧对消费者动之以情，让服务超过消费者的预期，占领消费者心理的制高点，从而让消费者产生强烈的信任感，进而自愿购买产品。

① 融入人性化。服务具有人性化特点，这是当前服务的最高层次。人性化能够给人带来一种内心的温馨和舒适感。

② 融入细微化。细致入微的服务往往更能打动对方的内心。企业应深谙客户需求，并为其提供让其非常满意的服务，使消费者真正地过足“上帝”的瘾。

③ 融入超常规化。这里的超常规就是指超过消费者的预期。超常规的服

务可以给消费者带来惊喜，进而使其对企业产生美好的印象，这样做不但会提升交易的达成效率，还容易提升消费者的重复购买率。

（4）广告促销中引入情感

在产品竞争白热化的时期，企业将产品促销也转向了情感化。在产品的促销广告中融入消费者心理感受、借助一定的视觉冲击，可以让消费者内心愉悦，这实际上已经在实现营销目标的过程中成功了一半。

（5）品牌文化中注入情感

品牌文化本身体现的就是企业的一种内在情感，将体验融入产品的广告促销、服务等过程中，表现出一个企业的浓郁文化策略，更有助于企业形象的提升。

3. 思维体验式营销

思维体验式营销的诉求是人们对于某一事件的思索，以某种创意的方式，让客户获得认识和解决问题的体验。

消费者购买产品的目的就是为了通过相关产品的使用来解决需求问题。如果产品设计过于复杂，操作步骤过于烦琐，则不利于消费者使用。相反，如果通过以启发消费者智力、创意的方式引起消费者的兴趣，并使其对问题集中或者发散思考，就能够为消费者带来更加清晰的体验思路。

这里我们举一个比较老但十分具有代表性的例子。早在2008年，联想在推出ThinkPad系列产品的同时举办了一次主题为“你是思考心动派吗？”的活动，其目的就是鼓励消费者提出自己比较关注的5个议题，并且将其写下来。该活动一开展，就有众多消费者参与其中。很明显，当时联想就秉承“思考”的原则并逐渐将其演变为现在的“思行合一”，也正是如此，才使得其品牌在商务笔记本市场中占领了巨大的份额。

---

4. *行动体验式营销*

行动体验式营销的诉求是通过偶像角色，如影视歌星、明星等来刺激消费者，使其生活形态发生改变。换句话说，通常，企业进行行动体验式营销的时候，往往会借助明星效应，通过利用明星庞大的粉丝优势，将粉丝转化为消费者，达到增加销售额的目的。

这里所提到的行动，**简单来讲就是指那些给消费者带来不同体验感受的互动**。众所周知，营销不仅仅是向消费者售卖产品，更重要的还在于能够拉近企业与消费者之间的关系，互动就是一架能够拉近与消费者之间关系的桥梁。不但如此，企业与消费者的互动还可以很好地丰富消费者的生活，有助于激发消费者的购买热情。

很多商家为了给自己的主打产品造势，往往会邀请当前人气最旺的明星前来助阵，对产品进行宣传或者代言，并且活动规则规定：凡是购买本产品的消费者都可以获得该明星的个性化签名。这样就通过明星产生了粉丝效应，将粉丝转化为消费者。企业正是抓住了粉丝为了获取明星签名的心理，开展互动活动将产品销售出去。这种方式，既让消费者自愿购买，又让企业盈利。这就是一种行动体验式营销。

---

5. *关联体验式营销*

关联体验式营销包含感官、情感、思维、行为营销层面，**通过个人体验，建立个人与理想自我、他人或文化之间的关联**。换句话讲，关联体验是一种高于感官、情感、思维、行为之上的更深层次的体验类型，这种体验式营销方式在为顾客创造感官、情感、思维、行为的层面上，还为顾客打造一种更加丰富、奇特的体验方式。简单来讲，就是为产品设计与其相关联的场景，从而对产品的质量、服务品质进行实际体验，以达到营销的目的。

举个简单的例子。通常情况下，攀岩设备的顺手性与可靠性关乎使用者的生命安全，然而，在购买攀岩设备的店里，客户往往只能通过感官来感受和猜想其使用效果。但是，美国一家娱乐设备公司则脑洞大开地建立起了一座16.8米高的小山，让顾客通过实地体验检测其工具的牢靠性。这就是一个非常典型的关联体验式营销方式。

3.3 互联网运营成功的本质与核心——客户价值

核心内容展示

- 基于客户价值的差异化策略应用
- 精准挖掘潜在客户的12种方法
- 如何增加品牌互动率、曝光度、关注度

3.3.1 基于客户价值的差异化策略应用

决定企业是否足够强大的唯一标准就是客户数量的多少，因为客户是企业盈利的唯一来源，可以说，客户价值决定了一家企业的生死。也正是如此，企业应将客户价值作为重点进行分析研究，深入分析客户价值，可以更加有针对性地为客户提供产品和服务，进而与最有价值的客户建立起长期并为企业带来利润的关系。有了这一层关系，企业可以采用差异化策略针对不同价值的客户进行精细化营销，从而使企业在市场竞争中更具优势。

1. 客户的价值划分

图3-9展示了划分客户价值的3种方法。

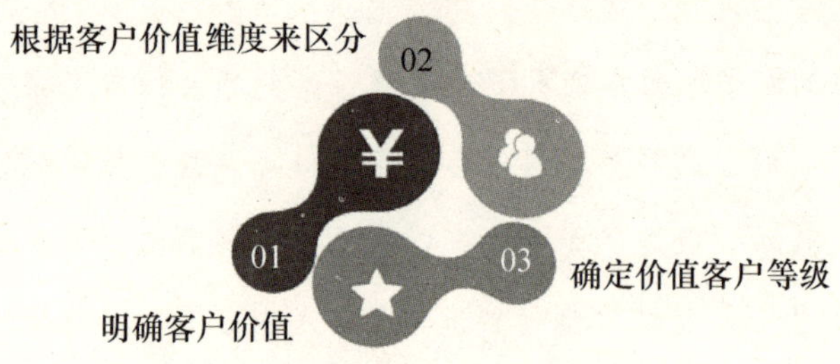

图 3-9 划分客户价值的 3 种方法

（1）明确客户价值

很多时候，人们认为能够提高企业业绩或利润的客户就可以看作是高价值客户，事实上这种观点是错误的。客户价值的真正含义是指能够为企业带来的贡献，贡献越多则价值越大。客户价值中的“价值”其实包括经济价值与社会价值两部分。当然，客户价值是具有一定差别的。企业的资源也存在一定的局限性，因此，企业应根据客户的价值差异性为其提供与其相匹配的差异化客户策略，为高价值客户提供更加优质的产品和服务，为低价值和普通用户提供标准型产品和服务，做到物尽所能、合理利用，使资源达到合理配置。

（2）根据客户价值维度来区分

客户对于企业的发展所产生的影响是多维度的，像经济效益（销售额、利润）、社会效益（品牌影响力、市场影响力）、潜在效益（市场的扩张、新品的推广）等，因此，在分析客户价值的时候，应当确定从哪些角度来判断客户价值的大小。

如果企业注重经济效益的提高，那么就会以客户在企业销售额、利润方面所作出的贡献为依据来判断客户价值。

如果企业将发展的侧重点放在企业的社会效益，即知名度上，则将客户为企业带来的品牌影响力、市场影响力的大小作为评判标准。

如果企业更加关注的是潜在效益，则将划分客户价值的标准定位于其对市场扩张程度和新品的推广数量影响上。

侧重点不同，评判方向也就大不相同。其实根据不同维度来判断客户价值的方法体现了企业的关注重点和发展方向，也体现出一家企业是否具有发展前景以及明确的发展规划。一家企业如果发展稳定、战略格局清晰，那么该企业关注的维度必然更加趋向于经济效益和社会效益两个方向。当然，企业要想实现精细化运营，关键还得对客户进行有效区分，这样才能使其在运行的过程中协调统一。

（3）确定价值客户等级

当企业明确了区分客户价值等级的标准以后，就可以对客户的价值进行等级划分，从而更好地指导差异化产品营销策略、价格营销策略和服务营销策略。具体的客户价值划分还得集合大数据实现。

① 利用数据分析为客户画像

• 网络行为数据：活跃人数、访问和或启动次数、页面浏览量、访问时间长短、激活率、渗透率、外部触点等数据。

• 网站内行为数据：唯一页面浏览次数、页面停留时间、直接跳出访问次数、访问深度、进入或离开页面、浏览路径、评论次数与内容等数据。

• 用户内容偏好数据：使用 APP 或者登录网站、时间或频次、浏览或收藏内容、评论内容、互动内容、用户的生活形态偏好、用户的品牌偏好、用户地理位置等数据。

• 用户交易数据：贡献率连带率、回头率、流失率、促销活动转化率、唤醒率等数据。

② 对数据源进行分类

构建用户画像的目的就是为了还原用户信息，对用户的相关数据进行分类，主要采用封闭式分类的方法。例如按照客户价值对客户进行分类，可将客户分为高价值客户、中等价值客户和低价值客户，所有的子分类都构成了全部客户的一个大集合。

这样对客户进行细分，可以在后期帮助企业对当前遗漏信息等进行更迭和补充，并且不用担心是否已在结构上将所有的分类层次都考虑进去，因此不存在因部分遗漏而造成的隐患问题。

2. 对不同等级的客户实施差异化策略

客户价值有高低之分，与此同时，企业也受到资源限制，因此企业需要按照客户价值等级有效分配资源，从而达到最佳的投入产出比例。明确客户价值的分布范围和特征，可以帮助企业更好地制定出相应的市场战略，为企业进行客户维护、营销和拓展奠定基础，如图 3-10 所示。

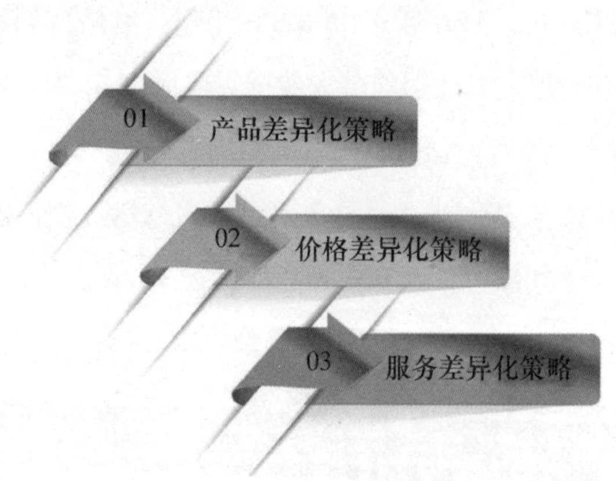

图 3-10　实现差异化策略的 3 个方向

（1）产品差异化策略

产品差异化策略主要是在产品质量和性能两方面实现差异化。根据客户价值特征为其提供差异化产品有以下两种好处。

① 可以合理利用企业资源，扩充和丰富产品种类，不但缓解了企业竞争压力，还给企业带来竞争优势。

② 可以满足具有不同价值的客户需求，促进企业销量的提升。

（2）价格差异化策略

价格差异化策略是照顾不同客户的资金条件而实施的一种理性策略，既可以满足那些经济条件优越的客户的需求，又可以照顾到资金条件略差的客户需求。同时，价格差异化策略也是由产品差异化决定的，产品用料的多少和产品性能的高低直接决定了产品价格的高低。

三星手机在产品设计上就采用差异化策略，三星产品中高配置的型号如三星Note系列，其产品性能都较普通型号好很多，因此在售价上也比其他普通型号的手机高。三星手机因为产品的差异化实现了价格的差异化，使很多想用三星品牌，但是又买不起高价位三星手机的人同样可以拥有和使用三星品牌手机，价格的差异化使得这些人满足了对三星品牌的使用需求。

（3）服务差异化策略

服务差异化主要是指服务体验差异化，比如对高价值客户提供免费售后服务，而对普通或低价值客户在提供售后服务的时候可以适当地收费，按流量收费就是一种很好的服务差异化策略。

3.3.2 精准挖掘潜在客户的12种方法

在营销过程中，尤其是互联网时代下企业的营销过程中，产品客户群定位是关键。企业只有明确了自己的产品所适合的客户对象，才能在为客户提供产品和服务的时候做到有的放矢。企业需要将寻找对自身产品和服务感兴趣的用户作为营销的关键性任务，当然，这也是企业进行营销推广的前提。掌握潜在客户的挖掘技巧，可以帮助企业快速找到更多的客户，这是企业实现成功营销的基础。本节将详细介绍12种精准挖掘潜在客户的方法，如图3-11所示。

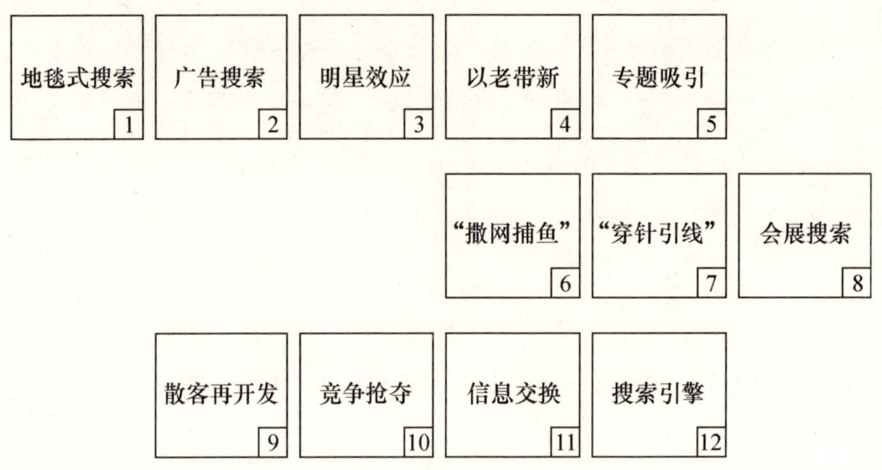

图 3-11 精准挖掘潜在客户的 12 种方法

1. 地毯式搜索

地毯式搜索就是企业进行全方位的搜索，通过各种方式来（派发宣传单、问卷调查、互动、记录搜索等）了解客户。这种搜索通常分为两种，一种是主动式搜索，另一种是被动式搜索。

（1）**主动式搜索**：即在客户购买产品的过程中填写的个人资料、与客服交谈中透露的个人信息等，企业通过收集这些数据信息，并进行深入分析，得出客户的购物喜好等，可以帮助自身更好地为客户服务，让客户成为企业忠实的客户。

（2）**被动式搜索**：即企业在搜索引擎中获取客户的搜索记录、商品浏览记录、购买记录、支付记录等数据，将其汇集在一起，经过分析提炼，将该客户的行为习惯的大概情况描绘出来，并对该客户未来可能进行的购买行为进行预测，进而引导其购物，让其成为企业真正的客户。

无论是主动式搜索还是被动式搜索都是通过对那些并无头绪的大量信息进行分析、筛选，从而选中有价值的数据为企业精准地找到潜在客户。

2. 广告搜索

广告搜索即利用各种广告媒体渠道来搜索潜在客户。利用广告媒体搜索的方式多种多样，如二维码搜索。

可以在广告下方设计二维码，通过扫描二维码就可以利用 APP 添加客户，但凡主动扫描添加的客户都是对产品和服务感兴趣的客户，这些客户就是企业想要寻找的潜在客户。

一家名叫“邻家女孩儿”的服饰店为了广泛寻找潜在客户，推出了“爱可乐，爱邻家女孩儿”的活动。路过的行人只要扫一扫邻家女孩儿的二维码，就可以通过 APP，成功关注邻家女孩儿的微信公众平台，即可获得一瓶可乐。关注者可以通过二维码获得邻家女孩儿的最新服装信息，这种方式可以将关注者在无形之中转化为潜在客户。

---

3. 明星效应

借助明星效应指的是让明星成为产品的代言人，通过明星的巨大影响力吸引其粉丝参与互动，利用购买产品馈赠明星签名的方式来炒作产品，最终将明星的粉丝转化为产品的潜在客户。产生明星效应的明星一定要有巨大的影响力才能帮助企业更好地实现潜在用户的挖掘。

2016 年 3 月 25 日，周杰伦签约唯品会 CJO 首席惊喜官，持续为唯品会的 1 亿会员打造惊喜的购物体验。唯品会之所以选择周杰伦签约，看中的就是周杰伦在娱乐圈中的人气，以及其多年来在娱乐圈打拼所聚集的庞大粉丝团。通过周杰伦的加盟来拉动粉丝经济，将众多周杰伦的粉丝转化为唯品会的铁杆粉，从而达到将粉丝转化为潜在粉丝的目的，并最终将其升华为忠诚粉丝。

---

4. 以老带新

以老带新就是利用老客户的人脉和关系链来带动新客户的加入，这是一种实现市场拓展的有效方式。例如，企业的两个老客户每人发展 3 个新客户，这样两个老客户带来 6 个新客户，这 6 个新客户又产生 18 个新客户，. 这种方法往往见效快，而且发展而来的新的潜在客户比较稳定。

在具体操作的时候，可以呼吁新老客户及粉丝推荐好友加入微商群，并发红包作为回报。凡是有客户或粉丝推荐其好友加入微商群，并附截图，便可获得不定金额的红包作为报酬。

5. 专题吸引

这种方式就是通过开展专题讨论会的方式来吸引潜在客户。大多数前来参加有关产品专题讨论会的听众往往是对产品感兴趣的人，这些人实际上就是企业寻找的潜在客户。

6. “撒网捕鱼”

在营销过程中很多企业往往会利用“大数法则”，所谓大数法则就是企业所掌握的潜在客户数量越多，成交的机会就越大，企业盈利就越多。因此，企业在拓展一个新的业务、销售人员在开发新的区域的时候，要注重全面“撒网捕鱼”，“渔网”放下去，总会有你需要的“品种”，即寻找的潜在客户。

7. “穿针引线”

这里讲的是利用中介的客户资源帮助企业寻找潜在客户。中介手中往往掌握了大量的客户资料，从这些资料中就可以发现企业所需要的潜在客户。将中介的客户资源引入到企业的潜在客户群中，是一种非常省时省力的挖掘方式。这里的中介就起到了一个很好的桥梁作用。

8. 会展搜索

会展本身就具有针对性、广泛性、群众性等特点。在举办会展的时候，必然会吸引众多企业上下游产业链上的企业，包括原材料供应商、经销商、采购商、潜在客户等参与，会展参与者的密度越大则潜在用户的人数就越多，如果企业善于发展和利用会展中隐藏的商机，将会为企业获得潜在用户带来事半功倍的效果。企业可以在会展设立与会人员登记处，让前来参加会展的客户进行现场登记，方便获得想要的客户资料。

拿阿里巴巴的电商企业来讲，当前阿里巴巴拥有将近800万个商家，但是，不少商家发现当前存在一个巨大的问题，就是单纯依靠线上进行促销、折扣、优惠等活动方式已经很难再增加流量了，并且转化率也难以提升。举个例子，如果一位男士想买一套篮球运动装，而在平台上看到的却是诸多女性化妆品广告，那么这则广告的点击率就小之又小，几乎为零。在阿里巴巴平台上的800多万个电商中，真正能够大幅吸引客户成为其潜在客户的为数并不多，因此很多企业开始将注意力转向线下的传统钻石展位或者在搜索类投放，这种方式虽然看似毫无定向，但却由于会展的内容更加有针对性，因而会吸引针对该类产品参展的客户，这也就为电商企业寻找庞大的潜在客户奠定了基础。

---

9. 散客再开发

很多时候，散客存在一定的时间、物流、资金等成本问题，因此在对散客进行开发的时候往往没有太大的价值，将其作为潜在客户来寻找得不偿失；但是如果能将这些散客聚集起来，则收到的效果是显而易见的。聚集散客进行开发节省了诸多成本，一次性开发原先那些没有太大价值的客户，就可以将其进一步升级为潜在客户。事实上，这种散客再开发有一种“变废为宝”的意味。

10. 竞争抢夺

企业在市场中运营本来就是一种与其他企业竞争的争夺战。潜在客户也属于企业间相互竞争的一个方面。竞争对手的客户往往就是企业自身的潜在客户，如果能够将竞争对手的客户挖掘过来成为自己的潜在客户，则将大幅提升自己的竞争优势和市场占有率。

（1）了解对手缺点

不打无准备之仗。要想战胜竞争对手，就必须事先摸清竞争对手的软肋，这样才可以在抢夺其客户的时候做到有的放矢。

（2）了解对手客户

客户是企业的命脉，也是企业竞争的核心。因此，要充分了解竞争对手客户的特征，包括购买喜好、购买习惯、产品需求、服务需求等各方面，这样才能知道在抢夺竞争对手的客户时应当采取什么样的战略，进而一举将其拿下。

（3）巧用自身优势

工欲善其事，必先利其器。要想抓住对方客户的“芳心”，必须依靠自身优于竞争对手的产品和服务才能取得成功。因此，要事先分析自身与对手相比有哪些吸引其客户的优势，比如价格优势、服务优势等。

（4）巧用利益诱导

提出一些足够吸引人的利益来诱导竞争对手的客户，让其逐渐从竞争对手的客户群中跳出来，进而转为自己的潜在客户。通常利益诱导的方式有发放红包、购物券、优惠券、满减券、折扣、买赠等。

11. 信息交换

信息交换的方式可以说是不费吹灰之力就可获得潜在客户信息的一种方式，这是一种资源共享方式，也是一种高效获得潜在客户的互利互惠的方式。

12. 搜索引擎

利用搜索引擎进行关键词搜索，获得的客户也是有价值的潜在客户。搜索引擎包括行业网站、网站博客等。

3.3.3 如何增加品牌互动率、曝光度、关注点

互联网时代，品牌意识是一家企业成长必须具备的，拥有强烈的品牌意识可以使企业朝着目标最大化的方向努力，只有久负盛名的品牌才能深入人心，提升了品牌意识也能提升企业的知名度，进而提升企业的销量，使企业获得更多的利润。提升名牌知名度的3个关键点在于增加品牌的互动率、曝光度和关注点。

1. **互动率**

（1）线上

利用微信、微博等渠道实现互动，具体方式如下。

① 兴趣话题引起互动

兴趣话题往往能够吸引客户的注意力，并使其愿意参与进来进行话题讨论。寻找兴趣话题应当注意以下几点。

- 站在顾客的立场上提出让顾客感觉舒服的话题。
- 从当下热点话题、新闻事件、名人轶事出发。
- 将大多数人感兴趣的事物作为切入点。

② 为顾客需求问题提供解决方案

商家应当经常站在顾客的角度，多收集一些他们所关注的重点问题，然后结合品牌产品的功能、特点，寻找相关的解决方案。解决方案可以通过微信好友的朋友圈或者顾客的朋友圈用转发的方式让更多顾客或者潜在用户看到，并且广泛征求顾客的意见和建议，实现商家与顾客之间的互动。此外，在寻求解决办法的同时，顾客也进行了参与，因此会有一种强烈的参与感，并且顾客也会因为商家站在自己的角度为自己的利益问题考虑，进而真正体验到“顾客是上帝”的感觉。这样做不但增进了商家与顾客之间的感情，也提升了顾客的满意度，提升了顾客的重复购买率，可谓一举多得。

③ 转发顾客对商家的评价

如果有大量的顾客评价，说明顾客是真的发自内心地关注与重视商家的成长。对于一些好的评价，商家要在客服群中进行转发，鼓励客服继续保持，从而吸引更多的人前来购买产品。对于一些差评，商家更要在客服群中大力转发，督促客服积极接受并及时改正，从而提升服务质量，最终以更好的服务质量和产品质量来回报顾客，实现客户与商家的双向互动，增进彼此感情。

④ 面向顾客进行需求调查

如今，人们的生活水平越来越高，对于生活的要求已经从原来的生活质量上升到了生活品质层面，因此，人们对于生活用品的需求也提出了更高层次的要求。为了能够满足广大顾客的需求，商家要定期面向顾客进行需求调查。通过需求调查才能发现近期市面上销售量最高、顾客最需要的产品是什么，从而根据市场实时变化来提升品牌产品质量、拓展品牌产品种类，避免因信息闭塞而导致落后甚至被淘汰；这样做同时也能够满足顾客需求，实现商家与顾客之前的情感共鸣。因此，顾客是最好的信息源，通过互动可以从顾客那里获得更多、更新的市场信息，从而帮助企业定制更加精准的品牌策略。

2015 年中秋节将至时，做微商经营糕点的王强突发奇想，在朋友圈面向顾客做了一次“中秋节需求调查”。由于在外打工族离家太远，无法回家和父母一起过中秋节，其通常买很多月饼礼盒寄回家，但是家里的父母都上了年纪，月饼吃多了不易消化，所以，给父母买回去的月饼通常还没有吃完就已经放坏丢掉了，这样容易造成浪费。

王强做这次需求调查的目的是通过调查发现更多、更新奇的能够替代中秋月饼的产品。他向广大顾客征求意见：什么产品既能体现自己对父母的孝心，又不容易放坏造成浪费？王强同时承诺本次活动为“悬赏调查”——最受好评的产品方案将获得相应的糕点奖赏。

王强的这次调查在短短的三天时间里就吸引了超过600位微信用户和顾客的响应，并收获了大量十分有价值的答案。活动的第四天，王强把这些截图加上10个大家推荐指数最高的产品又发了一条朋友圈，让大家投票选出前三名。入围前三甲的用户可以获得精美糕点礼盒一份。

王强的这次“需求调查”成功吸引了众多人前来参与，朋友圈日点击量非常高。此举不但激活了微信好友，也维护了其与顾客之间的关系，更重要的是提升了自己和店铺的知名度，吸引了更多人前来购买糕点，使店铺营业额暴涨。

---

⑤ 对顾客评论给与及时反馈

顾客评论往往能够真实反映品牌产品的实际情况，对于赞美性的评论，应当继续保持；对于贬低性评论应当及时给与信息反馈，并且对产品的不足之处及时进行改进和完善，重拾品牌美誉度。

（2）线下

线下互动往往会受到时间、地域的限制而有所不同。

① 同城互动

同城互动的优势在于同在一个区域，便于组织互动，基本上可以做到随叫随到。基于这个优势，商家可以定期组织活动进行互动，如简单的聚餐、出游等，从而增进与客户之间的关系，让客户成为铁杆粉。

② 异地互动

异地互动的时空限制比较突出，因此，商家可以提前预约，组织粉丝见面会、旅游等活动来拉近与客户之间的感情，为打造未来营销道路上的消费主力军做铺垫。

③ 线下实体店体验互动

专门在线下开辟体验专区，客户不但可以在线上了解产品信息，还可以进入实体店亲身感受产品性能，从而拉近客户与品牌之间的距离。实体店产品和服务所带来的良好体验感，更加容易激起客户的购买欲望。

大家都知道知名护肤品销售商屈臣氏，当顾客进入店内，其热情的导购人员就会非常主动且面带笑容地询问顾客想要什么样的产品。当顾客在某个产品区域徘徊时，导购人员就会观察顾客的皮肤状况为其推荐更加适合的护肤产品。这样热情的推荐和询问实际上就是通过与客户之间的互动给客户带来良好的服务体验。

与客户进行互动的时候，还应当注意，互动的内容应当具有以下几个特点才能更加提升客户的参与性。

（1）神秘性

人们往往怀有一颗强烈的好奇心，对于神秘的事情会不自觉地产生一种探究行为。因此在进行互动的时候，也应当让互动内容具有神秘性，这样才更能激发人们的好奇心，使其迫不及待地想知道是什么。

（2）娱乐性

枯燥单调的互动往往让人没有参与的欲望，如果能在互动过程中适当地增添娱乐性，则产生的效果大不相同。

（3）奖励性

参与有奖的方式就是一种带有奖励性的互动，通过利诱可以激发人们参与的积极性。

2. 曝光率

提高曝光率的方法如图 3-12 所示。

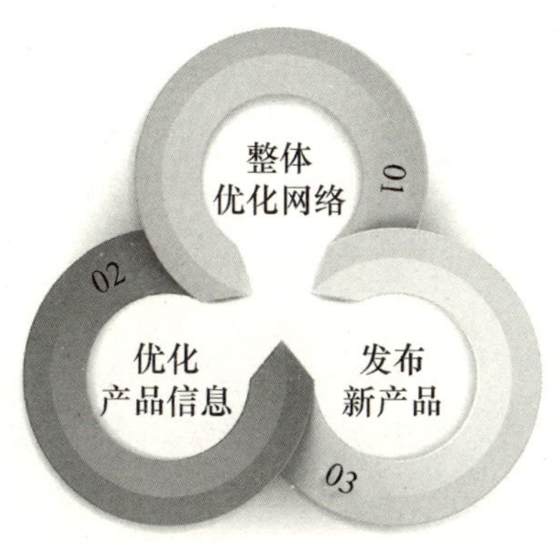

图 3-12　提升曝光率的方法

（1）整体优化网站

① 丰富网站内容

网站可以说是连接商家与客户的门户，网站的内容只有具有一定的丰富性才能吸引买家的关注，如果内容单一枯燥，买家则会如走马观花般地一扫而过，根本不会驻足关注。

当前，在线消费的密度日渐增加，各种品牌都纷纷利用线上销售业务的优势，通过提高曝光率来增加自己的知名度和美誉度。像 Burberry、Coach、Gucci、Ralph Lauren、Michael Kors、Kate Spade 和 Tory Burch，这些知名的大牌也都向线上突围。这些品牌借助综合分析网站、电子商务、社交媒体、数字营销等方式来提升自己的曝光率。以 Gucci 为例，在 2015 年 10 月，Gucci 重新推出其北美网站，并且在网站上添加了更多精致的图像和更多的内容向消费者展示自己的产品优势，以提高消费者对品牌的参与度，从而增加品牌的知名度。

---

② 增加网站原创内容

网站内容一定要与你的话题相贴合，并且还需要配上相应的图片以及微信二维码。图片的作用就是第一时间抓住人们的眼球从而增加关注度；微信二维码的作用是方便人们以后想主动加你为好友。此外，要养成一种更换文案的习惯，保证网站总有新的文案。还应注意，文案一定要有原创性。

③ 在搜索引擎中能找到你的网站

在建立网站之后，首要做的就是让搜索引擎收录你的链接，而不是先去找高质量的链接。现在，很多大型网站都有自己的收藏夹，像谷歌、百度、360 搜索之类的网站就有收藏夹，可以将自己的网站收藏到其中。

（2）优化产品信息

① 充分利用信息排名以及相关功能

分时间段重复发送产品信息，将关键词与产品实现精准匹配，并申请诚信会员、或者诚信保障服务体系，这样你的产品信息就能排在最前列。做好信息排名还应当注意以下几点。

- 信息内容质量要高，至少达到三星级或三星级以上。
- 及时更新、重发内容，以便让更多的人看到。
- 将你认为的重点信息设置成为优先展示的信息。

② 利用好社交软件的人脉关系

博客、微博、微信、论坛等都可以通过关系网帮助你扩大品牌和企业的知名度和影响力，具体可以利用发帖、发朋友圈等方式实现。如果你的关系网中有各方面的网络大咖，那么这将对你的品牌和企业起到极大的宣传作用，提高曝光率也是自然而然的事情。

（3）发布新产品

① 标题

标题要精简，有吸引力，要根据产品的特点发布。同时还应注意，在做标题的时候不要忽略关键词的选择，关键词精准到位，则有助于买家实现精准搜索，使其更容易发现你。

② 展位

在选择展位的时候一定要选择黄金展位，这样可以提升被点击的机会，另外新品发布的时候要结合精美图片和出色的文案来展示产品的核心卖点。

在对品牌进行曝光的时候，应当注意以下几个特点才能达到吸睛的目的。

- 创意性

缺乏创意性的曝光方式和内容会给人一种乏味的感觉，更不会让人产生继续往下看的欲望。创意满满的曝光内容则更加符合当前创新时代的要求和特点。

- 价值性

通常来讲，价值性高的东西往往能更大程度地满足人们的物质和精神需求，因此这样的活动也更加容易吸引客户参与，进而提升品牌曝光率。

3. 关注点

（1）迎合消费者的心理

要想提升品牌关注点，企业首先就得弄清楚消费者的心理需求，如在产品的包装设计、产品质量、功能功效等方面有什么样的要求，之后根据消费者需求来对产品进行改进和完善，这样在满足消费者心理需求的同时也吸引了消费者的关注。

（2）增加创新产品

互联网时代是一个创意横飞的时代，在信息技术、云计算、大数据、物联网的推动下，各种创意产品层出不穷，如果你的产品还处于保守、老套的外观形式、功能效用之上，那么必将面临淘汰的处境。只有将独到的创新意识融入到产品的研发过程中，才能将消费者关注的目光重新拉回来。

关注点的第一要点就是能够吸睛，能够抓住大众眼球的产品必然能够增加关注度。在创新产品的研发过程中，还需注意以下几点。

① 实用性

产品创新固然是可以抓住消费者吸引力的，但是创新产品没有多大的实用性，消费者也未必会买账，或许只是因为一时好奇关注下，会不会购买还不一定。

② 价值性

价值性问题是一个常被提及的问题，无论产品多么有创意，能够体现出其巨大的使用价值，能够为消费者解决使用需求的产品才是更具价值的产品。

③ 个性化

产品同样也需要鲜明的个性，这样才能像个性鲜明的人一样在众多品牌中一跃而出，给人一种耳目一新的感觉。因此，具有个性化特征的创意产品更能吸引人们的关注。

3.4 运营优化系统的 5 个架构：杰出领导、卓越经营、有效营销、财务管理、顾客忠诚

在互联网时代，企业运营系统是否实现优化，决定了企业的发展前途和未来的命运。运营优化系统主要由 5 个架构组成，如图 3-13 所示。

1. 杰出领导

领导者往往起到总揽全局、掌风使舵的作用，领导者是否能够对整个企业运营运筹帷幄，决定了一个企业未来的命运和发展方向。因此，作为杰出的领导人应当满足以下几点要求。

（1）具有整体运营的把控能力。

（2）具有人力资源规划、企业运营规划、工作分析、职能界定与描述的能力。

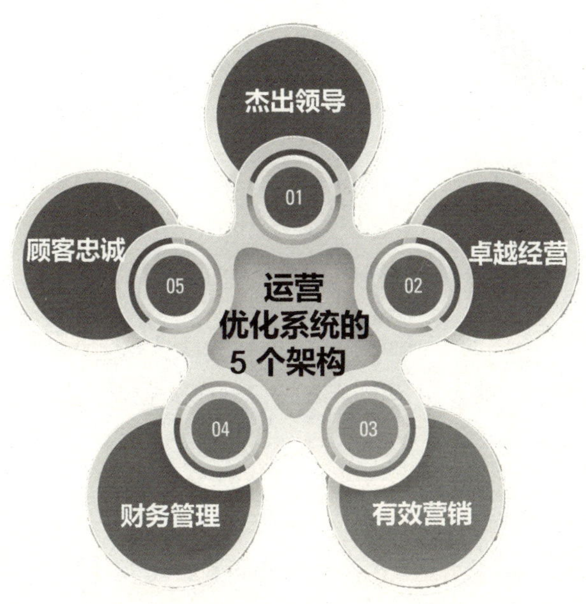

图 3-13 运营优化系统的 5 个架构

（3）能够帮助企业运营迈向规范化、流程化的能力，同时要具有一定的随机应变的能力。

（4）要具有高瞻远瞩性，对企业未来的发展方向和市场发展趋势有颇高的见地。

（5）能够自我超越，做全体员工的表率。

（6）具有良好的沟通能力，能够巧妙应用沟通策略，无论对内的员工激励还是对外的商务洽谈都能够展现出良好的人格魅力。

2. 卓越经营

腾讯 CEO 马化腾曾经说过这样一句话："互联网加一个传统行业意味着什么呢？其实是代表了一种能力，或者是一种外在资源和环境，是对这个行业的一种提升。"诚然，互联网帮助整个行业提升的同时，也对行业中各个企业的经营提出了新的要求。卓越经营成为企业良性运营的基础。

（1）供应链管理

供应链可以说是整个企业运营的“脊柱”，在“脊柱”上的各个节点共同有序运转才能保证供应链的完整性、连贯性，才能更有助于企业降低成本，增加盈利。在互联网时代背景下，供应链也必须实现创新和升级。

① 提高客户需求响应速度

越来越多的企业注意到快速满足客户需求可以增加市场竞争优势。因此，借助互联网可以将企业的供应链透明化，并且有效整合供应链上的各种资源，为客户需求做出快速响应，使客户需求得到快速满足，从而增加客户黏性。客户数量的增加就是企业竞争力提升的最好筹码。

在互联网融入各行业发展并改变行业经营模式的背景下，鞍钢集团为了能够顺应当前的发展趋势，也在2015年建立了鞍钢电子商务平台。为了更加深入地了解客户需求，鞍钢集团电子商务中心专门派相关的销售人员、技术人员去广州汽车零部件供应商那里进行现场交流，从中发现客户需求。鞍钢集团仅利用一个月的时间就完成了期货网上订货、生产进度跟踪、质量服务、物流信息跟踪等全部功能的开发。如今客户可以直接在鞍钢电子商务平台上选购产品，销售人员根据订单快速完成订单生产，客户还可以在鞍钢电子商务平台上自助查询生产进度、运输状态等，客户从下订单到收货的整个过程都能够被快速响应，并且十分高效、快捷地完成。对于鞍钢目前提供的方便、快捷的服务，客户都表示非常认同。

---

② 优化供应链成员

供应链上成员的数量和类型决定了供应链的复杂程度。利用互联网可以实现供应链上各成员之间的信息共享，并将这些信息有效整合、评估，筛选出更加符合企业发展要求的高效成员，建立统一的业绩标准，对供应链上的各个环节进行实时监控，保证供应链各个环节高效运行。

③ 供应链搭载智能化、信息化

供应链的每个环节都是环环相扣的，牵一发而动全身。将互联网应用于供应链的管理当中，可以对各环节上的产品原材料、生产过程、运输过程等进行识别和跟踪，实现智能管理，可以随时了解产品信息，如果发现哪一环节没有达标，可以通过互联网的传输性能发出警报，对该环节的产品重新“回锅再造”，从而保证产品质量。

（2）产品设计与研发

产品是连接企业与消费者的关键点，因此做好产品这一环至关重要。互联网时代，产品设计与研发都应当“以客户为中心”进行。

① 用户参与

互联网的出现打破了以往企业的管理边界，使得用户也加入到产品的设计与研发当中，变相成为了企业的员工。基于用户参与的产品设计与研发更加符合用户需求。

② 单点突破

所谓单点突破就是要舍弃“面”，更多地将产品的研发和设计放在“点”上，在单一点上如果能够突破，有所创新，能够体现出个性化特征，才能将产品做大做强。

③ 快速高效

“天下武功唯快不破”，这句话同样适用于企业的经营过程中。在互联网短、平、快的特点下，企业外部环境也日益复杂，如果企业还不能加快产品更迭速度以适应当前消费者需求日益变化的局面，那么企业的发展将面临很大的威胁。

（3）生产制造

生产制造的过程中应当以降低成本、提高效率、减少库存等为原则，总之一句话就是“花最少的钱和最少的时间赚取最大的利润”。互联网的深入发展，已经改变了传统的生产制造模式，使其向更加智能化的方向转变。

① 协同创新

借助互联网可以实现资源的有效整合，通过资源共享、信息共享、技术共享等形成跨行业、网络的协同创新，从而保证创新得以实现。这样不但保证了单方企业创新产业的发展，还极大地提升了行业创新的质量和效率。

② 智能制造

工业互联网的应用使得工业产品在生产制造过程中实现了传感器和网络设备之间的相互连接。

· 在机器方面，软件技术提高了机器设备的智能性。

· 在车间方面，机器设备之间、机器设备与人之间的互联互通，不仅提高了机器的相互通信和协作的能力，也实现了人与机器之间的交互，在便于生产管理的同时也推动了生产制造的数字化、网络化和智能化发展。

③ 个性化定制

传统的产品生产是不论数量、外观还是功能都按照制造业企业的主观思想来进行，以至于大规模生产出来的产品对于消费者来说却差强人意，使其勉强接受，而结果制造业企业往往会因此而生产过剩。进入互联网时代这种情况则大有改观。基于互联网的免费优势，制造业企业与用户的沟通成本很大程度上降低了，同时，制造业企业可以对用户的需求做出快速响应，也能够快速满足用户的个性化需求，大规模个性化定制成为当前产品生产的潮流，从而有效地降低了库存成本。

海尔为了进一步加快实现大规模个性化定制生产，建立了以互联工厂为战略基础的众创汇交互定制平台，该平台建立了用户、设计师、全球资源零距离交互设计的全新生产模式。在 2015 年 11 月 7 日举办的沈阳“厂开趣定

制”活动中，海尔与国际娱乐动漫巨头迪士尼展开跨国合作，吸引了众多迪士尼动漫粉丝走进海尔互联工厂，体验海尔升级后的“众创汇”交互定制平台，通过他们的亲身体验来体现海尔以用户需求为基础的创新理念。

（4）物流管理

物流是打通与客户“最后一千米”的关键一环。互联网物流将配送路线、全国仓储通过物流信息平台有效连接，形成立体式物流模式，即“互联网＋物流”模式。借助互联网的开放性，互联网物流不受地域限制，待消费者下单后，货物可以从离消费者最近的仓库配货并完成配送服务，物流效率得到了很大的提升，同时长途跋涉造成的物流成本也降低了。

3. 有效营销

实现有效营销是互联网企业长足发展必需的一个手段。企业实现有效营销需要从以下几个方面入手。

（1）制定精准的营销方案

精准的营销方案能够更好地引导企业明白：**“我能做什么”“我需要做什么”“我应该怎么做”**。通常，一份完整的、精准的营销方案应当包括以下3个方面。

① 营销环境分析

分析当前大的市场营销环境，可以帮助企业更加客观地制定营销方案，帮助企业从真实的角度出发，制定营销方案。营销环境分析包括分析当前的经济环境特征、商业环境特征、目标客户群特征、行业发展趋势、竞争形势特征、通路渠道等。

② 制定营销目标

营销目标包括长远目标、近期目标、销售目标、利润目标、竞争目标等。营销目标的制定一定要具有科学性、切实可行性，虚无缥缈的目标是没有任何价值的。

③ 营销目标达成方法

达成营销目标主要是要结合可行的营销思路来进行，营销思路清晰化、结构化，才能有效实现营销目标。

（2）借助口碑营销

口碑简单理解的话，其实是一种基于人际传播而形成的评价。社会化媒体，像微信、微博、QQ 等都是实现口碑营销的有效渠道。做好口碑营销应当从以下几个方面入手。

① 用产品质量说话

俗话说“酒香不怕巷子深”，产品质量的好坏直接决定其口碑的好坏。因此，质量是不容忽视的因素之一。只有质量过硬才能在营销过程中有底气。

② 做好服务

互联网时代下的企业营销已经转变为体验为王，服务质量的好坏决定了体验满意程度的高低，好的服务态度也是建立好口碑的条件之一。

（3）加强自媒体营销

自媒体营销也是互联网时代借助微博、微信、官方网站进行的一种有效的营销方式。做好自媒体营销应当抓住以下几点。

① 找准传播平台

做自媒体的传播平台有很多种，如 QQ 空间、百度百家、社交论坛、微信朋友圈等有大量人员聚集的地方，只有在这里才能获得更多人关注的机会。

2016 年年初，网络自媒体红人 papi 酱走近网络，papi 酱成为当前新媒体创业者中继罗振宇之后的第二红人。papi 酱主要是以发布视频短片为主，并且在做视屏短片的时候采取多平台分发的思路，像优酷、爱奇艺、腾讯视频、

秒拍等平台上均有 papi 酱的短片。2016 年 3 月 14 日白色情人节那天，她发布的一则《男性生存法则第四弹》，阅读量在当天已经超过 105 万次。papi 酱之所以能够这么红的关键：抓住当前社会的热点话题迎合大众心态；发挥自身特长优势；看准了被称为短视频元年的 2016 年顺势而为；借助短视频较图文成本低，易于传播的优势。总之，企业应当拓展思路，找准“自媒”方向，充分发挥可利用的资源优势，做好自媒体营销。

---

② 找准“自媒”方向

所谓“方向不对，努力白费”。因此，选择比努力更重要。做自媒体也一样，要找准方向。如果方向不对，那么即便你分享的内容再有价值，也得不到人们的关注，达不到“自媒”的目的。所以，要想成功地做好自媒体，就需要寻找忠实的粉丝，并且创造与他们互动的机会，给予他们价值回报，让粉丝主动为你宣传，只有这样才能成为一名成功的“自媒体人”。

③ 学会讲故事

讲故事谁都会，但是如何讲一个生动、感人、能让大家记住你的产品的故事，是企业成功实现自媒的关键。要想使自己的品牌能够快速传播、深入人心，用讲故事的方式就可以达到事半功倍的效果。故事情节可以将产品的个性、特征更加形象、生动地传递给大家，并使大家记忆深刻。

4. 财务管理

互联网为各行业带来转型的同时，也给当前企业的财务管理模式带来了很大程度的影响，使得财务管理模式发生了巨大的变革，主要表现在以下 5 个方面。

（1）利用互联网实现财务数据更新。

（2）财务人员对工作配套的依赖性降低。

（3）开支大幅节省，更多的资金用于产品的研发以及各方面的管理上。

（4）财务实现了共享。信息技术平台和共享服务平台的建立，保障财务共享的实现。财务共享使得财务与业务之间的联系更加紧密，从而也推动了其一体化的进程。

（5）基于互联网的财务管理模式有效地控制了财务风险，也实现了财务管控的精细化，为企业的财务管理带来了创新。

5. *顾客忠诚*

提升顾客忠诚度可以说是企业保持长期盈利的重要因素。客户忠诚度的培养是需要下一番功夫才能实现的。

（1）确定客户价值取向

通常，影响客户价值取向的因素不外乎3个：价值、系统、人，然而价值是最主要的因素。当客户感知到产品的质量、使用性能等有所欠缺时，往往会将价值取向定位于产品的价值。他们的期望值往往寄托于产品或服务上，当产品的质量低于其期望值时，他们就会通过价格的高低来衡量产品价值。

（2）制计忠诚度实施计划

“二八法则”永远都适用于企业的营销过程。通常企业的收入中80%来源于20%的客户。通过客户价值分析，在制定忠诚度计划的时候牢牢抓住这20%的高价值客户，并将重点放在这些客户身上。同时也应当采取差异化策略，要注意对普通价值、低价值客户的忠诚度培养。

（3）根据当前客户的忠诚度情况来制定提升办法

客户的忠诚度培养通常分为猜疑阶段、期望阶段、第一次购买阶段、二次（重复）购买阶段、免费宣传阶段。清楚地意识到这一点，就可以有针对性地制订提升忠诚度的方法。

（4）服务大于销量

销量是企业的最终目的，服务是实现目的必不可少的过程。因此，要想达到目的，就必须先在过程阶段打好基础。要以“服务大于销量”为原则，为顾客提供最佳的体验式服务，在优质的服务体验中获得内心的愉悦感后，客户才会进行二次（重复）购买，进而帮助企业一步步提升客户的忠诚度，销量问题也就不攻自破。

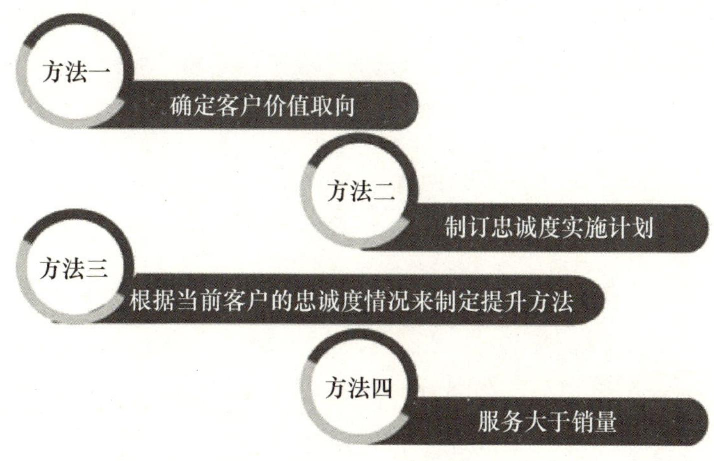

图 3-14　培养顾客忠诚度的方法

亚马逊公司为了提升客户的忠诚度，拟为客户提供一种“加速免费快递服务”，经过两个月的时间，亚马逊又推出了金牌服务——支付 79 美元年费的客户，即可以在全美范围内免费获得不限次数的两天送达服务。这一服务一推出，意味着以往被认为奢侈的服务已经成为了一种大众化的人人都可以享受的免费服务。这一服务推出之后，吸引了大批消费者，并将他们牢牢套住，使得亚马逊的网购销量超过其想象的范围。

案例：北京"黑暗餐厅"的垂直运营体系

自2006年乐港集团把"黑暗料理"引入亚洲之后，北京第一家名为"巨鲸肚"的黑暗餐厅连锁店成立了。该店一经推出之后，刺激了很多敢于尝新的时尚达人慕名而来。

"巨鲸肚"黑暗料理店依托创新的就餐体验吸引消费者前来亲身体验——在黑暗中就餐，一种绝无仅有的体验，也正是该体验使其俘获了众多消费者，为其带来了巨大的销售额。分析北京黑暗餐厅生意火爆的秘诀，我们发现其运营体系存在以下特点。

将像北京、上海这样繁华的城市作为连锁店的选址方向。另外，往往会选择商圈做比邻。将客户群定位于情侣，前来体验就餐的情侣可以有选择性地就餐，而且还会获得一份精美的礼物。店主会在5月20日为到店的情侣推出520"我爱你"套餐，除了情侣套餐之外还会赠送顾客玫瑰花。在所提供的套餐中还放入了像燕窝等高级原料，为顾客提供更加优质的食物。

综合分析北京黑暗餐厅的整体运营模式，我们清晰地看到。

在选址方面，将繁华商区作为选址目标并且与商圈比邻，原因是这里客流量比较大，人们的消费水平比较高，接受新鲜事物的能力比较高，可以精准地挖掘到更多的潜在客户。抓住了5月20日进行节日造势。这体现了一种基于情感的服务式体验。在套餐中放入高档原料，提升顾客用餐质量的同时，更加起到了很好的口碑营销作用。店名非常有创意，具有一定的寓意。寓意为在鲸鱼肚中寻求刺激，体现一种冒险精神。通过寓言故事来加强自媒体营销。

综合以上几点来看，其实北京"巨鲸肚"黑暗料理向我们展示的是一种垂直运营体系。在这种运营体系下，其不火爆都不行。

第 4 章

互联网时代盈利核心——组织效率系统

互联网时代，无论是传统企业还是互联网公司，变革已经迫在眉睫。诺基亚、摩托罗拉、惠普这些公司的死去，其实都是因为企业内部无法实现端到端管理，因此，衰老的机能无论对于人还是企业来讲都不利于生存与成长。要想重新注入活力，换血势在必行。对企业来讲，对其内部组织架构进行根本性变革，也是互联网时代企业盈利的核心问题。

4.1 量身定制 50% 盈利增长组织

核心内容展示

- 围绕 50% 盈利增长搭建目标系统
- 提高组织效率的路径切割
- 掌握达成目标的核心策略和执行动作

4.1.1 围绕 50% 盈利增长搭建目标系统

2016 年 2 月，茅台公司在其网站上公布了一条信息："元旦以来，公司上下抢抓'两节'机遇，乘势而上、精准发力抓生产、促销售，开年即呈现出产销两旺的良好态势，生产加班加点、库存几乎为零成为新年新常态。据快报数，茅台集团 1 月完成白酒销量同比增长 25% 以上；增加值同比增长 50% 左右。"

茅台是如何实现 50% 的盈利增长率的呢？关键在于其搭建的目标系统能让平台上的企业各部门之间相互合作、协调发展，从而充分发挥出企业的整体力量。因此，**在互联网的时代背景下，企业应当在内部按照组织结构将各个层级串联起来，从而形成与其息息相关的目标体系。目标体系是将企业内部庞大复杂的事情和行为进行可控性操作，从而激励所有内部成员高效实现组织目标**。企业目标体系搭建后，各个层级之间的关系可以用图 4-1 来表示。

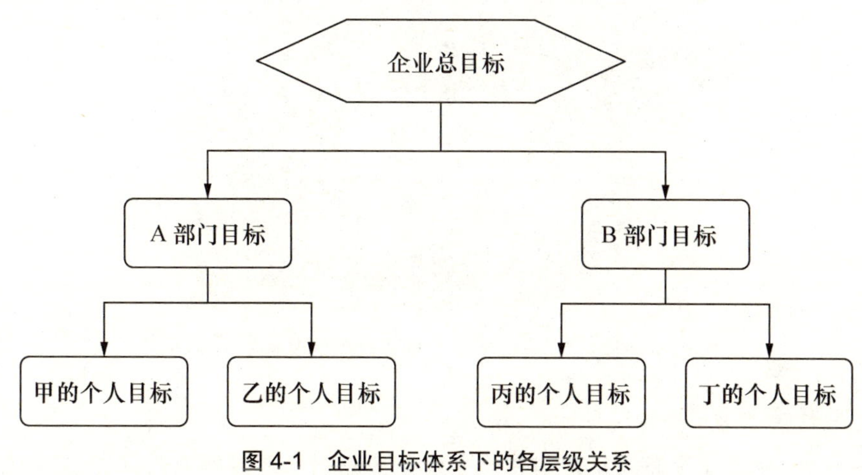

图 4-1　企业目标体系下的各层级关系

从上图中，我们看出，企业目标系统的构建是从企业最高部门的总目标出发，然后由上而下逐层确定目标，最终落实到每个员工身上。每一级目标的实现都需要借助一定的手段才能完成，并且按级顺推来进行，直到目标作业完成。简单来讲，**目标体系的搭建是按照从上到下的顺序进行的，目标系统的实现是按照从下到上的顺序进行的**。

目标系统在搭建和实现方面实际上是与组织结构相吻合的，其可以使每个部门都有自己明确的目标，每个目标都有专人负责。组织结构很多情况下都不是按照组织在一定时期的目标而建立的，这样就会出现一种差异性，即按照逻辑展开目标和按组织结构展开目标之间存在一定的差异性。这两种差异性具体表现为：站在逻辑的角度来看，一个重要的部门分目标却有时候找不到对其全面负责的管理部门，而组织中的有些部门有时候往往很难确定其重要目标是什么。在这样的情况下，企业就需要对其组织结构进行相应的调整，从而保证企业总体目标得以实现。

目标系统的搭建要具有科学性。科学的目标体系有助于企业总体目标的顺利实施。在建立科学的目标体系时应当注意以下几点，如图 4-2 所示。

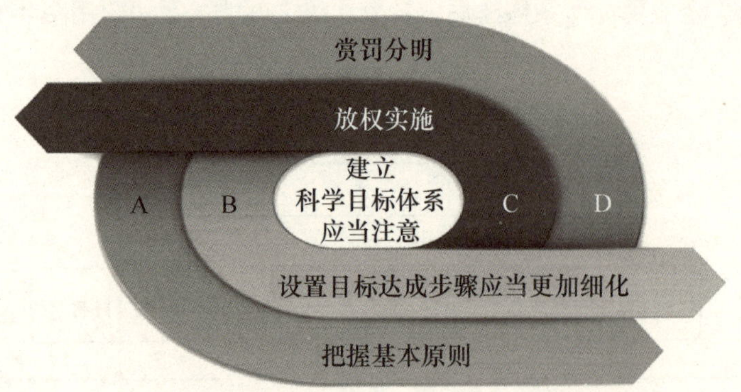

图 4-2　建立科学目标体系的注意事项

1. 把握基本原则

（1）**企业年度总目标应当符合企业总战略目标的发展方向**。战略目标通常是企业的中长期目标，而年度目标是短中期目标，短期目标实现才能推动中长期目标的达成。如果企业年度目标缺乏切实的工作内容和奋斗方向，那么企业将缺乏一定的发展核心，这样就会导致企业上下组织管理无序，不利于企业的整体发展。

（2）**总体目标需要具有科学性、规划性和全面性**。企业的总体目标体现的是企业所要达到的利润、收益、增值目标，与其相对应的是利润指标、成本指标、费用控制指标、风险把控指标等，同时也包括人员管理的绩效指标等。

（3）**目标要明确，要具有方向性和引导性**。制定目标的目的就是借助明确的工作规划指引企业员工的奋斗方向，并且引导其高效完成目标，达到提高企业组织效率的目的。

2. 设置目标达成步骤应当更加细化

（1）**高层管理目标设定时要与下级部门进行商讨**。沟通是一把很好的打开上下级关系的钥匙，企业高层在制定目标的时候，应当以协商的方式与下级部门进行沟通，在保证部门组织和各个成员之间目标顺利实现的前提下，保证总体目标的实施。因此，企业领导应当在制定总体目标的时候保持清醒的认识，组织目标的制定既要有挑战性，又需要保证组织成员能够完成调整。

某企业将“降低费用6%（节省5000万元）”作为该企业年度总目标。根据这个目标，企业各个部门将针对自身情况作出相应的目标规划，并且与企业总经理协商最终敲定计划。

生产部目标：降低制作成本4%，减少原材料的浪费，节省2500万元。

业务部目标：降低销售费用1%，节省1500万元。

运输部目标：降低运输费用1%，制定有效的线路规划，降低油耗，节省1000万元。

（2）**重新构建组织结构，并进行职责划分**。目标内容既然已经作为企业的整体规划而制定，就必须要有专门的部门和组织成员来保证其实现，因此，在遇到目标与组织机构不协调的时候，应当对组织结构做出相应的调整。从而保证目标与责任者之间关系的协调性和明确性。

（3）**确立上下级目标的协调性**。目标的实现要分别落实到每个员工身上，个人目标实现了才能保证企业部门、组织目标的实现。

3. 放权实施

明确的目标制定之后，就应当将权限下放，让每个员工充分发挥自己的执行能力，对目标的执行进行自我把控。这时候，上级领导的工作已经转移到全局把控上，对整体目标的实现进行指导、协助，而并不是事必躬亲。

4. 赏罚分明

对各部门的目标完成情况进行考核，对于那些在规定期限内出色完成目标任务的组织和部门应当给与相应的精神和物质奖励。评价、考核的方法可以灵活使用，像自检、互检或者派专门人员进行检查等方式都可以。

总之，目标系统的搭建并不是一件易事，能够实现 50% 盈利增长更不是件简单的事情。但如果能够遵循以上的科学的目标系统搭建方案，企业要想像茅台一样实现 50% 的盈利增长，也未必是件难事。

4.1.2 提高组织效率的路径切割

社会化生产推动了人与人之间的合作，因此，企业的发展需要全体成员共同努力合作、协助完成，只有这样，组织的作用才会日渐突出。在互联网时代，如何有效提高组织效率、完成组织目标、减少不必要的消耗，成为企业探讨的问题。总体分析，提升组织效率主要有以下 5 个路径，如图 4-3 所示。

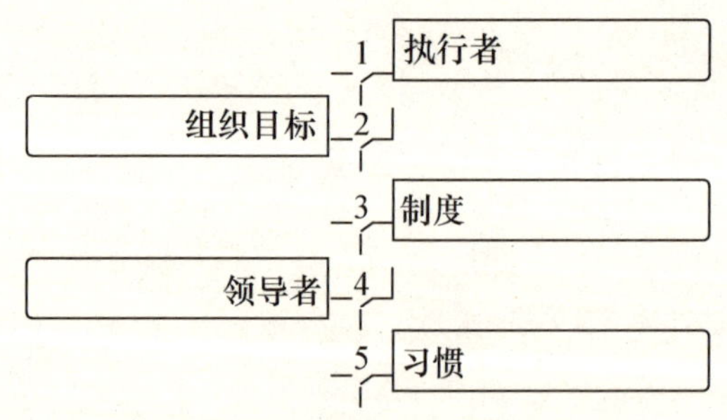

图 4-3 提升组织效率的 5 个路径

1. 执行者

企业组织效率的高低主要是由产生组织行为的执行者决定的，因此，执行者的分工与协作很大程度上影响了企业在每个环节上的工作效率。

（1）具备良好素质的人

互联网时代背景下，企业都趋向于要求知识型员工，知识型员工能够有效、精准地应用相应的技术工具来提升工作效率。但是，并不是在个人电脑、办公软件、知识管理系统、技术工具上花费的时间和精力、资金越多组织效率就越高，并能做出明确的目标系统。办公软件、技术工具等其实都是一种应用工具，关键还在于精准应用技术，这也是对知识型员工提出的最基本的要求。

（2）具备高尚思想认知的人

很多时候，能够将工作出色完成的人并不是头脑多么灵活、多么聪明的人，而是那些敢于吃苦、能够将企业工作任务看作自己的工作来完成的人，这样的人在工作的时候会把工作目标定位于如何才能将工作更好完成的层面上，只有具备这样的思想认知，才能将企业分配的工作高效完成。如果一家企业的组织团队中，每个成员都能带有这样的思想去工作，那么组织行为效率一定会很高。

（3）明确自身在组织中的作用

组织中的每一个成员都应当明确自己在组织目标中所担任的角色，以及在实现组织目标过程中所应当起到的作用。

2. 组织目标

组织目标决定了企业运行的方向，任何企业运行行为都是围绕组织目标进行的，组织目标的好与坏也在很大程度上决定了组织效率的高低。在制定组织目标的时候应当注意。

（1）是否具有可行性

只有可行性的组织目标才有实现的价值，才有可实现性，才有组织效率高低可言。组织目标在制定的过程中一定要考虑是否具有可行的方法和方案，否则在实现组织目标的过程中组织效率是没有任何意义的。

（2）是否切合实际

很多事情，一旦有人成功就会出现大量的模仿者；同样，企业也一样，如果有的企业在遵循自己制定的组织目标下成功实施方案，就会引来大批的模仿者。但是模仿成功与否的关键还得看是不是在借鉴他人成功经验的过程中结合了自身的实际情况。脱离了自身实际情况的组织目标，组织效率在实现过程中必然会大打折扣。

（3）是否具备必需条件

人力、财力、物力是支撑组织目标实现的基础，三者缺其一都会影响组织目标的实现。

3. 制度

俗话说："无规矩不成方圆。"因此，组织效率的提高也需要有一定的规章制度保障才行。

（1）监督考核

建立一整套健全的监督考核机制，有助于组织成员注重自身在提高组织效率方面的影响，从而有效提升组织效率。

（2）真实反馈

无论绩效考核结果是消极的还是积极的，都应当对组织成员进行真实的反馈，这样能够让组织成员明确不足之处，并加以改进，从而有效提高组织效率。

（3）利益分配

利益与行为实际上是形影相随的，利益驱动行为，行为产生效益。有效的利益分配机制能够激发员工的工作积极性，进而提升组织运营效率。

韩都衣舍在淘宝网已经连续4年创下了品牌销量第一的成绩。韩都衣舍创立初期，在搭建组织模式上进行了多种尝试，并选择了两种比较可行的方式来初步实践检验。第一种是传统的组织架构，企业下设采购、生产、研发、销售等部门；另一种是将每个品牌都划分为一个小组，建立小组机制，每个

小组由 3 人组成，无论是工作任务还是利益分配都明确落实到个人。按照两种模式，韩都衣舍试运行 3 个月，第一种模式在南区实行，第二种模式在北区实行。当时南区一下班员工几乎都走光了；北区的员工下班后依然加班加点。很显然，这种“分包到户”的方式更加激励员工的工作积极性。结果是显而易见的，3 个月之后，北区的业绩远远超过了南区。

（4）培养组织文化

建立组织就需要各个成员能够发挥自己的潜力和能力，相互合作、相互配合，增强组织的凝聚力，这种无形的东西其实就是一种组织文化。培养组织成员的组织文化，有助于提升成员对组织工作的认可，提高成员的工作热情，充分把组织的价值观融入其实际行动中去，提升组织效率，推动组织工作高效完成。

4. 领导者

领导在整个组织中担任的是整体统筹规划、运筹帷幄的角色。

（1）了解组织基本情况

一个领导者应当充分了解自己团队的基本情况，对下属的工作和其真实的心理想法了然于心，这样才能有针对性地对每位下属进行意见指导工作，才能更好地驾驭整个团队，充分发挥团队的合作意识，提升组织效率。

（2）对组织有强影响力

强影响力才有强号召力，这也是领导者必备的一种能力。凭借强大的个人魅力发号施令，才能吸引更多人追随，听从其调遣，从而有助于整个团队组织运转步调一致。

小米的成功，离不开其创始人的倾心投入。多年来，小米 7 位创始人通力合作，驰骋在 IT 领域。尤其是雷军，作为小米的 CEO，在小米最初成立

之前，雷军为了组建强大的优秀团队，半年时间中至少有80%的时间在找自己的合伙人。终于功夫不负有心人，他找到了七位非常厉害的合伙人，每个人都是技术出身，平均年龄为42岁，都具有相当丰富的经验，都管理过超过百人的团队。这7个人中，有3个是本地人，其他5个都是海归。这样“土洋”结合的豪华团队，具有非常一致的理念，并都对小米的创业充满了热情。也正是基于雷军的个人影响力，才组建了这个阵容强大的小米团队，才使得其他创始人愿意跟着雷军干，愿意听从雷军的调遣，才有了今天的小米。

（3）服从组织

领导者虽然在整个团队中起到发号施令的作用，但同时也是整个团队中的一员，应当放下身架和权威，充分融入到组织活动中，服从组织，切不可凌驾于组织之上。

5. 习惯

良好的习惯日积月累往往能够产生巨大的作用。注重个人习惯的养成，对于提升组织效率也是大有裨益的。

（1）善于总结

在总结的过程中往往会发现以前忽略的重要地方，也能够发现自身的不足。对于组织而言，道理也是一样的。总结后才会发现组织成员分配是否合理，是否对组织效率的提升有帮助。如果发现不妥之处，可以及时更换人员和执行方式。

（2）不服输

挫折是不可避免的，关键是要在受挫之后保持一颗不服输的心，要用积极的心态去对待挫折。组织成员如果都能够用这样的心态去对待，那么任何困难都将不是困难，不服输有利于组织成员坚定前行的步伐。

4.1.3 掌握达成目标的核心策略和执行动作

企业要想长足发展，制定战略目标是非常有必要的，企业的经营者和管理者对于整体员工的把控和组织效率的提升都围绕这个核心进行。因此，掌握达成目标的核心策略以及执行动作，是企业管理者必需的。

1. 核心策略

（1）分解目标策略

对目标进行分解，有助于企业成员更加明白自身担当的任务是什么，有利于其目标更加明确。分解目标的原则有以下几条。

① 所有与目标有关的人都参与目标的制定，让参与者明白目标的制定人人有责。

② 将企业的整体目标分解到每个部门、团队、个人。

③ 将目标按照时间划分，分为年度总目标，季度、月度、周度小目标，直到每天的目标。

（2）全员营销策略

企业为实现最终目标进行全员营销，实际上是一种实现目标的理想状态。实现全员营销要做到以下几点。

① 实现全员营销要求企业员工将产品、价格、渠道、促销和需求、成本、便利、服务等营销手段和因素进行有机组合，进而达到整合营销的目的。

② 所有员工要对企业的整体目标规划进行梳理，并且充分了解客户的特征和需求，进而构建合理的营销流程。这样才能既保证企业目标快速达成，又大幅节省能耗，降低企业运营成本。

从 2015 年开始，全员营销成为各大企业重磅出击的方向。苏宁、国美、

海尔、万达、富士康等集团都采用全员营销的方式占领市场。

苏宁鼓励全体员工做微商，2014 年“双 11”之际，苏宁的 18 万名员工一共带来了 200 万个订单。

国美在 2015 年进行全渠道战略升级的方式就是“全员零售战略”，这种战略就是借助用户界面平台增加微店，使得线上线下深入融合。国美拥有近 30 万名员工，其利用“全员零售战略”，借助微信平台帮助自己实现在线快速增长，并且迅速实现线上线下渠道均覆盖。

富士康作为全球代加工巨鳄也在 2015 年全面开始向微商方面积极探索，富士康将此项目称为“贝壳山”。“贝壳山”是在微信第三方服务商的帮助下成功开通的在线微信商场，销售的产品有手机、数码产品等。此外，“贝壳山”还利用“全员开店”的方式让员工积极拓展分销网络，从而全面实现全员营销。不但如此，富士康还为全员营销的整个销售流程提供帮助，像建立分销店铺、商家商品、提供培训、订单处理、售后服务等，分销员可以从销售业绩中提取相应的佣金作为报酬。

（3）全员绩效管理策略

没有良好的考核机制和有效的绩效管理方式，会使员工的工作行为和热情产生异变，不利于业务的拓展和企业业绩的提升，更不利于企业整体目标的实现。通过考核机制可以提升员工的工作环境和氛围，能够增加其工作积极性，对于加快企业目标的实现具有极大的推动作用。

（4）建立利益共享的合作机制策略

通过员工参股、分享红利的方式让员工与企业共进退、同富裕。简单来讲，员工参股可以激发员工的责任心，参股方式让员工有种主人翁感，觉得自己与企业的命运息息相关，这样可以使员工将企业的整体目标看作自身的利益目标而不懈奋斗。与此同时，全体员工参股能够防止企业的资产持有呈现分配不平均化的现象，通过持股，员工成为企业的股东，极大地减少了员工与企业领导之间的摩擦。

分享红利也是奖励员工的有效措施。随着企业竞争力的不断提高，工作报酬也将随着企业获利的多少进行适度调整。

达成目标的核心策略可通过图 4-4 清晰呈现。

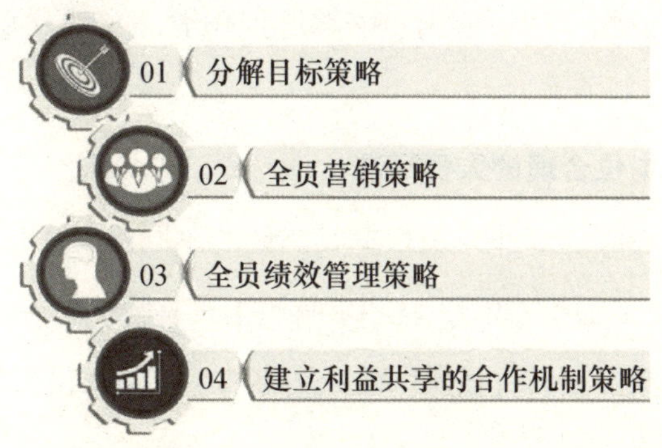

图 4-4　达成目标的核心策略

在众多互联网企业中，实行全员参股的典型应当是阿里巴巴。对于阿里巴巴而言，全员持股使其自身市值从“多”变为了“更多”，而对于阿里巴巴的员工来讲，持股意味着能够拥有更好的房子、车子和生活。阿里巴巴的这种全员持股奖励形式是从 1999 年开始的，到现在为止，已经累计向将近 1000 名员工发放了 26.7% 的股份，按照每股 68 美元计算的话，这些人手中持有的股票价值为 2000 万元，该部分股份的市值已经超过了 450 亿美元。这也就意味着阿里巴巴背后隐藏着众多的百万富翁。事实上，阿里巴巴的这种全体参股制度也有两个方面的用意：第一，减少上市之后可能带来的离职潮风险；第二，让“新土豪们”更好地利用正确的价值观来对待财富。

---

2. 执行动作

（1）加强人力资源管理培训

加强人力资源的培训实际上是提升团队建设的有效方法，也是达成企业目标的基础。对于员工的培训需要以工作、团队组织组建、实现企业目标为主要内容，这样员工的专业技能、团队凝聚力等都会得到显著的提升，然而更重要的是团队的组织建设能力也能够得到升华，这对于提升组织执行力也是非常有帮助的。

（2）建立各岗位合理的人员标准

企业对每个部门的工作人员根据其岗位的不同以及工作需求会提出不同的要求。例如，产品研发部门，就要求其员工具有强创新力，思维独特新颖；生产部门，要求其员工具有强操作性；销售部门，要求员工具有强沟通能力，以及独到的察言观色能力。

（3）做好目标战略之前的准备工作

企业的目标战略对企业的发展以及员工的工作方向具有指导性作用，因此，制定目标战略一定要保持相对的稳定性，切忌建立目标之后又随意更改或取消。这样朝令夕改会破坏员工的斗志，甚至使其丧失斗志。这样就对目标制定之前的准备工作提出了要求。

① 组建调查团队。对制定好的目标方案进行可行性评估。

② 权衡投入产出。对市场中消费者反应以及同行业竞争者的反应进行预测、分析。

③ 做最坏的打算。市场发展不是一成不变的，随时可能出现突发状况，因此要做最坏的打算，有计划地做出相应的突发情况处理方案，以备不时之需。

4.2 建立负责的自动系统让员工不需要监管

核心内容展示

- 分析员工需求与特性
- 选择最适合的管理工具

4.2.1 以人为本，分析员工的需求与特性

互联网企业相对于其他企业来讲，存在一个较严重的问题，就是员工流失率偏高且归属感不强。其实，归根到底，是因为互联网企业的员工大多是知识型、复合型人才，且大多是一些年纪较轻的高素质人才，其自主执行能力和自主意识比较强，更加注重自我价值的体现，更喜欢对新鲜事物进行大胆尝试。

也正是基于这些原因，互联网企业与员工之间的磨合难度增加，员工的个人价值取向与企业的文化不能够很好地吻合，因此，员工流失也就是必然的事情。另外，互联网行业本身具有变化快、机会多的特点，也为企业员工的流失行为创造了条件。

针对这些问题，企业应当充分创立“以人为本”的企业文化，对于员工的发展给予充分的重视。“工欲善其事必先利其器”，企业要想开发员工的潜力和热情，首先就得了解和分析员工的需求与特征，这样才可以在具体的实际操作中更加有方向性和针对性，能够起到事半功倍的效果。

但是，对于不同类型的员工来讲，其需求与特征也是大不相同的。企业想要 100% 满足所有员工的需求，对于一些规模较大、员工数量较多的企业来讲是不易实现的，如果做得不够好可能会带来员工流失的风险。那么如何

才能找到一种切实可行的方法，在确保人员不流失的情况下，还能有效激励员工的潜能与工作热情呢？

1. 员工需求分析

人的需求分为生理需求、安全需求、社交需求、尊重需求和自我价值实现需求。对于这一点，我们在前文中已经简单提到过。这些需求同样适用于企业员工需求分析，如图 4-5 所示。

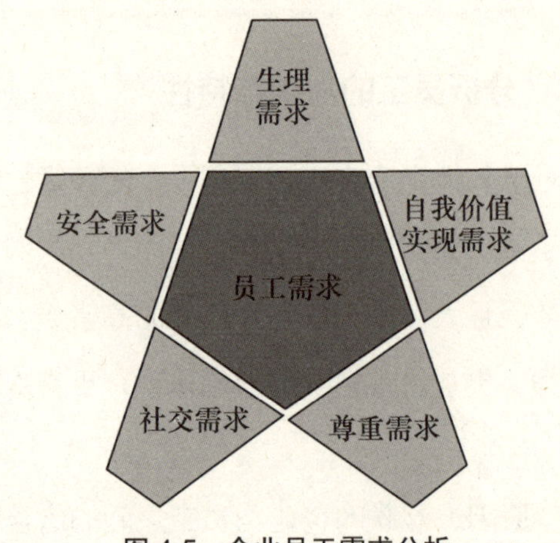

图 4-5　企业员工需求分析

（1）生理需求

物质是员工生活的基础条件，因此，物质需求是排在最前列的需求。但是，随着互联网技术的不断发展，员工接受事物的方式也变得更加先进、快速，认知水平也得到了更大的提升，因此，在这个基础上，员工的物质需求也变得更加多样化，不像以往一样仅仅局限于一个单一层面上。给员工适当地提供餐补、工服之类的物质补助，可以在一定程度上满足员工的物质需求。

（2）安全需求

企业员工在没有安全保障缺乏良好的工作环境和安全的设施保障的前提下是很难充分发挥自己的潜能来为企业创造出更多的业绩和创新产品的。因此，对于安全方面的需求也是企业员工的需求之一。给员工提供更加舒适、安全的工作环境是企业必备的一项内容。企业同时可以增设一些必要的医疗设施等。

（3）社交需求

员工同样也渴望与他人之间建立一定的社交关系。当生理需求、安全需求得到满足之后，社交需求就成为员工的主要需求，也是主要的激励源，因此，企业要为员工在工作时、工作外提供建立和谐人际关系的机会，这样不但能够满足员工的社交需求，也可以借助社交活动帮助员工高效完成工作任务。企业可以经常组织聚会活动、商务洽谈活动等，让员工踊跃参加。

（4）尊重需求

通常我们认为“顾客是上帝”，但是作为为“上帝”服务的员工来讲，需要获得等同的待遇，从而满足内心受到尊重的需求。

① 来自领导的尊重

虽然员工在整个企业运营过程中扮演着被管理者的角色，但是也同样应当受到领导在人格、知识、行为、经验、劳动成果方面的尊重。

② 来自同事的尊重

人与人之间是平等的，只有相互敬重、坦诚相待才能实现彼此间真正的尊重。因此，企业要给每个员工营造充分发挥自己的特长和优势的机会，从而使其博得更多人的尊重。

（5）自我价值实现需求

拿破仑有句名言：“不想当将军的士兵不是好士兵。”同样，作为企业的一名员工来讲，也心怀远大志向，希望能够将自己的雄心抱负向大众展现。因此，企业应当更加关注员工自我价值的实现，并且更多地借助互联网优势为其提供更好的自我价值实现机会。

2. 员工特征分析

在对员工特征进行分析的时候，应当结合实际情况，从以下几个方面出发进行分析。

差异性：员工类型不同决定了其特征具有一定的差异性，因此在分析员工特征的时候要着重考虑差异性特点，包括年龄、性别、性格、成长环境等因素。

动态性：在互联网时代，随着对外界事物的接受方式的改变，员工的思想水平、认知能力等也会随之发生变化，加之年龄、阅历等的增加和丰富也会使其特征呈现动态变化趋势。

影响性：员工进入企业之后，会受到企业文化、同事、领导的熏陶和影响，因此影响性也是必须考虑的因素。

（1）员工思想特征

① 更加关注个人利益的得失

互联网提高了人们对外界事物的接受方式和接受能力，因此员工的思想理念也更加趋向于务实和理性，更加重视与其自身利益息息相关的方方面面，像工作回报、自我价值的实现等。

② 面对压力不能很好地自我调节

受到同事之间的工作竞争，来自领导的工作压力、企业制度的绩效考核等的影响，员工负担高强度工作，必然会影响其心绪，进而影响工作效率。如果不能及时进行自我调整，员工就迫于各方压力，很难全方位顾及到企业的需求。

③ 关注自己的未来成长和发展方向

但凡有抱负的员工都会对自己的未来成长和发展方向做一个详细的规划，这样有助于其快速实现人生价值，并让自己在预定的时间内达到名、利双收的目的。

（2）员工行为特征

员工行为特征主要表现为“高流动性”，导致高流动性的原因主要是以下几点，如图 4-6 所示。

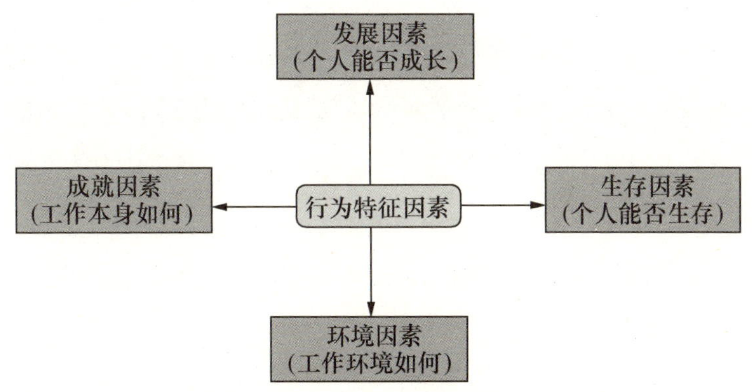

图 4-6　员工行为特征因素的 4 个维度

① 生存因素

员工之所以高频率跳槽，很大的一个原因就是为了生存。如果在企业中连最基本的生存问题都难以解决，那么另谋生路就是其必然的选择。当然，这里的生存不仅仅包括物质需求，还包括个人归属感、上级对个人劳动成果的赞赏和认可等。这里其实又回归到了生理需求和安全需求两个方面上来，这种受生存因素影响的高流动性也可以看作是外源性动机导致的高流动性。外源性动机是与个体可见的外在结果相关联的，这种外源性动机下的激励因子需要企业所提供的绩效与其保持一致或者高于同一岗位上的绩效才能消除。换句话说，企业只有提供与员工贡献相当或者高于其贡献所获得的应有的绩效，才能保证员工不受外界其他企业绩效激励的影响，产生跳槽行为。

② 发展因素

每个员工都希望自己在其岗位上以及所在的企业大展宏图，创出一番事业，收获光明远大的前途。如果在一家企业中没有用武之地，或者没有伯乐，那么对于员工来讲就没有什么发展空间和成长机会。

③ 成就因素

个人成就往往与竞争、平时的工作表现、对于挑战性工作的胜任和出色完成有很大的关系。然而，成就往往是与个人的坚持、兴趣、责任感分不开的。也就是说，成就强调的是个人的内在因子，如果没有一定的内源性动机，就不能将工作任务很好地整合起来，更无法实现企业分配给员工的个体任务，这样员工就不会有任何成就可言。具有高成就需求的人往往比具有中低成就需求的人更能出色地完成工作任务，更能表现出强工作能动性。

④ 环境因素

互联网时代，信息技术日益发达，对各方面人才的需求处于供不应求的状态，尤其是稀缺性人才，更成为市场竞争的争夺对象。在这种市场经济的驱使下，一些优秀的员工往往成为其他企业挖墙脚的对象。在利益、生存、发展的利诱下，员工从企业跳出选择新的发展空间也是必然的。

4.2.2 选择最合适的管理工具

管理就是借助他人的力量达成自己的目标。现代管理学之父彼得·德鲁克曾这样说过："管理，从根本上将，意味着用知识代替鲁莽，用知识代替习惯与传统，用合作代替强制。"由此看出，管理在企业整体运营中所起到的作用是相当大的。

尤其是进入互联网时代，传统企业受到互联网的冲击，企业内部管理也发生了翻天覆地的变化，企业如何能够利用有效的管理工具来提升业绩？如何借助好的管理工具在最短的时间里快速实现企业目标？这些问题成为当前企业最为关心的话题。现代管理者要想高效利用管理工具，就必须满足以下要求。

具备全新的知识结构和技能。

具有较高的营销管理和道德修养。

具有创新管理理念与方法。

具有适应当前互联网时代的领导艺术与方法。

管理者条件具备之后就是使用管理工具，通常的管理工具分为 5 种。

1. 战略管理工具

战略管理工具，顾名思义就是为了实现企业战略而使用的管理工具。战略管理工具通常有系统分析法、过程决策程序图法、可行性分析法、决策树分析法、矩阵分析法、亲和图法、头脑风暴法、思维导图法、麦肯锡七步分析法、德尔菲法、5W2H 法等。下文介绍几种常用的管理工具。

（1）过程决策程序图法

过程决策程序图法（PDPC 法）也叫作重大事故预测图法，是企业在制定发展计划阶段就事先对计划实施过程中可能会遇到的各种突发状况进行预测，并且针对这些预测状况制定出一系列的应对措施，从而保证企业发展计划顺利实施，并实现最终日标。因此，利用这种管理工具可以帮助企业从整体上把握系统的动态变化并且预测全局发展态势，同时可以实现追踪管理，减少因重大突发事件的出现而造成的企业整体发展规划的破坏。过程决策程序图法分为两种，一种是顺向思维法，另一种是逆向思维法。

① 顺向思维法

顺向思维法就是企业制定一个目标，然后按照正常的先后顺序来实现这个目标。在实现这个目标的过程中，可以通过多种路径。在计划利用多种路径实现目标的过程中，可以经过多方面的研究和讨论最终确定路径，因此，在讨论过程中应发现或者预测到所有可能出现的突发情况，这样就不必担心在现实实施过程中会受到突发性事件的影响，如图 4-7 所示。

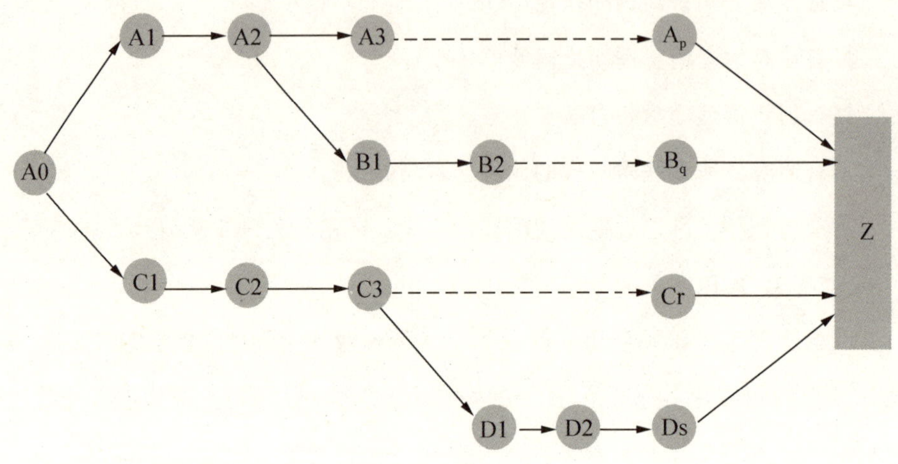

图 4-7　顺向思维法

② 逆向思维法

逆向思维法恰好与顺向思维法相反，从 Z 出发，逆向进行，从大量的观点构思中展开并向前推进，并通过中间环节使 Z 与初始的 A0 相连接，在整个推理过程中通过大量的研究才最终做出决策，制定出最终的目标，如图 4-8 所示。

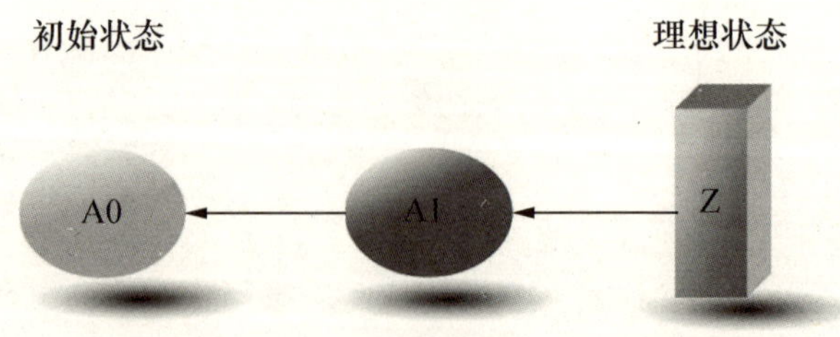

图 4-8　逆向思维法

（2）麦肯锡七步分析法

麦肯锡七步法是当前最为常用的管理工具之一，是麦肯锡公司经过长期的经验实践之后总结出来的分析方法。尤其是那些初创企业在制定商业计划的时候，如果没有东西可以遵循，就可以借助麦肯锡七步分析法来作为引导工具。

第一步，确定初创公司的市场在哪里。

第二步，分析市场的每一种因素。

第三步，找出市场的需求点。

第四步，做市场供应分析。

第五步，找出新创空间机遇。

第六步，细分创业模式。

第七步，制定风险投资决策。

2. 生产管理工具

生产管理工具的使用目的就是通过对企业生产环节进行有规划有步骤的管理，提高生产效益，实现企业盈利的目的。生产管理工具常用的方法主要有：5S 现场管理法、6S 大脚印管理法、变形虫式管理法、产品导向法、单期法、丰田式生产管理法、负荷距离法、福特生产方式、精益生产、线性规划方法等。以下我们介绍几种常用的生产管理工具。

（1）5S 现场管理法

这里的“5S”分别是指整顿（Seiton）、整理（Seiri）、清扫（Seiso）、清洁（Seiketsu）、素养（Shitsuke）。从这 5 个方面我们不难发现，其实 5S 现场管理法是针对生产环境而言的，其目的在于改善生产现场环境，通过提升生产效率、保证产品品质、减少浪费等来培养员工的良好工作作风，从而使整个企业的现场管理水平大力提高，增强企业的市场竞争力。5S 现场管理法得以成功实施的关键在于以下几个方面。

① 时间空间要具体

5S 现场管理法要求时间和空间更加精准，只有建立在精准的基础上，操作者才能在现场管理的各个环节上取得事半功倍的效果。

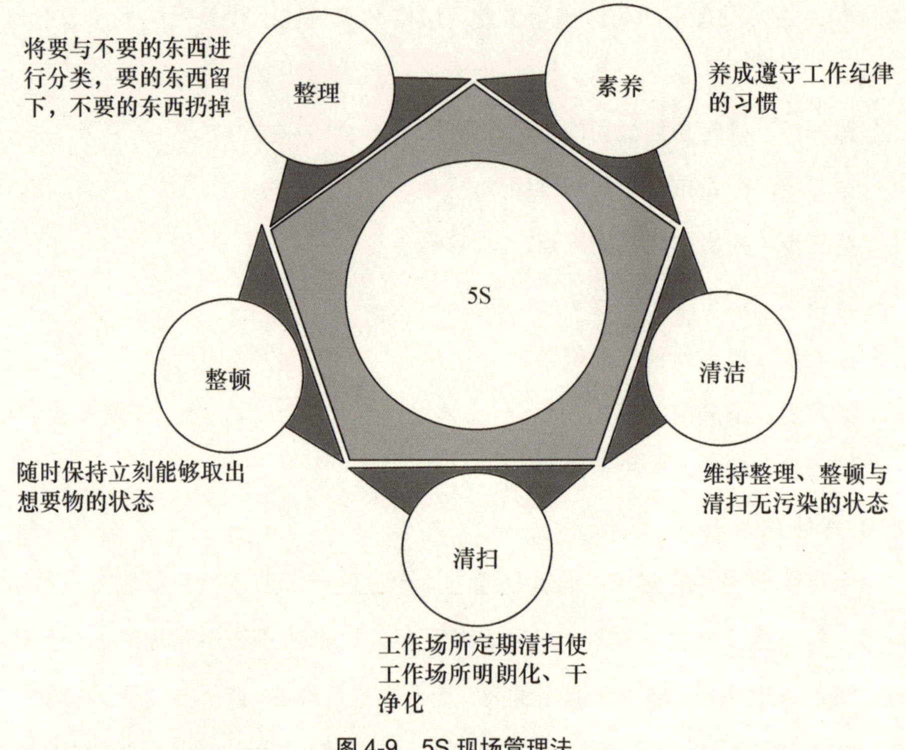

图 4-9　5S 现场管理法

② “无形”的思维

一件有形产品的生产必须借助“无形”的思维来实现。如生产一个玻璃杯，可以对其尺寸、外观、用途等方面进行描述，但是在设计研发这个玻璃杯的同时也少不了管理者、决策者的无形思维，这里的无形思维即指现场管理方案、设计方案等。

③ 完善的设施维护

完善的设备维护是保证 5S 现场管理法得以实现的基础，设施维护越完善，实施过程越便捷。

④ 处理突发情况的能力

异常突发情况随时都可能发生，这时候就需要管理者具备高效处理突发情况的能力，从而保证生产计划如期进行。

（2）精益生产

精益生产就是通过制度化、程序化、标准化、细致化和数据化的手段，使组织管理个单元精确、高效、协同和持续运行，做到管理责任具体化、明确化。最早提出精益生产的提出者来自日本。1979 年，丰田汽车公司前副社长大野耐一先生所著的《丰田生产方式》一书，向人们展示了丰田公司卓越的准时化、自动化、看板方式、标准作业、精细化等生产管理的各种理念，自此，“精细生产管理”的概念便诞生了。之后，美国麻省理工学员的詹姆斯·P. 沃麦克教授等人将“精细生产管理”在全球范围内加以推广，使得其风行于世。

精益生产有 4 个特征：

① 强调数据化、精准化；

② 持续改进，不断完善；

③ 以人为核心；

④ 注重创新。

精益生产最重要的一个特征就是强调数据化、精准化，因为数据化、精准化是精细生产管理的核心，是实现其他三个特征的基础。企业进行科学化管理，就是要使每个管理环节都能数据化，而数据化则是精细生产管理的重要特征之一。有了数据化，实现精准营销则是必然的。

餐饮界中知名的徐记海鲜，在经营过程中采用了精细生产管理的方式，从而成就了其在餐饮界的辉煌成绩。餐饮界公认的经营难点就是成本控制。餐饮业最鲜明的行业特点是经营环节多而复杂、管理点和信息琐碎凌乱、产品规格较多、生产过程和时间较短、生命周期较短、生产量难以预测、原材料和产品容易短时间内变质、成本泄漏点多、耗点多，所有的这些使得餐饮业的成本流失环节很难得以控制，从而造成了巨大的灰色空间，使得竞争力

难以提升。针对这些问题，徐记海鲜经过长期的摸索，在不断实践的基础上形成了一套全新的管理模式——目标成本管理模式。一方面，徐记海鲜创办15年来拥有340万稳定的客源，从这些客源身上可以获得客户的相关信息数据，包括心理数据、行为数据等，深入分析自身在各方面的数据信息，包括销售数据、运维数据、客服售后数据、交易数据、投诉建议数据等，结合外部市场搜集而来的大数据，将对这些数据进行分析、整合，从而获得客户需求。另一方面徐记海鲜的前身就是海鲜和农产品原材料的供应商，借助这个优势，徐记海鲜成立了上百个专业养殖基地，省去中间渠道的环节，从而从源头上进行大量集中采购，为消费者提供更有针对性、性价比更高、更加优质的海鲜产品和服务。这些内外数据共同推动了徐记海鲜精细生产管理的实施。

---

3. 绩效管理工具

绩效管理工具是企业内部各级领导以及员工为了高效实现企业目标而发动全员参加绩效计划制定、绩效辅导沟通、绩效考核评价、绩效结果应用、绩效目标提升活动，并对企业所有成员的工作绩效进行客观衡量、实时监督、科学奖惩，从而更好地调动全员的工作积极性。常用的绩效管理工具有“德、能、勤、绩”式绩效管理、“检查评比”式绩效管理、目标管理法、标杆管理法、关键业绩指标法（KPI）、等效评价法、综合评分法、360度绩效评估等。以下介绍几种常见的绩效管理工具。

（1）关键业绩指标法（KPI）

KPI是对组织内部流程进进出出的关键性参数进行设置、取样、计算、分析，是衡量流程绩效的一种目标式量化管理指标。KPI指标是企业衡量员工工作绩效表现的量化指标，是绩效计划的重要组成部分，是企业实现绩效管理的基础，如图4-10所示。

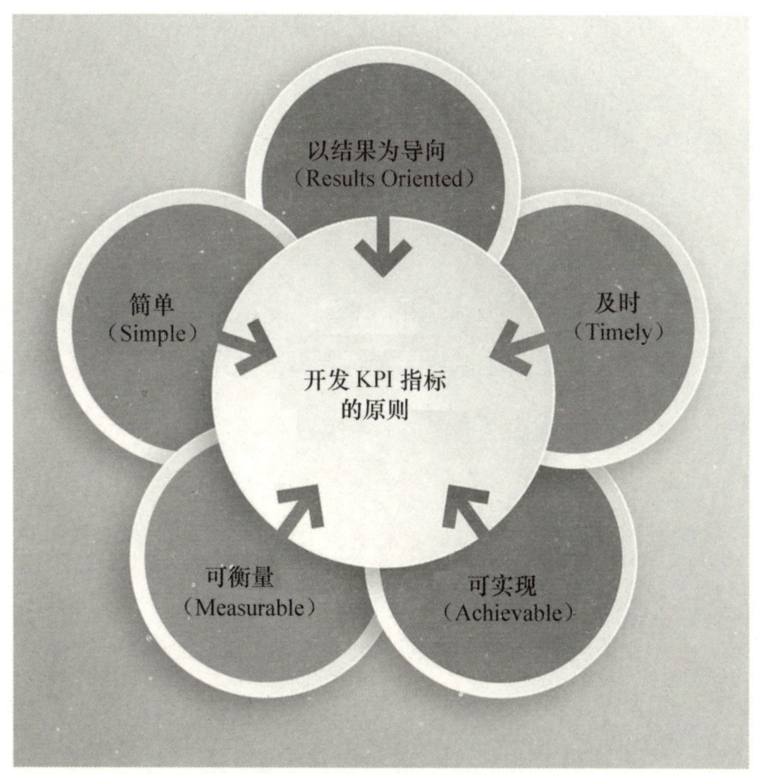

图 4-10　开发 KPI 指标的五项原则

实行 KPI 首先应当确立指导原则。简单来讲，开发 KPI 指标的原则可以总结为 1 个英文单词——SMART，具体如下。

① 简单（Simple），指标的制定应当简单易懂，并能明了地反映业绩。要明白制定的 KPI 指标是否有明确的定义，是否不经过复杂的计算就可以得出想要的东西。

② 可衡量（Measurable），还要判断制定的指标是否容易衡量，需要的数据是否能够十分容易的获得，指标是否能够具体全面，并且能够持续计算，是否具有一定的基准。

③ 可实现（Achievablc），指标值是否能够实现，负责的团队是否能够影响指标。

④ 以结果为导向（Results Oriented），指标是否能够聚焦于所有的聚焦行动和结果，这些行为和结果是否与实际业务有紧密的关联，这些指标是否与企业的商业目标相匹配。

⑤ 及时（Timely），指标应当在一个合理的时间范围内进行。

BEE公司的助理副总裁David Sullivan，在其实际的绩效指标中建立了不同类型职能的基础标准，促进每一月对作为关键绩效的指标做提取的数据的管理审查，将每本绩效书做成不同的颜色，并且将每本书关联到一个统一的流程中，帮助企业实现不同的绩效考核。其绩效指标分为绿皮书、黑皮书、蓝皮书、橘皮书，每本书所涉及的目标有所不同。其中，绿皮书的目标主要是开发和跟踪对成功和转型进行衡量的财务和非财务指标，以及提供节约计划的相应功能和职责分配的框架；黑皮书的目标是提供标准月度财务报告模板、提高透明度和促进问责制、提供相关行动的早期预警；蓝皮书的目标是建立一套管理方面的可行指标，包括成交量指标、客户体验或服务质量等，并且促进内部和外部的标杆管理；橘皮书的目标是按照时间计划或预算提供关键项目状态和相关指标、实现对财务以及执行和业务风险的管理审查等。BEE公司在创建绩效考核指标的时候确实做到了全方位考虑，借助数据分析从各个角度进行考核，不但加强了企业管理，还降低了企业业务风险，可以说是绩效考核指标自如应用的典范。

（2）360度绩效评估法

360度绩效评估法又称全方位绩效评估法，即对企业内部所涉及的上下所有员工、领导，甚至是顾客进行全方位、无死角的评估，从而了解其绩效情况，包括沟通能力、人际关系、领导能力、销售业绩等。

360度绩效评估可以让企业全体员工通过反馈信息发现自身的不足，以及需要提升和改进之处，从而使其工作业绩不断提升。360度绩效评估包括以下几个方面。

① 自我评估

通过直系上司反馈员工近期的工作绩效情况来评估其工作能力，并且依据评估结果来设定工作目标。这种自我评估的方式可以让员工降低自我防卫意识，并且更加深入地剖析自己的不足之处，更加愿意加强和改进自身不足，提升自己各方面的能力。

在进行自我评估的过程中，员工往往会出于主观私心而将自己的分数相对于上级主管的评价分数有所抬高，因此在要求员工进行自我评价的时候，上级应当充分认识到评估结果中的差异化。

② 同事评价

很多时候，上级与下属之间的相处时间和机会往往不如下属与下属之间的多，因此，上级评价下属往往不如下属与下属之间进行互评更加客观、更加真实。另外，下属与下属之间的互评往往可以让彼此知道自己在人际沟通方面还有哪些欠缺的地方，有助于员工自我认识，并实现自我提升。

③ 下属评价

虽然让下属评价看似有点不同寻常，但是随着互联网的出现，企业开放性也大幅提高，通过让下属对自己的上级进行评价能够帮助上级更好地开发自身潜能，对这一点来说，下属评价还是非常有价值和意义的。下属对上级的评价反馈可以让上级明确自己需要进一步加强的地方。另外，如果发现下属评价与自我评价之间存在很大的差异，那么上级就需要从中找到症结点，从而做到对症下药。这种下属评价的方法对于提升上级管理能力大有裨益。

④ 主管评价

主管评价是企业常用到的评价方法，这种方法要求主管熟悉各种评价方法，并且能够充分利用评价结果来引导员工正确、快速地提升各方面能力。

⑤ 客户评价

从客户评价中得到的反馈结果对于企业销售人员乃至整个企业来讲都是特别重要的，客户对于产品、服务等方面的真实反馈能使企业认清自身不足，并且及时制定相应的改进措施，从而提升企业整体的产品、服务质量，最终达到提升效益的目的。

4. 薪酬管理工具

薪酬管理工具顾名思义就是通过对员工的薪酬管理进行合理安排，像利用月薪、绩效奖金、现金补贴等方式来达到有效提升员工工作积极性、增强企业组织效率、高效盈利的目的。合理、灵活地应用薪酬管理工具，制定合理的薪资水平，可以帮助企业增强市场竞争力，并且可以对特殊情况进行处理以满足关键员工的特殊需求。常见的薪酬管理工具有 532 薪酬考核模型、股权激励、海氏岗位评估法、层级法、模型法等。

（1）532 薪酬考核模型

532 薪酬考核模型是企业进行薪酬管理常用的考核方式。将单件商品的销售提成假设为 10，其中个人获利 5，部门 3，公司 2，从而形成一种 5:3:2 利益分配模型，通过这种模型可以将企业、部门、员工的利益进行捆绑。

假设某企业共有员工 20 人，企业销售一件产品所获得的业务总提成为 100 元，员工甲所在的销售部门共有 5 位销售人员，且共销售了 10 件该商品，其收益为：

员工甲的收益为：100（元）×[5/（5+3+2）]×10（件）=500（元）

员工甲所在部门收益为：100（元）×[3/（5+3+2）]×10（件）/5（人）=60（元）

整家公司的分配利益：100（元）×[2/（5+3+2）]×10（件）/20（人）=10（元）

员工甲因销售了 10 件产品的总收益为 500+60+10=570（元），这里不包括员工甲所在销售部其他销售人员所销售的产品而转移而给员工甲的收益，同时也不包括可能完成计划所获得的奖金，以及员工甲靠所在企业的其他薪酬制度所获得的薪酬。

这种 532 薪酬考核模型的特点如下。

① 减小了企业内部员工之间的过度、不正当竞争，提高了团队的合作意识，从而提升团队目标的实现效率。

② 通过公平、平等的薪酬分配机制，让员工消除薪酬发放不平衡的心理。

③ 自我努力与薪酬发放的多少直接挂钩，更多强调的是努力与薪酬相连接的强操作性，这样，不论员工能否在规定的时间内完成工作任务，都可以因自己付出的努力而获得相应的报酬，而不是像传统的薪酬管理一样将任务与薪酬挂钩。532 薪酬考核模型更能激发员工奋发努力的积极性，以高度的工作积极性为前提，必然会高效完成工作任务。

（2）股权激励

企业全员参股是当前互联网时代新型企业的新型薪酬管理方式。股权激励法是在股权日益分散、管理技术日益复杂的大趋势下形成的一种薪酬管理模式。这种股权激励法是一种创新的薪酬管理方法。

华为公司的薪酬管理方式是全员持股机制。华为公司从未上市，但却有着非常丰厚的资金作为公司运转的坚实后盾，并且其更强的创新能力和变现能力是其他竞争者所无法比拟的。即便是没有上市，也依然可以实现上市的目的，这源于其内部公开、透明的利益分享机制，内部成员之间在利益问题上分歧很小甚至不会产生任何分歧以及摩擦。这种利益分享机制在竞争激烈的手机市场显得尤为重要，并且这种模式在处理内部利益问题方面也是相当奏效的。

在利用股权激励法的时候，应当注意以下几点。

① 选择合适的激励模式

激励模式是股权激励的核心，对于激励效果有直接的影响，从而影响员工薪酬。按照不同的性质，可以将股权激励模式分为业绩股票、虚拟股票、股票增值权、限制性股票、延期支付、经营者 / 员工持股、管理者 / 员工收购、账面价值增值权等。

② 选择激励对象

在应用股权激励法的时候，第二大重要的任务就是选择合适的激励对象，选择的时候应当将在企业战略目标实施过程中能够发挥最大价值的员工作为激励对象。

③ 明确购股资金的来源

作为对员工的激励，最具实惠性的资金比较合适，因此购股资金的来源问题是保证整个股权激励得以实现的关键。

④ 设计科学的考核指标

在判断哪些人具有持股权的时候，最基本的衡量标准就是科学的考核指标。业绩高、贡献价值大的员工才能够拥有持股的资格。

5. 信息化管理工具

随着互联网、物联网、大数据、云计算等各种信息技术的发展，企业信息化建设与管理已经势在必行，如何借助科学的、富有创新思维的信息化管理工具，使生产过程、现金流动、客户交互、事务处理等过程变得简单化、高效化，并以此来增强企业自身的核心竞争力、提高企业综合实力，已经成为当下企业管理信息化发展的突围重点。企业在运营过程中常用的信息化管理工具有 ERP、OA、BI、PLM、电子商务等。

（1）ERP

ERP 即企业资源计划系统，该系统是以信息化技术为基础，结合系统化的管理思想，为企业员工提供更好的决策方案。ERP 的核心是供应链管理，从供应链出发（包括人力、物料、设备等），优化企业的资源，优化企业运营模式，改善市场资源的合理调配方式，提高企业的应变能力、客户服务能力，加快资金流、降低库存成本，从而提高企业的核心竞争力。ERP 在具体实施的过程中应当注意以下几点。

① 注意项目时间表制定的合理性

ERP 的实施是一个长期的过程，在实施过程中往往会涉及各种资源以及任务的分解，并且它们都按照时间顺序进行，因此在时间制定上一定要把控好。另外，还应当充分考虑实施过程中各种阻碍因素，其可能会导致任务难以按照正常速度完成，因此要留有一定的富余时间。

② 要充分发挥人力资源优势

人力资源是整个企业内部有序运转的核心，因此，花 30% 的精力来做技术，花 70% 的精力来做人力资源挖掘工作，成立一个自上而下的项目组织，各部门人员和队伍必须组织到位，这样才能充分调动人力资源优势，保证企业管理的高效实现。

③ 重组工作流程

ERP 的信息可以在一个数据库或者集成信息系统中一次性完成最小冗余和最大共享，因此，要想使 ERP 能够在企业管理中成功应用，就应当对企业业务流程进行重组，从而确保其能够在更加科学的引导方式和基础下有效实施，实现企业的扁平化管理，并且能够对客户反馈做出快速响应。

（2）BI

BI 即商业智能决策支持系统，是一种建立在信息技术基础上的智能化管理工具。BI 结合 ERP、SCM 等管理过程中所形成的数据，对这些数据进行深入分析，从而为管理者描绘市场发展趋势，帮助其快速、精准地做出管理决策。

企业业务变化、用户需求变化、业务系统升级等因素都会影响 BI 系统的建设和使用。如何才能更好地提升 BI 的应用水平，进而加强企业的管理水平呢？

① 建立企业基础数据管理机制

很多时候，企业在管理过程中会发现基于数据模型分析出来的数据与实际情况存在一定的差异性，这样的情况出现的原因就在于数据管理机制。举个简单的例子。一个订单记录中，显示“北京某公司”的产品订购数量，而另一个订单上记录的同一个客户，但是名字却变为“某有限公司”，这样就给企业订单管理人员出了一个难题，要想弄清原委，还得专门指派人员去手工分析，并手工完成订单数据的合并。这样就变相地加大了订单管理人员的工作力度。

要想解决这样的问题，企业就需要建立数据字典，对不同系统、不同订单上的全局字段进行重新、统一定义，就可以完全避免上边所说的客户名字口径不一致的问题，也就不会出现数据无法在 BI 上合并的情况。另外，还需要建立数据管理机制，通过完整的数据收集体系来提高数据收集率，同时也能很大程度上减少数据收集过程中出现的错误率。

② 建立切实可行的绩效分析模型

互联网时代的新型企业想高效实现企业目标，管理是关键，但是更为关键的还是绩效管理。因为企业的总目标进行分解之后成为个人目标，最终落到员工个人身上，切实可行的绩效分析模型能够加快员工实现个人目标的速度，也直接影响企业目标的实现进度。BI 系统可以对绩效进行分析和计算，但最关键的还是绩效分析模型能够有效并且逐层分解。

在评价客户满意度的时候，企业往往只关注订单处理速度和订单执行效率，却忽略了订单的成交量、订单交付率、退货率等因素，恰好这几个因素又直接影响了订单执行的速度，进而也影响了客户满意度。面对这种情况，

如果能够建立切实可行的绩效分析模型，对与订单执行效率有关的订单成交量、订单交付率、退货率等因素进行逐层分解，然后结合 BI 系统对与订单有关的因素进行动态监测，并且及时处理异常情况，就能确保企业目标得以实现。

4.3 效率的下一个转型点：以“好”为本

核心内容展示

- 需要修补的 5 个组织效率漏洞
- 决定企业产值的 5 件效率法宝
- 业务目标分解的有效步骤

4.3.1 需要修补的 5 个组织效率漏洞

一切商业活动的目的都是为了通过多方面的努力，实现利益的最大化和生产状态的最优化，然而实现这些目的最基本的一点就是提升企业的组织效率。效率低下是企业发展的天敌，尤其是现代企业，更要注重组织效率的提升。可以说，高组织效率是实现高产出必不可少的条件。通常，企业组织效率低下往往是由 5 个漏洞导致的，及时发现并修复这些漏洞是保证企业组织效率提升的关键，如图 4-11 所示。

1. 漏洞一：缺乏创新

技术创新是当代企业灵活发展的关键。尤其是互联网时代，各种基于互联网等先进技术的创新产品更是企业增强市场竞争力的法宝。很多时候，企业将盈利的侧重点放在了销量上，认为通过产品创新来带动产品销量可以实现盈利，但却忽略和漏掉了组织创新。组织创新就像是为企业注入新鲜的“氧气”，让企业更加有活力。相反，缺乏组织创新的企业如同身处一潭死水中的鱼，没有任何活力，甚至会因为“缺氧”而死。

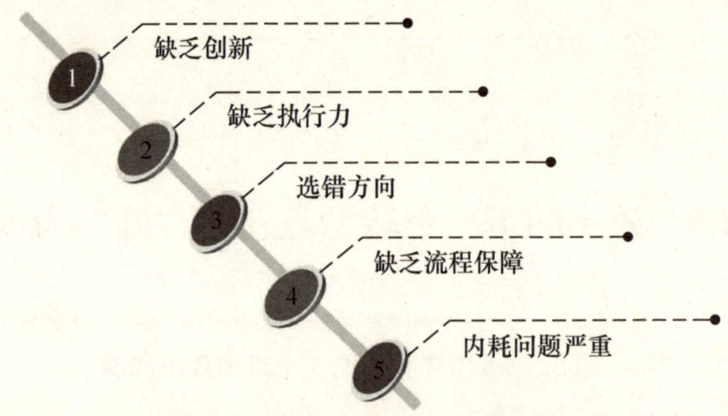

图 4-11　需要修补的 5 个组织效率漏洞

借助互联网，人们能够掌握大量的信息，从而变得更强。互联网时代，整个外界环境发生了巨大的变化，这时候企业内部组织也从以往的稳态变为了动态。如果企业组织模式依旧一成不变，企业的组织管理也就变得非常困难，更不用说提升组织效率。

【修补方法】

（1）职能结构的创新

职能结构的创新主要从 2 个方面进行。

① 加强专业化。将传统的企业非主体部分，即辅助作业、生产生活服务等进行剥离，发展专业化、社会化协作体系，从而集中企业资源发展企业的核心业务。

② 对生产过程前后的市场的调研工作、技术开发工作、市场营销、用户服务等环节加强工作，同时还应对人力资源、资金流、信息流等与生产有关的诸多要素进行管理。

（2）管理体制的创新

管理体系的创新主要是对企业内部上下层级之间的责权关系进行创新。

① 在不同层级上灵活设立不同的经济责任中心，包括投资责任中心、成本责任中心等，从而缓解因责任中心设置不当或者只设立一个责任中心而产生的管理失控的局面。

② 将生产部门作为一线部门，并且重点突出其在企业组织中的重点位置；将管理部门的重要性适当下移，从而有效缓解传统管理部门高高在上的弊端，这样管理部门可以对生产部门进行监管，同时也得服务于生产部门。

③ 将作业层的管理重心下移。作业层是指在企业运营过程中肩负生产活动、销售活动、研发活动等的小团队、小组织。将作业层管理下放到其团队、组织内部，实现团队、组织自我管理，这样可以提高每个团队的凝聚力，更好地解决作业过程中所遇到的问题，从而保证组织效率的提高。

（3）机构设置的创新

这里的机构设置是指横向的创新设置，即在每个层级上设置不同的职务和岗位，从而做到各司其职，保证相互之间的合作配合。与此同时，还应当将各个机构进行整合，即将相关性很强的职能部门合并为一个部门，将一个完整的流程合并为一个部门，从而实现综合化，这样，管理可以贯穿每个部门的业务流程，从而保证了管理的连续性。

（4）运行机制的创新

运行机制的创新主要是对企业内部的价值链进行创新，借助一定的价值形式将企业自上而下之间的服务与被服务关系串联起来，这样价值链上的各个组织就能够相互制约，达到降低成本，提高组织效率的目的。

（5）跨企业组织的创新

跨企业实现组织创新需要突破企业与市场的边界，将企业外部的其他企业组织联合，从而对不同企业间组织的资源优势加以整合并重新利用，加强企业间组织联系的网络化特征。对企业组织进行“跨界”创新是在互联网时代的一种全新的组织创新方式。

2. 漏洞二：缺乏执行力

执行力是保证企业目标得以实现的关键，企业的一切成效都借助强执行力来完成和实现。但是有的企业在执行力问题上并没有给与太多的重视，而是把目标放在结果上。要知道，没有强执行力推动个人目标的实现，企业的总目标也不能够高效实现。因此，企业组织是否具有高执行力决定了企业能否快速高效地实现目标策略。没有强执行力，再宏伟的企业目标也只能是纸上谈兵。

【修补方法】

（1）管理者具备高执行力

作为管理者，要想要求全员具备高执行力，首先自己就得发挥表率作用，提升自己的执行能力，为全员树立标杆。另外，管理者还需要具有培养全员高执行力的能力，这样才能真正达到整个企业组织成员执行能力全面提高的目的。

原则：杠杆原则——给你一个支点，去拨动整个团队。

（2）营造执行力文化

提高全员的执行力还需通过企业文化的影响。企业管理者应营造一种良好的执行文化，通过文化感染每一位员工，使其更加注重承诺的兑现、注重责任感，从而提高执行力。

原理：熏陶原理——文化熏陶深入人心，胜于强制性要求。

阿里巴巴之所以能够在众多的互联网企业中脱颖而出位居三首之一，其关键在于阿里巴巴的强执行力，这也是阿里巴巴做的最好的一点。众所周知，阿里中供铁军号称O2O行业的黄埔军校，这里聚集了一支具有超强战斗力和

执行力的线下地推“军队”。阿里的这支地推“军队”之所以能够有超强的执行力，关键在于阿里给这支“军队”进行不一样的文化灌输，并且通过对员工进行可塑性培养、建立目标愿景、愿景变现等方式来激励和提升其强执行力。当时有许多区域经理分布在全国各地，当接到总部命令之后，也不会询问为什么会有这样的指派命令，第二天就直接背起行李赶赴新的区域、到新的岗位继续“战斗”。正是因为受到一种强烈的责任支撑和推动，才使得阿里的员工能够这样服从指挥、具有强执行力，进而才成就了阿里巴巴如今的辉煌。

（3）掌握有效的技术工具

执行力一方面由主观态度决定，另一方面也取决于能否高效利用技术工具，即取决于技术性能的高低。如果能够快速学会利用高效的技术工具来展开工作，那么员工的执行力和执行的自主能动性将大幅提升。相反，欠缺娴熟的对技术工具的操作能力，则会使执行力大打折扣，更重要的是影响执行效果，使得组织效率难以提升。

原理：巧借东风原理——借助东风之力，则更加顺手、省力、高效。

（4）建立执行效果激励机制

激励机制已经讲过很多，在用于提升员工执行力方面，激励机制同样能够起到很好的作用。利用事实和数据说话，是评价员工执行力的最佳标准，应将其纳入考核，按等级进行奖励。

原理：事实与数据原理——事实胜于雄辩，数据最具话语权。

3. 漏洞三：选错方向

没有方向感的鸟儿没有办法找到回家的路。对于现代企业团队来讲，也是同样的道理。团队缺乏整体发力的方向，组织效率就很难提升，团队目标也很难实现。很多时候，企业团队搭建之后却不知道团队的具体价值观、人生观、目标追求是什么，也正是如此，很多企业在组建团队的时候选错了团队的整体发展方向。

【修补方法】

（1）明确团队经营目标

经营目标顾名思义就是经营过程中想要实现的目标。经营目标可以是销量目标、企业内地位目标、品牌影响力目标，可以是长、中、短期目标，也可以是团队目标、小组目标、个人目标等。团队只有明确了经营目标，才知道在接下来的工作中应当朝什么方向努力。没有目标的团队是没有实质性组建意义的。

（2）设置团队成员标准

设置团队成员的标准应当是有共同价值观、优势互补、能力相当，这样团队成员能够互相协助、使整体优势大于局部不足，从而增强团队的竞争力，提升整个团队的组织效率。

（3）建立团队发展规则

无规矩不成方圆。团队组建之后就要通过科学、可行的发展规则对内部成员进行有效管理，通过增强整体凝聚力来提升组织效率。

（4）挑选得力的团队领导

领头羊的作用是非常显著的。缺少干练、稳重、强执行力的领导就会使整个团队犹如一盘散沙。好的团队领导人的作用是不可忽略的，他有助于团队中每个成员的潜能获得最大限度的开发和利用，能够优化整个团队的资源，从而创造出超乎寻常的业绩。

（5）加强团队学习交流

团队组建，仅仅有共同的价值观是远远不够的，还需要挖掘和提升成员的创造潜能。团队成员通过互相学习，可以共同成长；通过互相交流才有可能通力合作创造出更多具有创新性的产品和服务。

4. 漏洞四：缺乏流程保障

流程型组织是实现管理流程化的基础。组织流程化可以使组织内部成员工作分配更加趋于完善，能够使成员职能更好地发挥。但是，有的企业在组织搭建之后，往往忽略了组织流程的重要性，导致组织功能不完善、组织结构不合理、组织职能及管理责任含糊，因此使得组织效率得不到很好的保障。

【修补方法】

（1）流程策划

流程体现的是一种逻辑关系。常见的流程要素包括：业务流、信息流（单据、表格、报表）、解决方案、执行方案、管理策略、分配机制等。精细的、明确的流程策划可以帮助团队更好地完成具体的工作事项。

（2）完善组织流程

对现有流程进行全面梳理、完善和简化。

（3）寻找核心流程

要想使团队能够生存、发展和不断壮大，就需要打造独特的组织核心竞争力，必须找到能够为组织创造出核心竞争力的核心流程。

（4）核心流程再造与优化

当团队的某个业务流程运行不畅的时候，就需要根据实际情况对原有流程进行调整、再造，进而实现优化，保证其顺利进行。值得注意的是，在对原有流程进行再造之前，应当在团队内做好充分的准备工作，让所有成员明白流程再造的意义和作用，从而为流程再造营造良好的环境。

5. 漏洞五：内耗问题严重

提高组织效率的目的就是增加经济效益。然而效率又是实现经济效益的实质和基础。提高组织效率同时也意味着杜绝浪费，因此，要想获得巨大的经济收益就必须做到节约内耗。一定的产出水平下，投入越小则越好，这就意味着节约和效率；一定的投入水平下，产出越大则越好，这也意味着节约和效率。但是前者的投入是绝对的节约，而后者的投入是相对的节约。因此节约才能产生效率，效率才能产生效益。由此可见，高内耗严重影响企业的经济效益，解决内耗严重问题势如破竹。

【修复方法】

（1）从源头即员工心态入手

严重内耗最主要是由三大源头造成的：利益诉求、意见表达、感情宣泄。明白这三大源头之后，我们就可以对症下药，从源头开始逐步修复，让员工摆正心态，达到减少内耗的目的。

① 满足正当利益诉求

满足员工正当利益诉求，其重点就是建立公平的竞争机制。员工在工作过程中往往会产生一些利益诉求，如果能够通过一定的管理机制来满足其正当利益诉求，那么内耗减少就会非常显著。因此，具体的解决方法包括两方面。

• 为员工提供安全、舒适的工作环境。这里所讲的工作环境的安全性不但包括在设备使用过程中不会造成人员伤亡，还包括企业员工之间不存在恶意竞争而导致的人身攻击等。对于这一点，企业还需通过建立公平的竞争机制、考核标准等来有效把控。

• 对其工作成果表示肯定，以及对其出色的工作效率表示赞许。

从这两方面入手，让工作效率高、表现好、以企业为家的员工能够名利双收，并给那些没有突出表现和业绩以及经常带来内耗问题的员工树立很好的学习榜样。

② 倡导畅所欲言

倡导畅所欲言是针对员工的个人意见表达而提出的一种减少内耗的方式。通过畅所欲言，员工可以更好地将对企业经营、管理、运营过程中的各种意见表达出来，企业应当对这些意见给与充分的重视，并且及时提出解决方案，对于那些提出对企业发展有推动作用意见的员工应当适当地给与奖励。这种方法既对企业发展有所帮助，又能够让员工有一种被重视的主人翁感，同时还能间接减少企业内耗，可谓是一举三得。

③ 鼓励情感正常宣泄

员工也希望能够被重视和尊重，有时候也会对一些事情表示不满，希望能够有处宣泄。因此，企业应当创造机会，像领导主动与员工进行沟通交流、组织工会活动等，让员工的情感能够正常宣泄。

（2）合理安排产权

产权问题可以使员工的精力脱离生产而转向权力斗争，因此造成的严重内耗问题直接影响企业的组织效率。因此，合理安排产权是非常有必要的。

（3）构建监管体系

构建监管体系的目的就是对员工的工作效率进行有效监管，对引起或产生内耗的人员进行必要的惩罚和处分，构建和谐的企业运营环境，减少内耗的产生。

传统企业，往往是注重服务而疏于管理。美人记专注于为美容商家提供痛点解决方案，通过整合美容企业的店面管理，将原本琐碎的店面管理进行全面改革，从而实现了直观化、信息化特点。借助互联网，美容企业的组织管理（结账、盘点、报错、员工绩效、考勤、薪酬等方面）实现了自动化，真正做到了以管理为主导，运营过程更加透明化。这样不仅减少了内耗，提升了组织效率，使得企业内部人员的能效得到了最大限度的发挥，还提升了美容企业的客流量处理能力，减少了客户排队等候的时间，很大程度上改善了用户体验，可谓一举两得。

（4）加强文化建设

不同的利益群体都有其各自的目标和价值观，这也是产生内耗的一个根本原因。通过文化建设来树立企业员工正确的核心价值观，从而调动其通过正当方式获取利益的积极性，可以有效树立其与组织各成员之间的正当竞合关系，从而加快企业战略目标的实现。

4.3.2 决定企业产值的 5 件效率法宝

每一家企业都想通过最为经济的方法来生产产品、提供服务以满足客户的生活物质需求，但是，企业如何通过高经济效益的方法来实现客户需求的满足呢？提升企业产值就是一个决定性因素。

企业产值应当包含两个部分：产品和服务。因此，提高企业产值，意味着在一定时间内生产的产品或者服务数量有所提高，这样就能够较以往在相同的时间内为更多的客户提供更多的产品和服务。由此可见，提升企业产值对于一家企业发展具有十分重要的作用。以下介绍几种能够提高企业产值的方法，如图 4-12 所示。

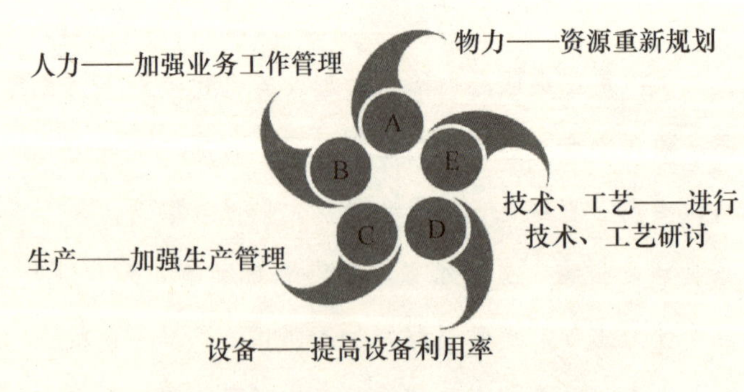

图 4-12　决定企业产值的 5 件效率法宝

1. 物力——资源重新规划

之所以进行资源重新规划，目的是为了使企业资源（包括资金流、信息流、物流）能够更加适应当前互联网背景下现代企业发展的生产需求，更加高效地实现优化配置，从而提升生产效率，推动产值的大幅提升。资源重新规划有2个阶段。

（1）物料需求计划阶段

在这一阶段，企业的信息管理系统借助计算机能力对产品的构成、客户订单、仓储物料等进行整体把握，通过客户订单需求数据对物料的多少进行统计计算，从而很大程度上减少了库存物料大量堆砌而造成的库存积压，使库存的利用得到了优化，提高了库存利用率。

（2）制造资源计划阶段

这一阶段主要是针对产品生产阶段而言。在这个阶段，产品的生产加工得到有效管理，通过计算机进行生产安排，实现实时监控，如果发现产品生产的某一环节与订单需求数据不相符，就会通过警报提醒，重新“回炉”，退回到上一个生产流程重新生产，极大地避免了物料的浪费。通过这种计算机监控的方式，与产品有关的产、供、销都能够实现透明化。

随着科学技术的不断进步，诸多印刷企业已经建立了一整套完整、高效、优质的数字化生产流程管理，并通过该流程提高了产能和产效。浙江华人数码印刷有限公司是一家为国际IT类客户提供印刷外包服务的企业，华人数码印刷公司面对的都是一些极为挑剔、苛刻的大牌用户，为此，其逐渐开始改进和完善印刷流程，提高印刷技术水准。华人数码印刷公司之后还引进了条形码技术的数字化流程控制系统，对印刷流程的每个环节进行有效的监控，从而减少或者杜绝印刷过程中产生的错误，避免了以往出现错误后才想方设法进行弥补带来的资源浪费，有效提高了企业的风险防范能力，提高了产品的品质、降低了能耗。与此同时，该系统还代替了以往人工检查的方法，降低了人为疏忽（故意、心情、遗忘等）所带来的损失，利用智能的方法达到

预防为主、及时纠正的目的。

---

2. 人力——加强业务工作管理

人是整个生产过程中的主导力量，人的因素和作用是非常巨大的。互联网的发展使得信息化推进的速度更加迅猛，各项领域都蓬勃发展，而企业员工的业务能力则影响了企业产值的高低，决定了企业命运成败，因此，加强员工业务工作管理迫在眉睫。

（1）加强员工教育和管理

企业要想在竞争激烈的市场中提升产值、求得生存，保证快速、健康的发展，提升员工业务能力就成为一项重要的增值方式。员工业务能力的高低与企业总体产值目标能否实现具有密切的关系。必须加强员工教育和管理，才能保证员工业务能力的提升。在加强员工教育和管理的过程中，应当注意以下几点。

① 与企业需求相吻合。

② 与企业的发展现状相适应。

③ 与员工的水平相对应。

（2）构筑学习平台

学习平台可以让员工积极参与进来进行学习交流，从而取长补短，增加自己的业务能力，进而更好地为企业发展做出更大的贡献。构筑学习平台应注意。

① 学习平台的构筑应当以技能水平提高以服务于岗位业务为原则。

② 经常开展岗位知识、技能竞赛，提升员工业务学习、交流的积极性。

3. 生产——加强生产管理

前文中详细介绍过两种常用的生产管理工具，在这里我们讲下加强生产管理的步骤和方法。

（1）做好生产计划

在有效选择生产管理工具之前，最为重要的就是做好生产计划，因为制订好了生产计划才能保证后续工作都能够按照计划有序进行，才能为产值提升创造可能性。

（2）健全生产组织

生产车间的职责就是完成生产计划，因此，加强生产管理的一个重要点就是健全生产组织。在统一、强有力的生产组织下，安全生产任务才能更加均衡、有效地完成，人、财、物才能够有效运转，进而提升企业产值。

（3）完善车间管理制度

有效的制度能对员工起到很好的约束作用，同时也可以大幅提高其工作效率。制定完善的车间管理制度可以让每个工作任务都落实到具体的员工身上。根据管理制度对员工生产标准等的要求加强员工工作的标准化，强化车间管理机能，从而在提升了产品品质的同时也提升了生产速度。

4. 设备——提高设备利用率

产品生产是借助生产设备来实现的，设备利用率的高低也影响着产值的高低。因此，提高设备的利用率成为高效提升产值的又一重要途径。提高设备利用率，可以大幅降低人力成本，这些节省下来的成本可用于物料购置等，也可以进一步将其投入产品生产过程中，进而提升企业产值，形成良性循环。提升设备的利用率，需要从以下几方面入手。

（1）推行承包责任制

承包责任制下，实现定人、定机制度，这样责任就落实到单个个体，通过承包合同来保证任务、安全、耗材等各项指标的精准性，在完成生产任务的同时也保证了产值的整体提升。

（2）加强人员管理

生产过程中，人是最为活跃的因素，也是与生产设备密切接触的使用者和管理者。加强人员管理的目的就是为了提升机械队伍的整体素质，进而保证设备充分发挥其能效，保证生产过程设备使用达到最优化状态。加强人员管理，应当注意。

① 多层次技术培训

老职工带新职工进行岗前设备使用培训，请厂家技术人员专门进行现场指导培训，以对员工的使用技能进行提升和把控。

② 复合型技术人员培训

对于复合型技术人员，要求其既会利用设备进行生产互动，也能掌握先进的信息技术，能够全面分析和诊断设备的故障原因，并能有效解决故障问题。

在美的中央空调温州生产基地，有一个斥巨资打造的“数字化车间”。该数字化车间的总体设计和工艺流程以及整体布局都融入了数字化模型，采用计算机辅助设计、计算机辅助制造等进行模拟仿真，通过企业资源计划等实现了生产车间的整体规划、运营等的数字化管理。在生产车间内的员工全部利用数据采集系统和先进的控制系统，使得生产工艺数据的自动采集率达到了 90% 以上。

另外，美的中央空调的生产车间还拥有一个巨大的实施数据库平台，其借助互联网的优势与生产管理系统实现实时互通与集成，从而实现了基于工业互联网的信息工厂以及优化管理。通过数据采集和分析系统，对制造进度、现场操作、质量检验、设备状态等所有生产过程中所涉及的设备、产品进行参数对比分析，判断产品质量是否合格、机器设备运转是否正常等。

---

③ 加强设备安全管理

设备安全存在隐患，不但为设备本身带来经济损失，还影响生产进度，进而影响企业产值，因此需要增强员工的安全意识，并且完善各种设备安全管理制度，严把安全关，将设备安全隐患控制在萌芽状态。

5. **技术、工艺——进行技术、工艺研讨**

工艺一方面影响产品质量，另一方面影响企业的整体产值。在选择工艺方面，应当首先对工艺选择方向进行研讨，高效、可行的工艺往往对于产品质量和产值的提升起到至关重要的作用。像当前结合互联网、大数据、物联网等诸多技术的先进技术中往往会通过引入智能技术、3D 工艺等实现产品定制，这样既可以通过智能化有效控制能耗、减少人力成本等，又可以使定制产品工艺的打造水平更加精进、打造速度更加快捷。这样企业产值想不提升都难。

4.3.3 业务目标分解的有效步骤

有效管理企业或者团队，最重要的就是能够领导团队高效完成业务目标。在互联网时代背景下的现代企业，更加讲求时效性，高效完成业务目标对于提升企业的整体市场竞争力大有裨益。企业整体目标不是一件一蹴而就的事情，而是经过企业内部各个部门通力合作再加上科学的方法才能实现的。

美国有个科学家做了一组实验：将 30 个人分为 3 组，让他们分别步行到 50 千米以外的村子。

第一组，也不问去哪个村子，径直跟着领导走，但因为长时间没走到，精神疲惫，并且半路上有人开始产生愤怒情绪，最终花了很长时间才到了目的地，且花费的时间最长。

第二组，事先确定要去的村子的名字和方向，然后朝着村子的方向走，但是并没有明确里程和最短距离。因此在路上也有人情绪化开始发牢骚。最终走到目的地所用的时间也是较长的。

第三组，既明确了村子的名字和方向，也知道怎么绕小路走去过，以及用多快的速度多久能够到达。因此，一组人在有说有笑的快乐情绪中到达了目的地，并且用时最短。

之所以讲这个例子，是为了说明一个简单的道理：**一个目标，如果能够将其细分，则这个目标实现起来就更加容易，也能够在短时间内实现。**

的确，回归到企业目标的实现上来，如果能够将企业的总体目标进行分解，并且掌握好的方法，实现目标也不是难事。具体将企业整体业务目标下放到各个部门，将整体业务目标进行合理分解，从不同的方向进行各个击破，那么企业的业务目标就可以轻松实现。

下面深入讲述企业如何通过行之有效的业务目标分解来实现总体业务目标，如图 4-13 所示。

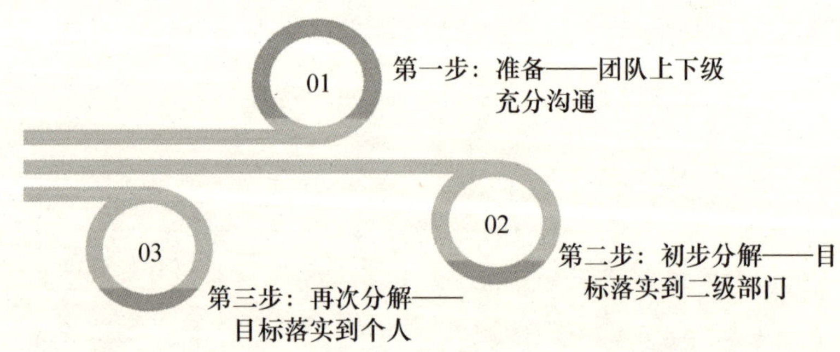

图 4-13　企业业务目标分解的有效步骤

第一步：准备——团队上下级充分沟通

每个销售阶段，团队成员都要对上一阶段的工作情况（销量目标、实际销量、市场状况、竞争情况、客户关系、个人情况等）进行总结、汇报，汇报的目的就是总结上一阶段的问题节点，以及成功因素，从而保证下一阶段能够取得更好的业务成绩。

团队上下级之间充分的沟通能够让所有成员对当前的整个环境有更加充分的了解，从而消除信息不对称现象，让团队之间的相互合作更加紧密，这样更容易达成最终目标。因此，团队上下级的充分沟通是保证团队成员之间相互协调以实现企业最终目标的前提条件。

另外，通过上级的沟通对团队成员的工作总结更深层次地了解，可以帮助团队上级领导掌握更多的数据资料、行业趋势、竞争情况，进而与更高一层领导协商，最终由董事会制订下一步工作总体目标和计划，并保证目标、计划的方向更加明确，如表 4-1 所示。

表 4-1　企业总业务目标

企业总目标		
维度	**目标项目**	**说明**
财务运营	净资产收益率	企业盈利目标
	总资产收益率	
资产运营	总资产周转率	企业运行效率目标
	流动资产周转率	
负债能力	资产负债率	企业偿还债务目标
	已获利息倍数	
企业发展状况	营业额增长率	企业成长目标
	资产累计率	

第二步：初步分解——目标落实到二级部门

确定企业总业务目标之后，要找相关部门参与目标的初步分解。对总业务目标进行初步分解的时候，应当采取参与决策的方式来进行，实现由上而下的逐步分解，由下而上地共同参与，从而保证各个部门对总目标的实现方式能够达成一致意见，如表 4-2 所示。

表 4-2　总业务目标的初步分解

部门目标			
部门	目标构成	部门	目标构成
销售部门	销售额、销售数量、毛利率、新客户拓展数量、客户满意度等	采购部门	采购成本、采购数量、采购质量、物料库存利用率、采购效率等
市场部门	市场占有率、品牌建设及拓展情况、市场计划执行情况、目标群体受众率等	财务部门	财务预算、预算执行情况、核算的及时性和准确性、资金有效利用率等
生产部门	产品生产数量、产品质量、产品成本控制、产品能耗控制、流程优化等	人力资源部	员工流失情况、员工技术培训情况、后备人力资源情况、员工合理利用情况
研发部门	新产品研发情况、新产品市场占有率、研发团队建设等	行政部门	系统运营情况、员工满意度、后勤工作情况

第三步：再次分解——目标落实到个人

目标最终的执行者还是单个员工，个人在实现目标的时候应当注意与总目标保持一致，部门目标对个体员工目标的的实现具有强指导性，而个人目标是实现部门目标细化的基础，如表 4-3 所示。个人目标的制定应当以强操作性、强可行性为原则。

表 4-3　员工个人目标制定步骤

员工个人目标	
步骤一	回顾企业总目标以及部门目标
步骤二	结合自身特点和优势，以及所在部门的职责，在部门目标的指导下拟定个人目标，按照重要性、紧急性划分为：重要且紧急—紧急不重要—重要不紧急—不重要不紧急。并按照这个顺序来完成目标
步骤三	明确期望达到的效果和结果

要注意的是：下属分目标之和大于总目标，只有切实完成个人目标，企业总目标才能实现，甚至可以超过总目标的预期效果。因此，在对企业总业务目标进行分解的时候，一定要在可行的基础上尽量做到细化。

案例：小米手机的“发烧友”生态效率体系

从2011年4月6日成立到现在，小米已经由一个“为发烧而生”的小众手机设备商家一步步转变为手摇“新国货”大旗的移动互联网百货，然而，这样的蜕变，小米仅仅花了六年的时间就做到了。

小米的产品理念是“为发烧而生”，这不仅是小米的品牌理念，同时也是小米的品牌口号。事实上，小米的确是为发烧而生的。每一款小米手机都在发烧友的积极参与下生产，小米手机采纳发烧友的意见与建议，进而研发出能够满足发烧友需求的产品。因此，“为发烧而生”也是小米品牌的核心价值。

在小米还未上市的时候，其“智能发烧手机”的理念已经被打造得十分火热。当时智能手机行列中双核智能手机少之甚少，一度被认为是稀有品、奢侈品，而小米手机配备了双核处理器，并且以史无前例的1999元的低价出售，“高端机、低价格”吸引了无数发烧友的目光，各大媒体也争相对此表示关注。小米凭借“高端机、低价格”火速提升了自己的品牌形象，成为当时智能手机中最强大的手机。小米还未上市就被炒作得如此火热，引得无数发烧友日盼夜盼，迫切希望能够拥有一台传说中的“智能手机”发烧。

小米是从“发烧友”一点一滴成长起来的。之所以这么说，是因为小米的核心创始人本身在创建小米之前也都是“发烧友”，他们当初就是将“发烧友”作为整个产品设计的切入点。起初，小米在细分市场方面做得非常精准，通过对市场的调研，按照消费者年龄将其进行细分，并且大多集中在25~35

岁。这个年龄段的人具有的特点：经济独立、处于事业发展期、接受新事物的能力强、具有超前的消费习惯、喜欢尝鲜、消费能力强、群体队伍庞大。但是这样的细分并没有真正找到“发烧友”，于是小米又在这一群体中继续挖掘对手机感兴趣、喜欢将手机作为工具使用的小众群体，这些人就是雷军想要找的“发烧友”。选择这样的小众群体作为发烧友，是因为他们对手机功能的挖掘和使用能力非常具有前沿性，并且能在广大的消费群体中起到“领袖消费者”的作用，引导大众消费趋向。

小米的“为发烧而生”并不仅仅体现在产品上，除此以外，小米还通过米粉节吸纳更多与小米结缘的，不但会用手机，而且会玩儿手机的用户群体。这样小米的“发烧友”队伍就越来越壮大。

在小米成立9个月的时候，小米第一代产品诞生了，这里起到关键性作用的就是小米生态。在小米的平台上，小米获得的第一批粉丝被成功获取，这部分人为转化为小米发烧友奠定了非常重要的基础，这样，小米的发烧友就变成了小米生态链的发烧友，从而引爆整个生态系统。

案例一：2011年7月，正当很多人因价格问题在智能手机与非智能手机之间徘徊不定的时候，小米抢占市场先机，打出了1999元的全球首款双核智能手机的广告。虽然当时小米手机还未面世，但是其超低的价格让众多“发烧友”欣然接受，因为如此低价的超值智能手机已经足以安抚发烧友的伤痛。

案例二：小米的发烧友呈现一种金字塔形式，处在金字塔塔尖上的发烧友可以参与企业的决策，小米将其命名为“荣组儿”，这个荣誉开发组可以提前试用小米未上市的产品，然后对其试用情况进行真实的评价。这个“荣组儿”甚至有权利在整个社区里说：“这个版本太差，大家都不要升级。”经过“荣组儿”的批评指正之后，小米的研发团队再对该产品进行改进和完善。甚至有时候，“荣组儿”还有资格参与一些绝密性的产品的研发，像 MIUI V5 的研发过程“荣组儿”就有参与。

从上边两个例子中，我们可以总结出以下几点。

第一，小米将“发烧友”看作是自己的朋友、员工、团队。

第二，将利益（价格优势）作为切入点，从而激发发烧友的激情。

第三，将权力进行下放，让发烧友自由发挥其职能，在不受任何外力的影响下，更好地胜任自己的职责。

第四，通过金字塔式的划分，给与其特权，是对发烧友的一种变相奖励。

正是基于以上这几点，小米才能对其生态链上的“发烧友”实现有效管理，并且使其更加高效地为小米出力。更重要的是这种体系提升了发烧友团队意识，使小米不会有被泄密的风险。小米手机的这种“发烧友”生态效率体系的确值得我们深思和学习。

第5章
互联网时代盈利法则——核心竞争系统

互联网环境下，如何打造企业的核心竞争力已经成为各领域常提及的关键词汇。打造核心竞争力的目的就是制造相对于竞争对手的独特的、不易被模仿的并且能够为公司产生价值的核心能力和优势资源。同时，构建一套完整的核心竞争系统，对于互联网时代的企业获取更大的盈利具有事半功倍的作用，因此，企业应当注重核心竞争系统的打造。

5.1 五步实现传统企业互联网化

核心内容展示

- 思维：互联网新思维取代传统旧思维
- 互联：产业链上下游实现无缝对接
- 互动：实现客户体验最优化
- 重建：移动互联网加速重建产业优势
- 数据：大数据玩转互联网营销

5.1.1 思维：互联网新思维取代传统旧思维

如今，互联网已经全面颠覆传统行业，带来了全新的变革，像“互联网 + 外卖 = 饿了么”“互联网 + 洗衣 =e 袋洗”“互联网 + 美甲 = 河狸家”“互联网 + 出行 = 滴滴出行”……凡此种种，比比皆是。

然而，这些“互联网 +X=Y”的创业思维模式也引起了众多企业对互联网思维的思考，如何用互联网思维做产品，如何用互联网思维创业，互联网思维究竟与传统思维有什么样的区别，这些问题成为当前企业极为关心的问题。事实上，互联网思维主要包含以下几种思维模式，如图 5-1 所示。如果能够在企业运营过程中全面掌握和有效利用这些思维模式，将对企业的发展带来不可估量的价值。

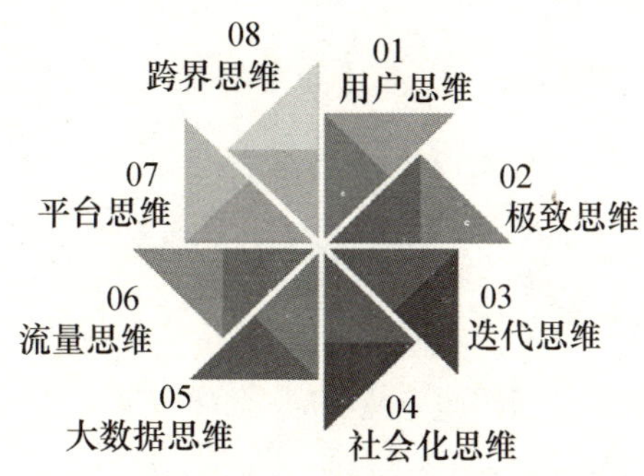

图 5-1　互联网思维的 8 种模式

1. **用户思维**

用户思维是互联网思维的核心。企业营销的目的本身就是为用户服务，并通过用户获利，因此，以用户为中心就成为企业关注的焦点。尤其是在互联网时代，按照客户需求进行产品创新，企业需要与用户之间进行互动，鼓励用户参与，这都体现了一种用户思维。

2016 年，芬尼空气结合当下互联网发展特点，为了满足消费者更高的热水需求，全面注重产品能效等级的提高，实现新品 75℃水温升级。芬尼空气在产品设计功能上同样进行了填充和丰富，使得用户在操作过程中更加流畅和便捷，进一步增加了芬尼空气能热水器的用户体验满意度，也使其产品在市场中更具竞争优势。除此以外，芬尼空气能热水器还组建了专业的售后团队，建立了消费者投诉 100% 跟进、100% 反馈和 100% 回访机制，将其服务质量提升到了一个新的台阶，也使用户对其满意度和产品美誉度大幅提升，

提升了芬尼空气能热水器的企业形象，推动了该企业事业的不断腾飞。

要想实现用户思维，企业就必须做到以下几点。

（1）抓住领袖消费者

顾名思义，领袖消费者自然是消费者中能够起到带头作用的人物。作为领袖消费者，其必然能够快速适应社会变化，具有一定的影响力、积极性，并且懂得营销，能够全身心地投入到消费者中。因此，领袖消费者的作用是企业在营销过程中不可忽略的，要牢牢抓住领袖消费者为己所用。

（2）企业与用户共赢

借助互联网优势，不仅仅是企业追求消费者需求，与此同时，消费者也想方设法让企业指导自己的需求点和痛点。对于消费者而言，他们并不希望企业能够对其需求点和痛点快速给出解决方案，而是希望企业能够具有可持续性，能够承担起更多的社会责任，这样，聚集在一起的消费者就可以反向推动企业的变革，可以说，企业这时候如果还不思考如何变革，那么必将面临被淘汰的危险。

更重要的是，消费者已经不能满足于当前的需求，更多的是希望能够拥有自己的个性化定制的创新产品，这时候，企业应当构建各种用户参与产品创新的互动机会，从而保证消费者对产品需求获得满意的同时，企业自身也能够获得巨大的利润。

2. 极致思维

极致思维要求将产品和服务做到能够让用户尖叫的极致，要求产品第一，服务第一，在满足消费者需求的同时，能够提升企业自身的核心竞争力。在互联网时代，实现极致思维需要满足以下几点需求。

（1）抓住用户痛点

可以说，痛点是一切产品的基础。痛点往往是用户对产品追求过程中，其需求难以解决的关键点，因此，互联网时代，企业应当全面剖析用户需求，找到产生痛点的症结点，才可以实现对症下药，打造出能够切实解决用户痛点的产品，这也就是变相地将产品做到极致的一条捷径。

（2）打造极致产品体验

痛点对于用户来讲是产品层面上的需求，而产品体验则是由产品延伸出来的服务层面上的需求。也就是说，极致思维不仅指将产品做到极致，服务也应当达到极致的境界。极致的产品体验能够给消费者带来不一样的感受，更加容易获得大众认可，提升企业美誉度。这也是一种增加企业盈利的有效方式。

小米从用户角度出发，一切本着为用户服务的遵旨来做到尽善尽美。小米用最好的材料做最好的手机硬件。小米系统通过互联网方式在 Android 系统基础上不断进行完善，使其他手机品牌很难超越其完美体验。此外，小米每发布一个新的小应用的时候，就会在 2 万多个咖啡厅、餐厅、机场、火车站布置免费 Wi-Fi，用户无需通过输入账号、密码等烦琐的步骤，只要一键点击就可接通，并且安全可靠，为用户带来了极大的便利体验。因此，越来越多的人开始爱上小米，成为小米的忠实粉丝。

---

3. 迭代思维

互联网发展日新月异，在这种快速更迭的时代，新事物快速取代旧事物，实现快速蜕变，在互联网时代企业的发展也应当具备迭代思维。然而，“快”是产品进行迭代的根基，不是建立在这一点上的迭代是毫无意义的。

（1）微创新加快迭代速度

消费者对于产品的需求往往是期望其能够满足自己的个体需求，如果企业的产品想顺应、迎合这个需求，就意味着企业必须带来更多个性化、定制化、创新化的产品。从这个角度上讲，“创新”是基础，只有优于传统形式的产品形式、功能等的创新，才能保证个性化、定制化的实现。在这个基础上，对产品进行迭代，则企业能够在速度上先人一步抢占市场，获得盈利的先机。

（2）以人为核心，推进迭代

这里又一次强调了人（即用户）在整个企业运营过程中的地位。要知道，产品每次的迭代都是在之前的基础上进行升华，从而不断的积累、总结，才能实现迭代从量到质的变革。然而这些积累和总结都是来自于用户。用户使用产品后的信息反馈，对于企业的产品更迭来讲是一个关键点。如果没有用户的反馈，没有用户使用心得的总结，则企业产品在迭代前后没太大的本质性区别。

（3）工匠精神不可忽视

企业产品的更迭并不能为了更迭而更迭，而是要建立在一定的精益基础上。工匠精神不但不违背互联网思维，反而是在新时代背景下快速实现迭代的保障。经过精雕细琢之后往往会提高结果出现的速度，因为精雕细琢会大幅降低操作过程中出现的误差，避免了“回炉”的烦琐，因此加快了迭代的速度。因此，工匠精神不可忽视。

迭代思维的 3 个方面可通过图 5-2 简单展示。

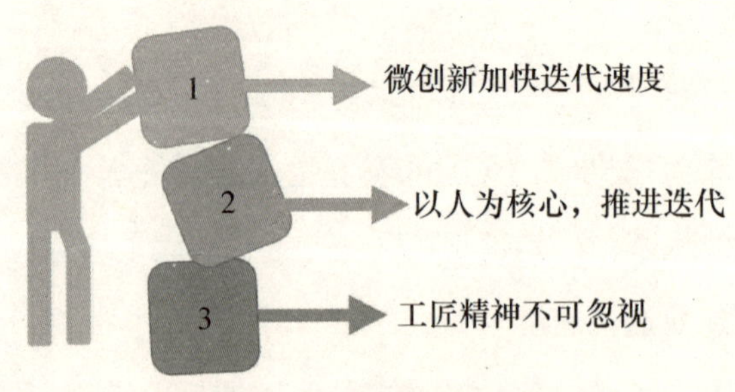

图 5-2　迭代思维的 3 个方面

4. 社会化思维

互联网时代，社交媒体日益强大，社会化媒体在企业运营过程中可以说起到了新时代推手的作用。基于社交媒体，企业可以利用粉丝的口碑传播力量为企业树立良好的形象，将传统的广告宣传阵地转为社交媒体进行炒作，这就是一种很好的社会化思维。无论是微信、微博、人人网还是SNS都是非常好的社交媒体工具。

这里我们还以小米为例。imo是小米研发的一款小巧，但功能完全的小软件。对于imo这样的企业软件来讲，用户就是其最好的宣传者，通过一个用户可以影响更多的用户。当小米的一个imo用户在使用该软件的时候，就必然会想着将其身边的朋友、亲人、同事等都拉进来，从而更加方便地交流。对于这一点，小米imo在研发的过程中也考虑到企业软件外部需求的特点，添加了外部联络人功能，这样不但方便了小米imo用户的使用，更重要的是为小米自身提供了一个口碑传播渠道。小米正是看到了社交媒体的巨大作用，才借助社会化思维而搭建了这样有效的口碑传播途径。

---

5. 大数据思维

在互联网时代，用户产生的数据量大幅增多，然而这些数据对企业发展都是极为有应用价值的。企业应当合理利用这些数据，通过收集大量用户数据、产品数据、竞争者数据等，更好地为用户打造出个性化定制产品和服务，获得更多用户的青睐，达到提升企业营业额的目的。

（1）利用数据进行深入调查，发现客户需求

随着信息技术的不断发展，人们采集数据的方式、方法越来越多，能够积累的数据量也越来越多，因此，要根据所采集的海量数据来进行深入分析，挖掘用户行为、用户喜好、用户购买习惯、用户需求等，从而为用户进行画像。

通过这些消费者数据信息，企业可以制定出适合不同消费者、不同使用场所、不同使用时间、不同购买目的、不同生活方式的定位产品。另外，借助收集而来的用户数据可以将用户进行细分，把客户归置到同一类群中，对这些基于共同的需要和想法类群的，可以有针对性地制定一个共同的解决方案来展开行动，利用差异化产品和服务实现精细化营销。

（2）深入分析数据信息，了解竞争者

在大数据时代做产品营销还少不了对产品竞争者的了解。基于大数据具有预测能力的特点，通过对数据的深入分析，得知竞争者的核心竞争力，从而取其糟粕去其精华，通过扬长避短的方式让自身更加完美。

（3）从数据入手，了解产品信息

纵观淘宝销售量，热销产品必定有过人之处，这就需要对数据进行研究从而发现其中隐含的秘密。通过观察某一时间段内某产品的销售详情和成交数据，企业可以纵观产品在同行业中的销售总额来判断产品差异化，进而判断产品是否满足用户需求。

（4）根据数据指南，制定产品定位和营销决策，实现精准营销

营销决策是市场营销的核心，制定营销决策必须建立在市场调查和市场预测基础之上。市场调查和市场预测必须依靠数据分析来完成，数据分析不仅需要企业内部数据，还需要大量的外部数据，包括市场需求、市场竞争等。目前大数据蓬勃发展，数据分析的应用十分普遍，企业利用数据指南分析可以制定营销决策，做到精准营销，提高企业效益。

6. 流量思维

互联网时代下，流量是互联网产品的第一生存要素，谁掌握了流量，谁就掌握了价值链的上游。可以说没有流量就不会有营销，没有营销企业就没有生存的价值和意义。互联网实际上为企业获取流量搭建了一个良好的入口。然而，获取流量有 2 个要素。

（1）免费降低门槛

如果互联网企业能够为消费者提供免费的内容和产品，有效降低门槛，那么吸引进来的流量是非常可观的。这里的免费只是一种手段，而并不是一种结果，免费的目的就是通过这种策略来推进产品推广，从而吸引用户。一旦有了用户，有了流量，之前因免费而造成的成本损耗必将被大量的用户消费所抵消。

（2）从量变到质变

流量与产品价值之间存在一种正比关系，流量越大，用户数量就越大，产品所体现的价值也就越大。一种产品受人们的欢迎度越高，则产品的需求量就越大，进而间接体现出的产品价值则越大，产品价值越大则吸引的流量越多。这是一种滚雪球效应，是一种良性循环。由此可见，量变引起质变，质变则进一步对用户数量进行再一次拔高，而且可以巩固“量”，并最终变成“果”，即企业获利的结果。

2016年上半年最火的名词非“网红”莫属。无论是商海还是娱乐、新闻领域，“网红”成为出现最为频繁的词汇进入人们的视野。网红吸金也成为互联网时代的一种全新获利模式。当下百度搜索中最火的就是papi酱和罗辑思维的合作，该合作已经被新闻以及各大社交平台不断转发。由此可以看出，哪里有注意力，哪里就能聚集更多的流量，哪里就能获取更多的利润。2016年，“网红”加上一个后缀词“经济”成为一种全新的流量入口，也成为众多“网红”们的营销产业。

7. 平台思维

互联网时代的平台思维实际上就是一种开放、共赢、共享的思维，通过互联网平台打造企业一种人人赚钱的生态体系。关于这一点，在本书的第一章已经详细讲述过很多，此处就不再一一赘述。

8. 跨界思维

互联网与众多新科技的共同发展以及相互融合，使得不同产业之间的边界变得越来越模糊，在这种情况下，跨界合作思维应运而生，其实现的本质是将低效率整合为高效率。跨界思维的应用应当注意以下几点。

（1）覆盖人群要广

要想在互联网时代实现合作，首先就得具备大规模的合作群体。

（2）要建立在共赢的基础上

跨界合作的目的是为了能够让合作各方实现共赢，如果不能达到这种效果，那么跨界合作则难以进行。

（3）用户间忌重合

进行跨界合作的目的就是为了将领域跨度非常大的企业之间的资源进行整合，实现共赢，如果各企业之间业务、资源重合较多，则失去了跨界合作的意义。

（4）资源而非金钱共享、整合

跨界合作实质上是将各领域各企业之间的资源，包括用户、产品、信息等进行整合，并不需要牵扯任何资金。

5.1.2 互联：产业链上下游实现无缝对接

互联网营销是一个永不褪色的话题，在互联网的冲击下，传统企业由于资源匮乏已经不能满足当前市场发展的需求。与此同时，互联网的本质其实就是实现互联互通，这也是其最大的价值体现。因此，在这种情况下，企业考虑更多的问题就是如何借助互联网实现产业链上下游的无缝对接，如图 5-3 所示。

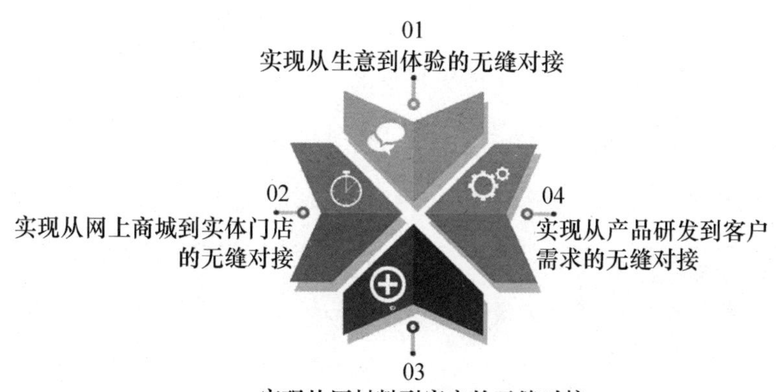

图 5-3 借助互联网实现产业链上下游的无缝对接

1. 实现从生意到体验的无缝对接

线上线下相结合的方式，不但刺激了消费，而且提高了线下资源的利用率，给更多的消费者带来了实惠和便利，将线上线下的信息打通，实现完美的线下体验。可以说，借助互联网将线上线下进行互联，实现了从生意到体验的无缝对接。

无论是电影、餐饮、购物，还是美甲、美容、洗车、洗衣，都可以通过网上订购，线下体验来实现，并且支付无需现金，只要凭借优惠码，通过手机扫描、验证等方式就可以在网上实现快捷支付。

上海一家名叫“申阿婆”的面向大众消费者的中兴连锁餐饮企业，在与亿美软通进行合作之后，利用掌客通移动整合营销平台建设其企业自身 APP，实现了品牌展示、资讯信息、电子优惠券等 O2O 营销体系，并实现了线上营销与线下消费的良好结合。

在申阿婆 APP 中，加入了定位 LBS，并且在地图上能够看到上海申阿婆餐饮店的具体位置以及联系方式，用户可以根据定位查找附近最近的申阿婆店面位置。与此同时，申阿婆还在 APP 中加入了大家推荐的私房菜、人气菜，帮助消费者更快地了解。对于消费者而言，来到申阿婆线下消费，除了线下服务、环境、菜品之外，更重要的是优惠券栏目。申阿婆定期会开展优惠券活动，线上领取并用手机扫描二维码，通过线下扫码终端进行身份和二维码验证，完成线上线下从生意到体验的无缝对接。

---

2. 实现从产品研发到客户需求的无缝对接

互联网是连接企业与客户的一个平台。在这个客户需求急剧变化的时代，借助互联网优势，企业可以根据客户在网络上的浏览痕迹、停留时间等来很好地判断客户对于产品的需求特点、爱好等，再结合对客户数据信息的调查，深入了解客户内心的真实需求，进而根据其需求特点研发出更加能够满足客户需求的产品。这种主动适应变化，主动引领变化，主动出击与客户进行对接的方式，恰好实现了从产品研发到客户需求的无缝对接。

2015年10月22日，“2015年中国国际厨房博览会”上，金牌橱柜作为一家厨房行业的风向标企业，向参展者展示了其更具智能化、人文化特色的厨房设计，大到厨房大灶火的满足，小到蜗居族厨房，应有尽有。金牌厨房能够成为当前厨房行业的一匹黑马，关键在于其善于借助互联网优势，挖掘用户需求，从而为不同用户打造出不同特色的厨房，实现了产品设计与客户需求的无缝对接。

其中有一款社交厨房，结合了当前广大用户利用家庭烹饪来增加社交友谊的需求打造。很多人把厨房作为一种增进彼此友谊的开放性场所，通过大家一起烹饪、一起聊天，在大家参与的过程中实现相互交流，营造一种轻松、愉快的交流氛围。

还有一种是微厨房，这种厨房的设计源自那些家庭空间比较小的客户，其设计的仅仅占用4平方米厨房的空间，虽然只有4平方米的空间，但是里边的功能应有尽有，厨具可以立体收纳，还可以在里边种植蔬菜，虽占地面积小但实用功能非常强大。

---

3. 实现从原材料到客户的无缝对接

当前，互联网、大数据、云计算、物联网等各种技术的不断发展，使得基于互联网的智能制造方式取代了传统的制造方式，向更加灵活的方向发展；与此同时，从事生产作业的机器人能够通过互联网实时访问所有信息，还可以根据所有的数据信息自主切换生产方式、更换原材料，从而将生产作业调整到更加匹配的模式，实现了原材料到客户的无缝对接。

智能工厂中的每个管理系统都会被定义特定的数据信息，如果接到客户订单，系统就会自动、及时地向原材料供应商采购原料，并将这些原材料赋予特定的数据信息："这是给某某客户生产某某产品的某某材料"，这样，该材料就会被用于特定产品的生产以及特定目的的运输。如果在产品生产过程中，原材料出现了配送错误等现象，智能管理就会与智能设备进行"对话"，将配送错误的原材料按照其生产线轨迹正确无误地返回，如果生产过程中出现了原材料不够用的情况，那么智能生产机器将与订单系统提出"社交"，从而自动增加原材料数量。这样，即便是把原材料嵌入产品之后，也依然能够对其路径流程信息进行保留，这种做法就借助互联网互联的优势实现了从原材料到客户的无缝对接。

---

4. 实现从网上商城到实体门店的无缝对接

互联网已经不仅仅是网上商城的基点，更成为了当前众多线下实体门店的发展基石。基于互联网，各种网上商城开始寻求与线下实体门店进行双方互助合作，从而拓宽线上线下渠道，打造网上商城与线下实体门店无缝对接的新格局。

2015 年 7 月，沃尔玛百货有限公司正式宣布收购 1 号店的余下股份，并且对 1 号店进行全资控股。在此之前，沃尔玛就已经对 1 号店 51% 的股份进行了收购，收购的目的就是为了更好地推进 1 号店的发展，保证线上、移动端、线下实体店的客户能够获得更加便捷的客户体验。沃尔玛“吞下”1 号店，实现了网上商城与线下实体门店的无缝对接，这种做法无疑扩展了沃尔玛的市场疆域，并为其未来的发展道路带来了更多的机会。

5.1.3 互动：实现客户体验最优化

在互联网时代背景下，市场变化向多元化方向发展，客户的需求也更加多元化，由此其购买期望越来越高，其购买行为也更加复杂。客户的这些特点，给企业营销带来更大的挑战，如何找到能够更加接近客户的方式，如何实现客户体验最优化，成为当前互联网企业亟待解决的问题。

相关营销数据显示：“100 个满意的客户会给企业带来 25 个新的客户；企业每收到一个客户的投诉，就意味着有 20 个同感的客户，获得一个新客户的成本是保持一个满意客户成本的 5 倍；60% 的新客户来自现有客户的推荐，在不满意的客户中，4% 会告诉你他们不满意的理由，96% 的客户会直接掉头就走，91% 的客户不会再次光顾。客户的存续概率增加 5%，则利润就会随之增加 70%；在客户的购买动机影响力因素中，忠诚计划占 22%，顾客服务占 37%、产品选择为 37%，容易退货为 40%。营销中的 1:25:8:1 意味着服务好一个客户就会带动 25 个客户产生购买欲望，其中有 8 个会产生购买欲望，1 个会产生购买行为，80% 的利润由 20% 的客户产生，84% 的人为非计划购

买，92% 的客户在店里才会决定购买的品牌。”

以上这些数据告诉我们，提升客户满意度对于一家企业的营销活动来讲能够起到事半功倍的效果。提升客户满意度最重要的一种方式就是通过实现客户体验最优化来满足客户需求，然而其实现的途径就是通过企业与客户之间进行互动。

企业想要使客户体验达到最优化，让客户满意，就应当首先满足客户需求，这是企业研究如何有效利用互动方式提升客户体验的一系列相关性问题的基础。换句话说，要想通过互动实现客户体验最优化就得先明白影响客户满意度的核心需求。接下来先分析下通常客户核心需求的类型，如图 5-4 所示。

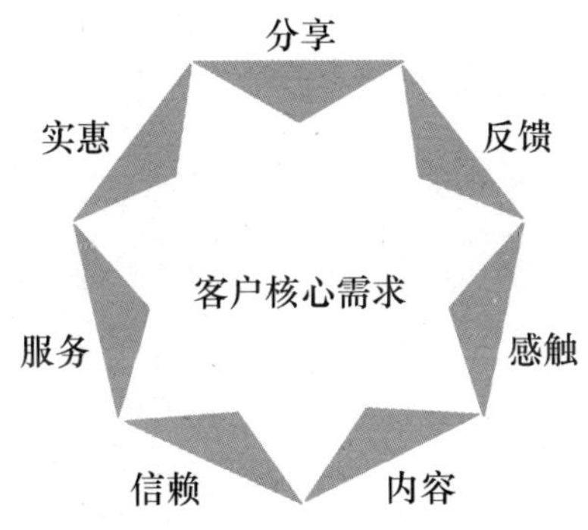

图 5-4　客户核心的 7 个需求

1. 客户核心需求一：实惠

（1）价格合理

价格是影响客户需求的因素之一，客户更加喜欢企业能够提供更多物美价廉的产品。

（2）有特惠吸引

特惠是指企业能够为客户发放一些优惠券、体验卡、购物卡之类的优惠，这样一条龙的优惠能够让客户获得良好的购物体验。

2. 客户核心需求二：服务

（1）特色服务

特色服务往往能够使企业有别于其他企业的普通服务而吸引更多客户的关注，企业可以针对不同的客户打造不同的服务，让客户在进行服务体验的时候能够更加舒心。

（2）性价比高的服务

能够通过同样的价格甚至更低的价格买到更多的服务，这是广大消费者所期望的，如果企业能够将服务的选择权交给客户，任其选择，就能保证在充分发挥客户主观能动性的同时，大幅提升客户满意度。

3. 客户核心需求三：信赖

（1）产品靠谱

很多产品是在网络上销售的，因此，客户对于产品的好坏不能通过实实在在的听觉、嗅觉、触觉等判断，企业为了解除客户的疑虑，应当利用网络的优势进行在线视频播放的方式，向客户展示产品生产流程中的各个环节，让客户对产品的成型过程了然于心，从而放心购买产品。

（2）类熟人评价高

类熟人就是在互联网上具有同样购物喜好的人。线上购物的时候，客户往往喜欢先关注已购买过的客户评价，通过对这些类熟人使用产品后的评价来确定自己是否购买该产品。

4. 客户核心需求四：内容

（1）服务内容精而专

企业提供的服务所体现出来的价值是无形的，因此，为了让用户更加清晰明了所提供服务的价值特点，就应该将服务程序化、精细化、专业化，可以利用图片、案例等将每个服务环节更加细致化地表达出来。

（2）内容要有趣、科学

互联网时代，与客户之间沟通要具备“娱乐精神”，企业应让内容更加具有趣味性、科学性，这样更能够吸引广大消费者的目光，并且容易引起消费者的共鸣。

5. 客户核心需求五：感触

（1）线上线下感触相同

用户往往希望自己在线上和线下所获得的感触是一致的，包括服务描述、服务体验、服务流程等方面。

（2）线下有实体触电

更多的企业主打线上运作，将线上运作作为重点，通过官方浏览、电子商城下单、商品评价等环节与客户进行沟通，关注线下者比较少。而客户往往希望线下能够增加更多的现场体验环节。

6. 客户核心需求六：反馈

客户往往希望对产品和服务的评价能及时获得企业的反馈，反馈可以让企业明白自己应在哪些方面满足需求，从而一方面鞭策企业不断进步满足客户需求，另一方面也提升了企业的产品和服务质量。

7. 客户核心需求七：分享

（1）社群可分享

客户在使用产品和体验服务之后，往往希望能够将自己的心得分享给自己身边的人，告诉大家自己的消费感触，因此，企业可以为客户建立社群，让更多具有同类兴趣、爱好的伙伴一起分享、讨论，这样不仅可以方便客户的讨论，企业也可以从中发现客户意见和建议，改进和完善现有的产品和服务质量。

（2）分享设计更加便捷

分享的目的就是为了强化客户交流，而各种分享功能的优化设计则使得用户在分享的时候更加便捷，像晒图、讲故事等功能都可以实现客户交互。另外，在社交分享功能中可以增设数据端口，方便企业获得更多的客户数据，进而便于企业制定下一步营销策略。

针对以上 7 个客户核心需求点，企业可以有针对性、有章可循地组织互动活动，可以说，这 7 个客户核心需求为企业组织互动活动提供了方向，这种以用户需求为出发点进行的互动正是用户体验的最高形式——互动体验。当前互动体验已经成为一种潮流和趋势，被众多互联网企业所推崇。

以努比亚智能手机布拉格 S 为例。2016 年 1 月 18 日布拉格 S 新品发布会上，努比亚就在线下开展了一次别开生面的互动体验——“布拉格穿越之旅”，让用户与产品零距离接触，从而获得更好的产品体验。

在互动活动当中，消费者可以亲眼目睹布拉格 S 精美的外观，体验双面 2.5D 比例超级细腻的手感；产品功能设计上，该手机在中框左侧专门设计了自拍按键，使用者只需非常自然地按下按键就可进行自拍，与用户的常用方式非常契合；另外，用户可以选择自己喜欢的布拉格风景图，并使用布拉格 S 进行自拍，有一种置身于布拉格的感觉。同时，凡是来参加本次互动的用户，都可以免费领取 nubia 自拍杆一个。努比亚的这种互动体验拉近了企业与用户之间的距离，通过用户参与，让用户得到需求上的满足，极大地提升了其体验满意度，同时也帮助努比亚树立了良好的企业形象和品牌美誉度，得到了广大用户好评。

5.1.4 重建：移动互联网加速重建产业优势

当前已经全面进入“云物移大智”的时代，即“云计算 + 物联网 + 移动互联网 + 大数据 + 智慧地球”的时代，其中起核心作用的是移动互联网。移动互联网的发展已经是大势所趋，越来越多的企业都开始享受移动化、个性化的互联网体验。与此同时，移动互联网的出现也加速了产业优势的重建。

2015 年可谓是移动互联网发展的爆发年，进入 2016 年，移动互联网将进入喷井年。基于移动互联网的各种产业必将异军突起，如图 5-5 所示，从而给传统产业增加不少优势。

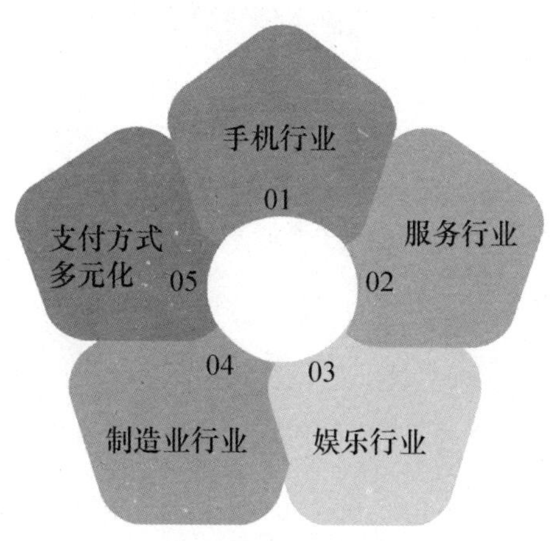

图 5-5　移动互联网加速重建的产业

1. 手机行业

诺基亚“轰声”倒下之后，各种智能手机开始大举进攻智能领域，以小米、华为、魅族等为代表的国产手机窜入主流市场。借助移动互联网的优势，小米和魅族开始走低价、高配、智能路线，与此同时，建立在创新主题之上的智能手机已经全面拉开了竞争战。可以预见，2016 年，国内移动智能手机厂商之间的竞争将更加激烈。

2. 服务行业

在移动智能手机市场发生重大改变的时候，软件市场也必将发生变化，以 APP 为代表的新一代软件成为贯穿服务行业上下游产业链的关键。

（1）生活 O2O 服务

服务行业中，基于移动互联网实现的产业优势重建，最明显的就是生活

O2O 服务。家政、洗衣、美甲、美发、美装、洗车等更加细分化的领域成为了移动互联网市场的新兴产业。用户在家通过 APP 就可以享受上门保洁、衣服上门取送，美甲师上门做指甲护理，星级大厨上门做美味佳肴等。生活服务类 O2O 在移动互联网的基础上不断向垂直细分领域渗透。

（2）另类服务性企业

借助 APP 打车软件，2014 年滴滴和快的就在一场“烧钱”大战中成就了名声，也正是有了当年的相互角逐，才有了 2015 年滴滴和快的的合并，并就此奠定了其打车行业的“江湖地位”。多米音乐、老虎地图、墨迹天气等诸多互联网企业也都开始钟情于移动互联网。

（3）大小商家

APP 从服务行业起家，也延伸出了各种传统行业，这些传统企业大到家电集团，小到个体超市，都受到互联网巨头同产品的冲击和竞争，大多发展受限，并一度处于困局之中，以至于盈利问题无法解决，而借助 APP 可以有效缓解这些问题。

3. 娱乐行业

娱乐行业这几年也开始从 PC 端向移动互联网转变，使得大众娱乐的形式发生了变革。随着移动互联网的发展，大量 3G/4G 移动客户习惯于借助移动客户端进行休闲娱乐，这也是众多休闲娱乐企业营销模式改变的方向。很明显，移动互联网成为了人们休闲娱乐的桥梁。通过移动客户端，休闲企业能够将自己的品牌移植到移动互联网市场，使得其产品与服务快速形成大范围的影响力。

另外，2015 年年底至 2016 年上半年，移动直播成为了娱乐行业基于移动互联网的“新宠”。自 2015 年手机直播产品 Meerkat 一举成名之后，各种手机直播迅速蹿红；随后，在国内映客和花椒的大力资本推动下，一阵新的移动直播潮开始盛行。与此同时，手机直播 APP 也开始活跃在娱乐行业，如光圈直播、Nice 等，papi 酱就是这个时期借助移动直播一跃而红的。

可以说，移动直播是新时代的互联网社交平台的超级入口。移动直播具有以下特点。

（1）制作门槛低，可以带动新一代人的观看热潮。

（2）视频内容具有实时性、互动性，用户可以实时观看，并且通过参与互动进行体验。

（3）基于虚拟方式进行“打赏”，这是继游戏、广告、电商之后的又一种全新的营销方式。

（4）人人都可以借助移动直播进行“自媒”，人人都有机会成为明星。

4. 制造业行业

当下，智能家居热潮涌起，其核心是移动互联网的推动作用。正是基于移动互联网的“连锁效用”，家具家电才能搭上智能的快车，从有线操控中走出来，借助无线技术呈现出全新的风貌。

随着移动互联网的快速发展和普及，无线技术呈现出前所未有的发展态势，恰逢智能家居产业进入高峰期，两者不期而遇，并实现了有机结合。与传统的智能家居相比，现代智能家居在移动互联网的基础上，将无线传输控制技术与智能手机相结合，智能手机作为移动式智能控制终端，可以随时随地对家庭智能家居进行掌控，即便是身在外地，也可以对室内进行实时监控。另外，借助移动互联网，家庭智能家居还可以与智能城市系统、智能小区实现无缝连接，所有的智能家居系统都会通过更大的系统实现控制联动。

通过无线组网技术，智能家居网关可以将家庭网络中的各个传感器开关节点相连接，通过标准的通信协议，对内可以对智能家居内部网络进行管理和控制，对外可以实现家庭网络和外部网络的信息交互。如异地遥控功能，房主在外地的时候就可以远距离通过手机 APP 对室内的主机进行布防和撤

防，当房主外出，就设置房主在家的虚拟场景，这样小偷就不敢轻举妄动；远程监听功能，一旦通过智能设备监测发现室内的燃气浓度达到了预设指标，房主就可以及时监听和判断室内燃气浓度，以便及时采取措施，如自动关闭燃气阀，并且自动开启通风装置，将室内燃气排出。

---

5. 支付方式多元化

基于移动互联网，移动支付成为当前的主流支付手段，并且呈现多元化形式，像微信红包、QQ红包、支付宝、财付通、快钱、拉卡拉、扫码支付、指纹支付、移动POS机等。不同的支付方式可以供消费者进行自主选择，给消费者支付过程带来了更好的支付体验。

但是，基于移动互联网的支付方式并不仅仅局限于此类第三方支付方式，越来越多的企业开始选择强强联合。像苹果选择与支付宝合作，打造Apple Pay，借助互联网使得线下支付流程更加简单，从而胜过微信支付和支付宝。

消费者在麦当劳店消费一份套餐，如果使用微信或者支付宝，则需要经过掏出手机、解锁屏幕、打开APP、点击付款按钮、扫码、确认支付几个步骤才能完成整个支付。但是如果使用Apple Pay，则只需掏出手机，并将手机机体靠近收款设备，再进行指纹识别或者输入密码就可以完成支付，整个过程只需两步即可实现。这种支付方式不但操作简便，而且还节省了进店就餐顾客的排队等候时间，更重要的是提高了劳动效率。

5.1.5　数据：大数据玩转互联网营销

当下，互联网已经成为了热点词汇，并且与大数据、云计算、物联网、电子商务等有了千丝万缕的联系。互联网与大数据的发展息息相关，两者相辅相成地推动企业运营和营销，极大地促进了企业的发展。与此同时，互联网将用户与商家之间的关系拉得更近，使得个性化定制比以往任何时候都来得现实。数据工具则加快了这种个性化定制产品的实现，也由此给用户带来了更好的产品使用体验。因此，如果能在互联网营销过程中有效利用大数据，则会给企业带来意想不到的收获。

“互联网 + 大数据”的创新营销模式逐渐形成，成为了互联网营销最前端的先行者。大数据在企业互联网运营和营销环节中的应用具有多方面的优势，如图 5-6 所示。

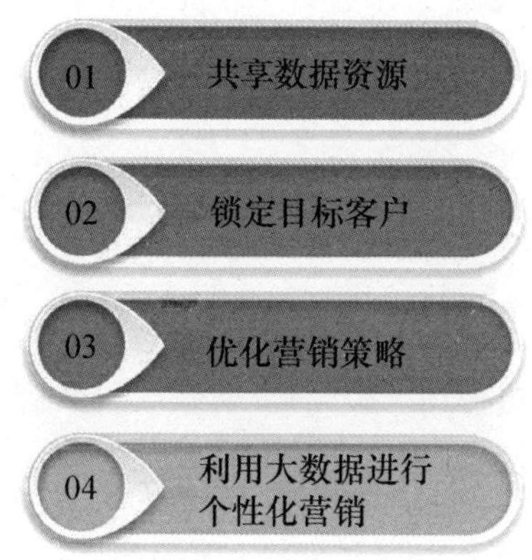

图 5-6　大数据在企业互联网运营和营销环节的四大应用优势

1. 共享数据资源

信息是可以在企业间交互和交换的，如果多个企业能够建立起一种信息共享机制，将各自的信息拿出来通过互联网与他人共享，就会弥补自己由于在品牌、区域等方面的差异所带来的缺陷，与此同时还会扩大自己的数据资源和客户资源。

众所周知，1+1=2，资源共享也可以使企业的数据资源和客户资源都得以扩增。如果能够使诸多企业建立信息共享机制，那么每个企业所获得的价

值则是非常可观的。假如有50个规模相当、利益相等的企业加入信息共享体系，那么每个企业将会获得相当于自身50倍的数据资源和客户资源，这对于企业的长足发展是极为有利的。

---

2. 锁定目标客户

随着互联网的不断普及，行业间的竞争从线下延伸到线上。单纯借助网络来进行广告宣传以吸引客户的方式已经不是一种理想的方式，因为利用这种方式来增加客户数量，成本越来越高，往往得不偿失。如何能够在浩瀚的互联网中锁定目标客户就成为当前互联网企业关注的焦点。大数据就是一个很好的解决渠道，通过利用大数据分析客户心理，从而帮助电商调整运营决策，锁定目标客户。

（1）利用用户数据分析用户行为习惯

用户数据的获得方式包括企业平时的自我积累以及问卷调查，如根据用户在网站的停留时间、访问同一页面的次数、直接跳出访问次数、访问深度、进入或离开页面、浏览路劲、评论次数与内容等方式。通过问卷调查的方式即将获取的用户数据进行分析，从而进一步发现用户想要的是什么、用户具有哪些购买习惯等，这些可以帮助企业调整自己的产品定位，进而有效锁定目标客户。

（2）利用用户数据分析用户购买习惯

一旦用户在网站上产生购买行为，这些客户就从原来的潜在客户变为了价值客户，企业就需要对这些用户的购买行为、购买数量、购买时间、支付金额等信息加以收集，之后对这些来自于网站的用户数据进行分析，从而甄别出每位用户的价值大小，以及对不同价值的客户可以给与营销扩展的可能性大小。在对客户行为进行分析的过程中，可以充分利用传统的RFM模型、客户生命周期、客户活跃度分析等方式来帮助企业达到精准营销的目的。

3. 优化营销策略

大数据的特点还在于可以与互联网技术相结合共同应用于企业的营销过程。很多企业在制定营销决策和实施营销决策的时候会面临一个巨大的问题，就是缺少数据作依据，缺少数据作为检验策略可行性的标准，因此导致在制定和实施营销策略的过程中往往会出现偏差和失误。在利用大数据操作的过程中应当掌握以下技巧。

（1）利用大数据为用户画像

通过网站收集与用户相关的各种数据信息，包括购买行为、个人喜好、购买习惯等，为用户画像，这是实施营销策略的前提和出发点。通过分析用户画像，可以更加明确用户需求进而帮助企业明确营销的方向，如果出现偏差可以及时进行调整和完善。

亚马逊已经将商品拓展到图书领域、生鲜领域、消费电子领域等，不但如此，亚马逊的创始人贝索斯还希望能够在更多的领域开疆拓土，致力于打造大数据生态圈。预测式发货便是开疆拓土项目中的一部分。所谓预测式发货即在用户还没有下单购物前就已经提前发出包裹。亚马逊的预测式发货目前已经获得了专利。通过预测式发货可以缩短发货时间，从而减少消费者前往实体店的冲动。其实，这个项目的突出依据是：从下单到收获的这段时间内，由于时间的延迟，很可能造成消费者购物意愿的不坚定甚至是消失，从而放弃网购。因此，亚马逊根据其之前积累的大量订单以及有关于其他因素的数据，深入分析获知普遍用户的购物习惯，从而对营销策略进行变革，从传统的先购物下单再寄送包裹转变为其特有的下单前就为用户寄送包裹的营销模式。这种营销模式下虽然包裹会提前从亚马逊发出，但是用户在正式下单前，货物会寄存在快递公司的转运中心。

（2）利用大数据让营销活动能够围绕用户喜好进行

如果能够在互联网产品投放之前，事先了解用户的需求，就可以便于企业围绕用户的喜好进行投放，从而更有利于营销策略的精准实施。

（3）借助大数据帮助企业筛选出重点客户

在网站上留心用户关注的产品，可以进一步判断其可能关心的相关产品，因为这其中可能存在某些关联性特征，基于这一点，企业可以借助关联性来筛选重点客户，进而使企业制定的营销策略能够更好地实施，并得到优化。

4. 利用大数据进行个性化营销

消费者对于个性化的需求已经变得越来越强烈，互联网企业也逐渐将目光转移到了满足消费者个性化需求的方向，邀请消费者对自己喜欢的产品进行收藏或关注，利用大数据对消费者收藏的产品信息以划分消费者的需求类别，进而为消费者推荐或提供更加个性化的产品，满足消费者需求。

美特斯邦威作为一家大型的服装领导品牌，为广大消费者提供了更加个性化的产品，受到了广大消费者的好评。美特斯邦威之所以能够在竞争异常激烈的服装行业得到如此高的美誉度，关键还在于其在大数据时代建立了属于自己的数据库平台，并且能够保持清醒的目标利用大数据在线上线下实现了零售业务的增长。美特斯邦威为了实现这一目标，与微软加强了合作，采用了 Microsoft SQL Server 搭建了数据平台，通过对线上线下消费者数据的分析，像各种收藏、关注的信息等，深刻地洞察到当前消费者对于服装需求有哪些不同的变化，将不同的消费人群进行划分，为其制定个性化的服装服饰，从而实现了精准营销，使大数据的商业价值得到了很好的体现。

大数据在企业互联网运营和营销中的应用会随着时间向着更加成熟的阶段发展，并在其运营和营销活动中发挥巨大价值，从而不断提升消费者满意

度和用户体验，为企业的互联网运营和营销带来更加美好的前景。

5.2　创新企业经营方式，打造核心竞争力

核心内容展示

- 创新品牌传播方式，提升企业知名度
- 利用新媒体方式，高效实现营销目的
- 做好质量管理，坚持正确的经营价值观
- 掌握好营销策略，让客户为你买单

5.2.1　创新品牌传播方式，提升企业知名度

如今，在千变万化的互联网、移动互联网的背景下，商界的下一个风口会在哪里，如何才能从众多的竞争者中脱颖而出，如何让自己的品牌价值最大化，成为商界的“痛点”。

品牌价值的发挥是企业进行品牌管理过程中最为核心的部分，也是企业区别于同类竞争者的核心标志。哈佛商学院教授迈克尔·波特在其著作《竞争优势》中曾经提到：“企业的无形资产主要体现在品牌价值上，任何追求企业持久发展的人，都不能无视品牌的竞争力。”这是因为：

品牌背后所代表的是企业的文化以及其价值取向；

品牌影响力的大小实际上也意味着市场占有率的多少；

品牌能够为产品的销量提升做铺垫；

品牌还意味着市场差异化。

诚然，品牌价值对于一个企业的重要性和影响力是可想而知的，那么如何才能通过一定的途径、一定的传播方式使品牌价值最大化，并由此进一步

提升企业知名度呢?

传播方式是否具有创新性影响企业品牌价值能否更好的体现，也影响了企业知名度的提升。随着互联网的不断发展，传统的品牌传播方式已经不能奏效了，其在各个方面都会表现出一定的局限性，因此导致品牌传播达不到预想效果。在互联网时代，创新的品牌传播方式才能给企业带来更多的名与利。基于互联网对当前传播环境的改变，当前的品牌传播呈现出两条主要规律。

第一条：口碑式传播

互联网时代，人人都是媒体，人人都是一个信号发射基站，由大家共同组成的社交圈子又可以看作是一个媒体平台，因此，每个圈子都是一个渠道集合。口碑传播就是借助互联网的力量推动品牌的影响力。

第二条：病毒式传播

在互联网出现之前，人们的消息传播方式是非常简单的，因此消息的流通性非常受限。但是互联网时代，这样的情况就大有不同，病毒式传播成为一种全新的传播方式，其在提升品牌感知度的同时，也带有很强的趣味性、黏性。

从这两条规律，我们衍生出品牌传播的“十化”，如图 5-7 所示。

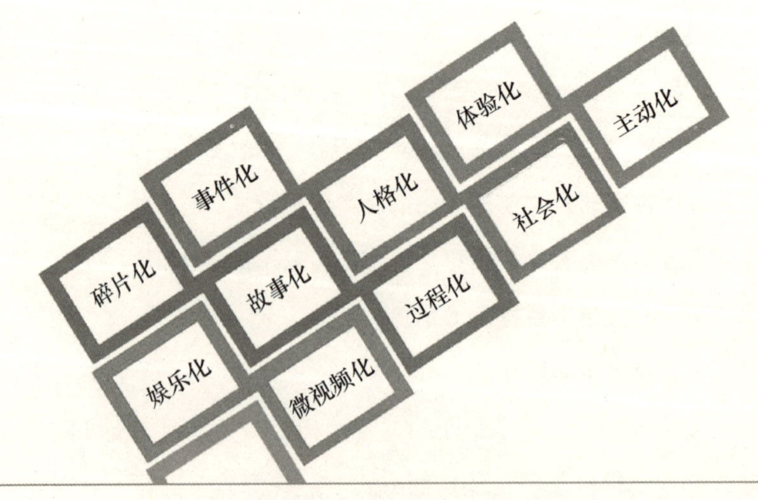

图 5-7 品牌传播的“十化”

1. 碎片化

传统的传播方式往往采用系统化传播，将品牌集中在一个点上，但是这种传播方式一旦行不通的话，整个传播方案都将宣告失败，不利于品牌传播。互联网时代，品牌传播的内容是更具魅力和吸引力的内容，其追求的是人们的关注度，因此讲究的是“四两拨千斤”。碎片化的特点就是选取企业品牌中最鲜明的特点以及最能够引起大家共鸣的方面，对这些内容经过加工之后，形成品牌“病毒”，借助“病毒”快速蔓延的特点，在受众中快速产生巨大能量，让受众在碎片化的内容中感受到品牌的巨大魅力。

2. 娱乐化

娱乐是人们的天性，当人们从每天繁杂的工作中解放出来的时候，最为需要的就是娱乐，娱乐可以放松身心，缓解压力。因此，品牌传播方式的选择上也应当以娱乐性为主，这样更能博得人们的关注，提高人们的参与度。受众在娱乐的过程中就可以把你的品牌印入脑海，企业因此达到了品牌传播的目的。

娱乐化方式品牌传播往往能够达到“小娱乐，大传播”的效果。优衣库将娱乐化应用于品牌传播可谓是信手捏来。优衣库为了达到品牌传播的目的，专门邀请了来自美国的6位厨师以优衣库提倡的“Life Wear”穿衣为创作灵感，制作了24道原创菜式，以此为基础打造了一款APP。这款APP的亮点在于，客户除了可以欣赏每位大厨呈现的美食之外，还可以看到他们所穿的服饰与菜式色调非常相符，而这些衣服又可以在客户端通过轻松一键式购买服务点击购买。此外，The Books的主唱兼吉他手Nice Zammuto为该款APP专门制作了一系列背景音乐，让用户在客户端购买服饰的时候放松身心，享受音乐带来的美好感觉。优衣库在品牌推广中巧妙使用娱乐的方式，让受众在主动关注与参与中完成了品牌信息的传播。

---

3. 事件化

事件传播往往能够在受众中产生一种爆炸效应，这是因为事件传播具有两个特点：第一是价值，包括社会价值、新闻价值；第二是传播特点，突发性事件往往能够使得大众在最短的时间里将其最大化传播，并且传播效果显著。据相关统计数据显示：一个突发事件 2 小时内就会在网上出现文字、图片和视频，8 小时内就会被多家网站转载，24 小时内网上的网民跟帖就会达到一个峰值，这个现象被称为“三八二十四”现象。因此，事件传播能够给企业品牌传播带来意想不到的效果。

4. 故事化

人本是情感动物，很多时候感性的东西比理性的东西更能唤起受众的集体意识，在传播过程中讲故事能够让听众获得情感上的共鸣，也更利于故事的传播。而传播者在传播过程中也会主动对故事进行加工，并在短期内形成一种魔力，使得故事化的品牌传播达到更加理想的效果。

5. 微视频化

移动互联网的发展加快了事件内容的传播速度，而微视频正是当前应用最为广泛的传播方式。诸多受广大民众喜欢的微电影、秒拍等也正是这个时代的产物，但是，利用微视频传播需要注意以下几点。

（1）内容要不同寻常，要超过人们的想象力和承受力。

（2）选择能够抓住大众注意力的方向，要知道，民众的注意力在哪里，哪里就能够产生传播的渠道。

（3）视频内容一定要具备超强的创意。

（4）视频内容要站在用户的角度，以用户为出发点，传递企业品牌的价值。

农夫山泉每年都要通过简短的视频来描述企业品牌的理念，这是农夫山泉特有的品牌传播方式，其能够让广大受众在观看内容的时候就被“农夫山

泉精神”所深深感染，并由此记住农夫山泉，从而提升了农夫山泉在受众中的形象。

2014年，农夫山泉以“我们不生产水，我们只是大自然的搬运工”为主题，拍摄了农夫山泉的水源勘探师——方强，历经18年在长白山麓的原始森林里发现了一处优质的天然水源，并严格取水的过程。

2015年，农夫山泉以“人性化设计”为理念，通过简短的视频向公众展示了农夫山泉婴儿水的人性化设计理念，让公众顿时感受到了农夫山泉的人文关怀。

2016年，农夫山泉又以“优质水”为题材，利用视频的方式讲述了一个水源头检测员工的真实故事，讲述检测员工如何保证水的品质，让受众感到农夫山泉二十年的品质是有保障的。

农夫山泉这样一步步深入人心的微视频将其企业文化、企业理念等向大众传播，在提升品牌传播的力度的同时也树立了其高大的企业形象。

---

6. 人格化

这里的人格化其实是指企业品牌的人格魅力。品牌传播能否快速、见效，不仅需要品牌对用户而言具有足够高的价值，还需要其具备一定的魅力，只有这样品牌才能受到大众的喜欢。

7. 过程化

互联网时代的信息传递是基于大数据理论影响下的一种碎片化、过程化应用，其传播：完整的信息以碎片化的方式快速传播过程当中逐步实现再完整。通过这一原则，企业在拼凑传播过程中不断挖掘新话题，从而强化了企业与受众的互动性，这样可以让受众从表象到本质逐步地认识和了解品牌，并在传播过程中形成共鸣，激励其进行口碑传播，达到品牌传播的目的。

8. 体验化

人不但是情感动物，同时也是感知动物。通过触觉、味觉、嗅觉、听觉、视觉来感知身边的事物。品牌传播也应当抓住这一特点，通过不同的体验方式让受众更加了解品牌。可以搭建品牌产品体验区，让受众真正感受到品牌的优点和价值，这样其才会有自愿传播品牌价值的动力。

9. 社会化

品牌传播方式的选择需要借助一切可用力量，包括渠道、技术、手段、模式等。但是有些聪明的企业家往往具备逆向思维的发散能力，将自己变为大众中的一员，将企业员工变为广大受众中的一员，从而进行自我品牌价值体验；之后，将体验心得通过社交网络，如朋友圈、行业圈、社会团体圈等传播出去，让更多的人关注到品牌价值，从而一传十、十传百，在广大用户的心中建立起良好的认知。

10. 主动化

互联网时代，“时间就是金钱”这句话体现的更加明显，如果不能快速出击、主动出击，恐怕还没有抬脚的机会就直接输在了起跑线上。因此，主动出击对于企业品牌传播来讲也是十分重要的。为自己的品牌代言就是一种主动出击的最好方式：通过圈子、意见领袖等来实现品牌快速传播。

2015 年，刘强东、李娜、谢霆锋全新搭配为京东代言，3 个形象非常丰满的公众人物，以“变与不变”为主题，凸显京东 12 年发展历程，表明京东 12 年来的品质一直都没改变，使得京东的品牌传播达到了很好的效果。

5.2.2 利用新媒体方式，高效实现营销目的

如今，新媒体已经成为一种有效的营销方式，越来越多的企业开始思考如何利用新媒体吸引客户，提高与客户的沟通效率，从而实现商业变现的问题。

很多人往往错误地认为新媒体就是微信，实际上产生这样错误的观点是因为目前 95% 的传统企业在向互联网企业转型的过程中利用新媒体进行运营的时候，是借助微信渠道来实现的。毫无疑问，微信在新媒体营销过程中所占的比例是非常大的，同时，微信也为企业流量的增加提供了一个大的入口。

与传统媒体方式有所不同的是，新媒体是借助互联网来实现的，另外，其关键点在于内容。但是目前，微信公众号已经相当泛滥，企业基于微信公众号每天向外推送出大量的阅读内容，这些内容都蕴含了企业团队的各种努力，然而，获得的营销效果往往却是微乎其微的。究其原因，很多是由以下几点造成的。

1. 内容混乱

推送的内容往往篇幅很大，但是几乎没有实用性，不是心灵鸡汤就是热点新闻，与企业产品营销毫无关系。

2. 版面混乱

版面就像是人的一张脸，五官端正清晰秀丽才能算得上一幅好面孔。然而对于版面来讲，色彩搭配不合理、配图毫无美感、逻辑非常不严谨，如何

能吸引人们的关注？

3. 风格逊色

千篇一律的内容或者方向性太多、文风不突出的内容，往往给人带来厌倦感，毫无个性可讲的内容风格往往不能产生强吸引力。

以上这些欠妥的方式方法，一方面很难提升用户黏性，另一方面很难达到营销的目的。企业除了在内容、版面、风格上进行改进之外，还需注意以下几点，才能实现高效营销的目的，如图 5-8 所示。

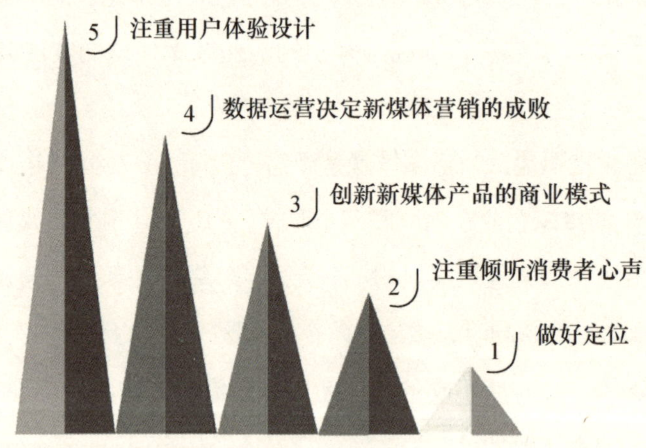

图 5-8　利用新媒体进行高效运营应注意的五方面

1. 做好定位

（1）自我定位

“有定位才能更出位”，因此首先要明白自己擅长哪个领域。要想在某个领域有所发展，首先就需要精通这个领域，这样才能很好地给自己定位。

有的人是天生的“吃货”，天南海北的美食、国内外的特产，无一没有品尝过，也正是“吃货”的这一“特长”，让她极为关注全世界美食的产地、口味等，并因此而积累了大量的美食方面的资源。而有的人则非常爱美，因此

经常关注国内外一些奢侈消费品的相关资料及新近消息，从而成为了奢侈品的代言人或万事通，无论讲起哪个品牌都能娓娓道来。也正是他们的这些“特长”和拥有的资源优势，使其能够决定进行新媒体营销应该从哪方面对产品着手，并能在日后的经营过程中游刃有余。

（2）产品定位

要了解自己的产品和服务是否针对该客户的特点来进行，并且能都要达到预期的效果。

（3）客户定位

市场营销定位也是十分重要的，企业首先需要目光敏锐地锁定目标客户群体，并且根据客户特征以及营销模式的类别来甄选合适的客户。

（4）痛点定位

只有明确客户的需求点，才能有针对性地制定出解决其痛点的方案。发现客户痛点的方式有以下几种。

① 利用淘宝指数进行分析

淘宝指数在这方面比较有话语权，其可以更加清晰地展示用户的兴趣、爱好、消费层次等信息，以便企业更好地掌握客户痛点。

② 在百度指数上进行分析

百度指数可以帮助企业更好地分析客户痛点所在。

③ 通过客户需求分布进行分析

客户需求分布可以更加直观地告诉你客户的痛点是什么，通过从强到弱的方式逐一分析。

④ 相关联问题分析

通过一些已知的问题，挖掘与这些问题具有相关性的问题，进而发现更多的客户痛点。

2. 注重倾听消费者心声

营销的目的不只是为了营销，更多的是要建立一种“以人为核心”的思想。利用新媒体进行营销，重要的一点就是注重倾听消费者心声，从而挖掘出用户的兴趣点，这样才能让你的内容站在消费者的立场，才能更加吸引消费者，并且产生心灵上的共鸣。另外，企业还应当与消费者时常保持互动，这样更有助于用户黏性增加，有助于使其企业更加了解消费者的真实需求，从而对其消费行为进行有效预测。

3. 创新新媒体产品的商业模式

虽然说，当用户数量达到一定规模的时候，营销效果就会发出现惊人的质变；但是如果只有广告，没有预留平台接口，用户和流量是不会自动变现为商业价值的。因此，在利用新媒体研发产品之前，就应当在商业模式设计上多下一番工夫，要明确具体使用何种商业模式，O2O、线下、广告等都属于新媒体营销过程中可用的商业模式。

4. 数据运营决定新媒体营销的成败

新媒体的最大特点就是用户行动的每一步都会留下一定量的数据，因此要经常关注用户订阅量、转载次数、阅读增长人数、文章阅读量、用户转化率等。其中用户订阅量、文章阅读量体现的是吸引用户的数量；转载次数意味着微信公众号的推送量；用户转化率代表了用户需求的程度；阅读增长人数表示阅读内容的价值性有没有提高。从这些数据中可以非常清晰地发现文章是否具有足够的吸引力，以及产品与用户是否实现了精准匹配。

5. 注重用户体验设计

好的用户体验往往是与场景相结合的，因此，打造良好的体验场景才能给用户带来良好的体验效果。利用新媒体提升用户体验可以为通过自己的产品录制一段生产过程视频实现，通过视频将用户带入生产车间，使用户身临其境地感受产品精益生产的每个环节，给用户带来一种良好的视觉体验，并增加用户对产品的信任度。另外，还可以通过简化界面操作，给用户带来更加舒畅的操作体验，这也是一个非常有创意的用户体验设计方向。

现在，无论是做什么，都讲服务，消费者花钱是否能够买到质量上乘的产品，又能够换来满意的服务体验，对于提升其重复购买率是至关重要的。这就要求商家不但要销售产品，更要注重产品的附加服务的提升。如果消费者发现你的产品购买操作界面更加便于操作，就会产生一种感激之情。带着这样的一种情感，自然而然地，顾客就会把商家当成朋友，在今后的购物中必然会成为回头客再次光顾。久而久之，顾客的角色便会由普通顾客变为回头客，进而变成商家的朋友甚至是“闺蜜”。而这些顾客也必然会情不自禁地将自己身边的朋友、亲人、同事推荐给商家，由此给商家带来的将是一笔非常巨大的财富，并且还会有很大的财富提升空间，这样一来，商家的营收额也就变得非常可观了。

5.2.3 做好质量管理，坚持正确的经营价值观

无论什么时候，质量问题是一个永远难以逾越的问题。尤其是在互联网时代，加强质量管理更是企业的生命线所在。

2016 年“3 • 15”期间，爆出了一批互联网企业的质量问题，餐饮外卖巨头饿了么就被卷入其中。饿了么被爆与黑心作坊联合，质量监管漏洞百出，这也致使广大群众的朋友圈“哀鸿遍野”。

饿了么的质量管理欠佳，也是让其他众多互联网企业足以警醒的例子。食品质量安全一直以来是民众关注的焦点话题。尤其是在互联网时代，企

业的一个不小心、一个疏忽，就可能被消费者转发到社交平台被并传得满城风雨，进而一步步发酵成为危机事件，企业迫于公众压力关门倒闭也是必然的。

要知道，质量管理并不仅仅是餐饮业的事情，其他行业的互联网企业同样需要在产品质量上建立强管理机制，严格把好质量关。他人都在倒退的时候，你如果能坚守阵地，那么便是变相前进，你便成功了。同样的道理，在其他同类企业质量问题频频出现的时候，如果你的企业仍然能够在质量方面严格把控，那么优良的产品质量必定会带来好的品牌传播效果，必定能给企业的形象加分。在互联网时代，企业如何才能够做好质量管理，以保证正确的经营价值观呢？图 5-9 是总结出的 3 种实用方法。

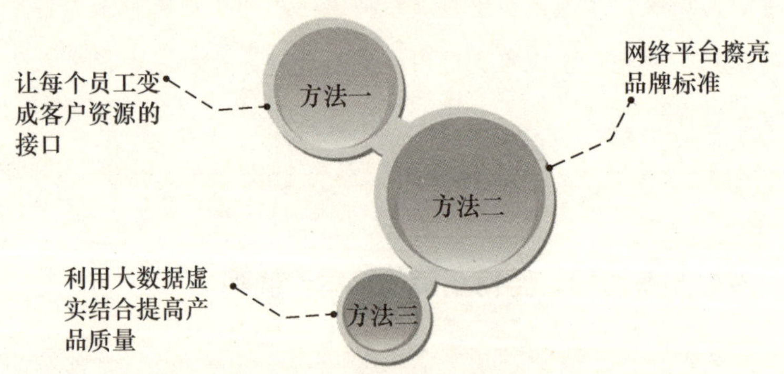

图 5-9　互联网时代企业做好质量管理的 3 种方法

1. 让每个员工变成客户资源的接口

产品是连接企业与客户之间的桥梁，但是像饿了么这样的第三方平台，往往缺乏相应的质量监管人员对餐饮的直接生产者进行管理，也正是如此，才使得产品生产者在利益诱惑下全然不顾质量问题，扰乱市场质量秩序，生产出不合格产品。鉴于此，第三方平台可以将平台上的每个员工变成客户资源的接口，使其成为连接产品与客户之间的纽带，对产品质量进行全面监管。

（1）搭建客户评价体系，对客户反馈给与及时响应

产品质量往往也是影响客户忠诚度的一个重要因素。每位客户的心中对产品和服务的质量好坏往往有杆秤，搭建客户评价体系可以从客户评价内容中发现客户对于产品和服务质量的心声，从而帮助企业更好地了解产品和服务质量是否受到用户认可。如果发现不少客户对于产品和服务质量表示不满，那么企业就应该及时调整质量管理体系，在质量方面努力提升，从而为客户创造更加放心、舒心的产品和服务。

（2）搭建客户回访体系，深入剖析客户使用心得

客户与企业之间也是需要进行良好沟通的，搭建客户回访体系，就是一种实现企业与客户沟通的最好方式。企业应当专门、不定时地对不同的客户进行一次、二次回访。第一次回访的目的主要是通过深入剖析客户使用心得，明确当前产品和服务质量是否能够让客户满意，如果客户表示不满，则及时提升产品和服务质量，将改进后的产品再次投放之后，再进行第二次回访，其目的是判断改进后的产品和服务质量会给客户带来什么样的感受。

2. 利用大数据虚实结合提高产品质量

虚拟与现实的结合也就是产品设计以及生产过程中的数字化世界和真实世界的相互融合。基于大数据的虚拟与现实相结合，产品生产率越来越高、产品周期越来越短、产品质量越来越好。

（1）产品设计阶段

为了让产品更加符合消费者的需求，企业通常会收集市场使用情况和用户反馈数据，然后将产品放在模拟实际环境中结合收集到的数据进行观察和分析；然而，这个模拟环境就是利用大数据搭建的，通常借助头盔显示器和数据手套等与产品进行交互。这样企业就可以通过客户的细腻反馈数据明确其真正的需求，发现不足之处再进行修改和完善，使产品达到最优的效果。

（2）制造设计阶段

通过计算机收集的数据来模拟产品的装配过程，对装配结果数据进行对比分析和评估。模拟装配代替了实物装配，有效地完善了产品装配的工艺，与此同时也缩短了产品研发的周期，避免了原材料的浪费，降低了研发成本。

（3）产品测试阶段

在模拟实际环境的情况下，产品的测试不需要在实体模型生产后进行，而是在产品开发的不同阶段就可以对数字化产品进行测试，多层次、多角度地对其进行数据测试和修改。

（4）产品推广运营和用户体验阶段

将模拟网购与产品推广运营以及用户需求数据相匹配，检测产品是否能够达到用户预期目标。

当前，越来越多的企业看到了虚拟与现实相结合的巨大潜力，纷纷将目光放在了虚拟与现实技术上。零售业也开始利用虚拟与现实相结合的技术提升产品和服务质量。宜家、劳氏公司、The North Face 三家企业也都开始利用虚拟与现实相结合来提升产品和服务质量。以劳氏公司为例，作为一家厨卫装修公司，其在全美拥有 19 家连锁店铺，每个店内都设有虚拟空间体验区，在这里，消费者可以看到自己的家经过模拟装修后的 3D 效果，从而产生一种身临其境的感觉。无论是色彩上还是室内装置、外装都可以按照消费者的要求进行改变。只要消费者向劳氏公司提供房屋面积，劳氏公司就可以为消费者提供上千种室内设计风格供其选择。这样消费者的家装风格和质量需求都得到了很好地满足，劳氏公司的营业额也得到了极大提升。

---

3. 网络平台擦亮品牌标准

加强质量监管，还必须规范网络平台品牌的标准，基于标准可寻的产品，在质量上进行严格把控。强制按照国家标准执行，将使那些在质量上缺斤少两、偷工减料的企业原形毕露，无处可藏。

5.2.4 掌握好营销策略，让客户为你买单

伴随着互联网日新月异的发展，企业的营销策略也发生了重大的变革。企业应针对当前的市场环境制定出更加适合自身发展的营销策略，以适应新时期市场的变化，并且在激烈的市场竞争中获得强有力的优势，提升自身发展的可持续性。

当前，一些新兴的网络营销手段和工具不断涌现，影响着整个互联网时代企业的发展，使企业在这股信息化浪潮下，既赢得了市场的同时，又赚得盆满钵满。在互联网时代，企业营销策略的制定和使用，通常有以下 7 种方式，如图 5-10 所示。

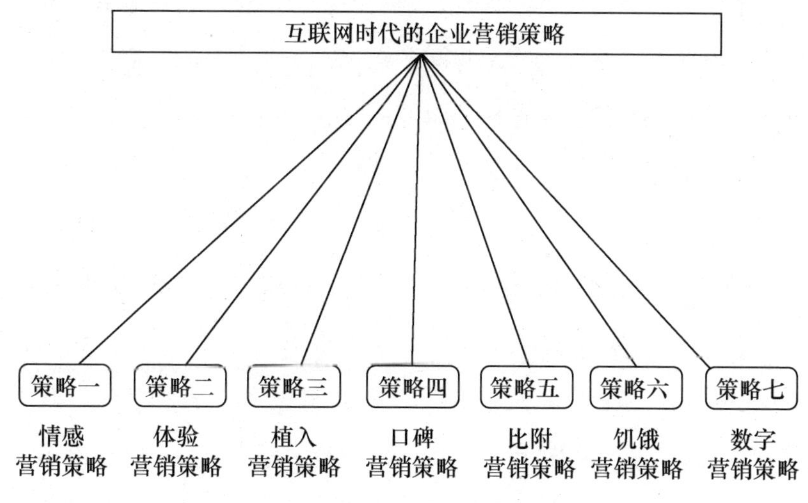

图 5-10 互联网时代的 7 种企业营销策略

1. 情感营销策略

情感营销策略显然是利用消费者情感特点作为营销的核心点，可以借助

情感包装、情感广告、情感促销、情感口碑、情感功能设计等方式，从情感入手，让消费者发自内心地喜欢企业的产品。情感营销策略之所以能够奏效，是因为消费者购买产品已经不再将所有的注意力放在产品质量上，而是更关注产品能够延伸出的其他方面的满足，情感满足就是其中一个方面。企业是抓住了消费者的这一情感特点，让消费者在情感上得到满足，在心里上得到认可，从而有效增加了黏度。这也正是企业在竞争激烈的市场中获取竞争实力的核心所在。

2. 体验营销策略

体验往往是能够给消费者带来一定舒适度和满意度的参与方式，这里的体验可以是实体产品体验，可以是服务体验，也可以是虚拟体验。当然，企业在实施体验营销策略的时候，也应当注意，体验的方向应当从与客户息息相关的情感、感官、触觉、情绪等入手，让消费者产生愉悦感，从而进一步增加其采取购买行动的概率。另外，企业还应当注意，随着消费者接受新鲜事物渠道的增多，消费者的需求也向多样化、个性化方向发展，因此，企业在实施体验营销策略的时候还应当以多样化、个性化为基本点，这样才能使得品牌推广更加有效，才会使营业额大幅提升。

3. 植入营销策略

植入营销策略也是我们常见的一种，很多时候电影、电视剧中往往会将一些产品、品牌或者一些非常具有代表性的鲜明符号放入其中，从而让观众在观看电视剧的时候不知不觉地认识和了解到该产品、品牌等，以此达到营销的目的。此外，植入营销策略还可以在游戏、广告宣传、微博段子中加以利用，这些都是实施植入营销策略的有利渠道。

4. 口碑营销策略

口碑营销是通过口口相传来实现的营销方式。口碑营销可以借助企业员工、朋友圈好友、亲戚朋友等来传播，使其将自己的产品信息、产品理念等传播开来，这样一传十、十传百，让更多的人对产品感兴趣，进而达到营销的目的。口碑营销需要企业在各方面都下功夫，如传播手段、传播工具的选择等，通过一定的话题来引起企业顾客对品牌产品以及企业形象产生良好的互动和交谈，并借此激励顾客向周边的人宣传和推荐。口碑营销一定要注意趣味性，只有这样才能激励他人的自主传播意愿。

5. 比附营销策略

比附营销是一种比较有效的营销方式。比附往往是与行业内比较知名的企业进行对比，从而通过知名企业的知名度来提升自己的品牌名气。这里知名品牌与自身品牌之间存在着一种相关性，但是在这种营销策略中，企业自身必然是逊色于知名品牌。

小米在刚建成初期，为了使自己的品牌快速打入市场，让更多的人认识和了解，就采用了比附营销策略。正当其时，乔布斯把苹果做的风生水起、享誉四海的时候，雷军带着小米进入了手机市场，成为手机商大军中的一员。于是，起初，小米在产品设计以及模式上都模仿苹果，使小米具有苹果的气质。作为乔布斯的崇拜者，雷军曾经将遥遥领先手机市场的苹果和其他品牌的手机生产商做了一个比较，他发现，苹果之所以能够成功，是因为乔布斯的专注。于是，雷军也励志将小米产品做到极致。

MIUI诞生一周年的日子，也是乔布斯逝世的第二天。在北京798艺术中心北京会所的舞台上，雷军身着蓝色T恤、蓝色牛仔裤，激动万分地对台下的听众讲述着这款“顶级智能手机”的诞生史。事实上雷军这身打扮带着乔布斯的影子，效仿了乔布斯的穿着风格，因此台下有的听众一时间情不自禁地喊出了“雷布斯”三个字。然而雷军却以一种敬重的方式回应“乔爷是神，很难超越。我不是乔布斯，小米不是苹果”。从雷军的种种举动中，我们不难发现，他总是想方设法地与苹果产生一定的关联，通过与苹果、乔布斯的比附来提升自己品牌的知名度，从而达到营销的目的。

---

6. 饥饿营销策略

饥饿营销就是让消费者产生一种对产品的供不应求的“饥饿”感，从而提升消费者对产品的强烈购买欲望。饥饿营销策略之所以能够让产品叫座，让消费者产生惊喜感，是因为企业牢牢抓住了消费者的以下几个心理特点。

（1）**消费者具有求新心理**：每个消费者都喜欢新的、时尚的产品，只有迎合消费者这种求新心理，研发出新潮手机，才能吊足消费者的胃口。

（2）**消费者具有好奇心理**：大多数消费者对新奇事物都有一种好奇心理，希望能够对其进行尝鲜，来满足自己的好奇感。

（3）**消费者具有攀比心理**：争强好胜心理是每个人都有的，别人有的自己想有，别人没有的自己也想有，这样可以充分满足自己的虚荣心和攀比心。

在以上这些心理的驱动下，消费者必然会产生消费行为，由此催生了商家的销售行为。

小米的饥饿营销策略正是抓准了消费者的各种心理，并建立在消费者心理的基础上才得以实施的。小米在产品发售的时候往往给人们制造“买不到的东西才是好东西”的心理，使其因为买不到而显得越来越贵重。然而能够产生这样效果的关键就是如何把握时间。小米的研发与生产应当在适当的时间间隔之内完成，从而给市场留下一定的弹性空间。但是如果时间间隔拉的太长，顾客难免会一直等待下去，过度地吊消费者的胃口很有可能产生相反的负面作用。小米一直在向外销售，一直处于供不应求的状态，使得小米的品牌宣传和品牌推广一直围绕产品做下去，而“缺货”“供不应求”本身就是一种话题的炒作，同时也是小米品牌得以逐渐建立的原因之一。

---

7. 数字营销策略

2016 年，全球范围内数字化转型进入第二年，充分利用数字化的领先者与跟随者之间存在的差距将越来越大。因此，如何高效利用数字化营销策略将这个差距缩小，是诸多跟随者们需要解决的问题。利用数字营销策略应当从以下几方面入手。

（1）抓住移动应用程序的机遇

相关资料显示："美国的移动商务收入在 2020 年将超过 2.52 亿美元，2016 年，消费者使用移动应用的时间将增长 3 倍。"这也就意味着，如果企业不能在当下抓住移动应用程序的机遇，就很难在互联网、移动互联网强大的冲击力下生存。

（2）个性化和关联化紧密相连

互联网时代本身就是一个极度强调个性化的时代，也正是这个原因，"一对一"的产品和服务成为了当前的一个趋势。先于消费者了解其需求，并向他们提供高关联的产品和服务，让客户感到沟通的人性化，是当前获取客户黏性的最佳方式。

（3）视觉营销成为新宠

基于数字营销的视觉营销正在不断升温，各种可视化图片、视频在社交网站上频频曝光，从而加深目标受众对于品牌的印象。

总之，企业采取何种营销策略，关键还得看哪种营销策略更加适合自身发展，哪种更加对自身有利，采用合适的营销策略这样才能牢牢抓住客户的心，让客户自愿为你的努力付出而买单。

案例：阿里巴巴转型体系解析

互联网推动了电子商务的产生，但与此同时也推翻了电子商务，使其逐渐向商业的电子化进军。在这种情况下，众多互联网企业组织结构将会被重塑，企业转型也成为了一种势不可当的趋势。

尤其进入 2016 年，在供应链体系中，对于企业而言，消费者将深度参与产品的研发和设计中，品牌商将越来越具备零售商的能力，制造业借助智能化对于消费者需求变化的适应和反应能力越来越高；对于消费者而言，线上线下融合已经不再是划分消费者的有效方式，借助大数据分析客户价值进而将客户进行等级划分成为主要划分手段；在企业信息化方面，所有的企业都跳出 IT 系统，全面迈向互联网化，云计算也被更多的企业所使用。

基于以上几点，互联网企业转型迫在眉睫。阿里巴巴作为互联网巨头之一，走转型的道路也是必然。针对以上情况，阿里巴巴转型具体落实到以下几个方面，如图 5-11 所示。

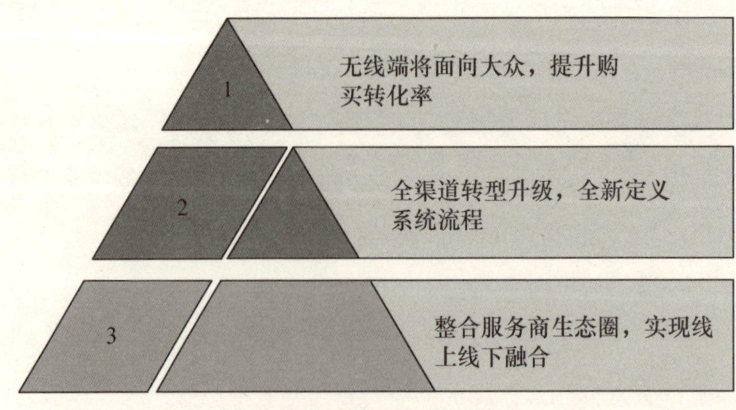

图 5-11　阿里巴巴转型体系

1. 无线端将面向大众，提升购买转化率

互联网已经发展到了移动互联网时代，越来越多的智能手机成为了消费者的掌中宝。面对这一情况，阿里巴巴通过整合聚集资源，利用更多的形态和更广泛的服务工具为广大消费者提供更好的购物体验。这些服务工具更加趋于无线化、全渠道化和数字化。

手机淘宝就是阿里巴巴实现转型的第一个方向。2011年，为了迎合广大消费者的消费渠道需求专门打造的手机淘宝正式面世。一方面，手机的便携性、小巧性使其受到很多消费者的热捧，消费者访问手机淘宝的频次大幅提升，浏览平均时间缩短，整个浏览行为碎片化；另一方面，由于当时无线工具还并没有完善，所有的移动版店铺都必须通过在PC端复制粘贴来完成，对于手机显示屏较小、流量有限的消费者而言，这种购物体验并不理想。

鉴于此，阿里巴巴进行了相应的完善，将无线端深入到每个商家店铺中。作为细小分支，每个店铺、微淘都为淘宝和天猫带来了巨大的访问量，阿里也希望能够借助消费者使商家从以往的流量运营转变为顾客运营。

这种转变可以使阿里巴巴从其数据平台（如淘宝数据魔方）上获取更多的客户数据，从而帮助商家判断消费者的消费行为、消费习惯、消费喜好等，进而更好地进行客户关系管理，达到提升50%购买转化率的目的。

2015年“双11”的时候，淘宝已经全面尝试将无线端面向大众的营销模式。淘宝首先准备了上千个会场的模板和40万张商品图片；然后通过对大数据的分析，发现不同消费者的不同特点；之后再有针对性地将不同的商品图片和会场页面展现在消费者面前。这种做法很大程度上降低了消费者在浏览过程中的跳失率，增加了交易成功的概率。

---

2. 全渠道转型升级，全新定义系统流程

2016年，网上电子商务将走向线下。对此，维护老客户以及专注于顾客运营将成为各大商家运营的重头戏。线下门店也将成为线上消费的提货点，借助二维码，可以实现线上下单，再将订单分配到线下，线下进行上门服务的流程。这种方式有效地提升了商家的销售效率，降低了物流成本。

2015年，王老吉和天猫合作，利用“一罐一码”的方式，通过一定的营销手段引导消费者扫码，并通过与消费者的淘宝账号绑定，实现了线上扫码，线下提货。消费者还可以收到王老吉优惠券通知、私人健康咨询等内容，从而实现了与王老吉的零距离接触。

另外，按约定时间上门服务一改以往的交易流程。与此同时，以往一次性先付款后提货的方式也转变为分阶段付款或者收货付款的形式。

3. 整合服务商生态圈，实现线上线下融合

天猫引入各种品牌，使得原本依赖于传统服务商的传统线下品牌无法在短时间内实现转变其心理。同时，在线上品牌与线下的融合过程中，也同样面临窘境——原本习惯于为线上提供服务的服务商，面对线下品牌的时候显得捉襟见肘。针对这种短板情况，阿里巴巴加紧对服务商生态圈的整合，使得线上线下融合更加趋于柔性化。

第 6 章

互联网时代盈利技巧——企业拓疆技巧

互联网加速了时代发展的进程，同时也极大地推动了各行业企业跨界与拓疆计划朝着更深、更广的领域挺进。在这个互联网的黄金时代，谁能够拥抱互联网，掌握企业拓疆技巧，成功敲开互联网时代的创新大门，谁就能够成为走在行业前列的引领者。

6.1 服装行业：服装企业新活法，报喜鸟挺进互联网定制服务

自 2014 年开始，报喜鸟开始在互联网领域进行智能生产的布局，第一条智能生产线已经改造完成，通过互联网的力量以及智能化生产，报喜鸟打破了原有的快速生产与生产率低的瓶颈，实现了快速生产的同时也提高了产品品质和产值。2015 年上半年以来，报喜鸟的私人定制业务所带来的销售额同比增长了 50% 以上，这使得报喜鸟的销量有了很大的改观。

实际上，报喜鸟是利用“O2O+C2B”的模式来进行营销的。

消费者可通过报喜鸟的官网，或者天猫、京东、400 热线、线下实体店等渠道进行预约定制，并且自主选择自己喜欢的面料、工艺、款式、领型、纱线颜色等，此外还可以根据自己的喜好进行 DIY。

待预约完成以后，报喜鸟指派专业搭配师和量体师进行 72 小时上门服务。由工作人员将预约的所有数据以及上门量体等数据录入后台，由后台对这些

数据信息进行分析和整合，通过三种不同功能的智能系统生成版型、工艺、物料、排单四类生产资源信息。

之后，将这些数据利用互联网传输到报喜鸟的第一条智能生产线车间里。在生产过程中，原料的传送是通过吊挂系统自动完成的，并且每件衣服的数据都是设备自动将其显示在每个工位的电子显示屏上，所有有关成衣的信息都可以一目了然地看到。

最后，报喜鸟的互联、智能生产车间便开始工作了，一场定制之旅便由此开始。经过各个环节 360 个小时的精细生产之后，一件完美的定制服装便可以送达顾客手中。

自从第一条智能生产线建立以来，该车间每天能生产 300 套定制西服，不但降低了成产成本，还很大程度地提高了生产效率，提升了企业产值，为报喜鸟创造了很多盈利。

自报喜鸟推出私人定制业务以来，报喜鸟的营业收入一直处于上升阶段。仅 2015 年第一季度，报喜鸟的营业收入就达到了 5.8 亿元，净利润为 0.69 亿元，同比增长了 26.7%。报喜鸟除推出网上私人定制服装业务以外，还引入了社会化营销，并且计划在未来三年内，发展 1000 家智能裁缝创业平台，以此来解决大学生就业难的问题，并计划发展 1000 家婚庆定制合作项目，通过上海宝鸟工厂对接 1000 家全球私人定制店，打造跨境电商平台。目前，报喜鸟已经全面进入智能生产阶段，旗下首批 150 家婚庆量体定制合作店以及 50 家智能裁缝定制店已经在 2015 年下半年陆续开业，并取得了良好的业绩。到 2016 年 3 月，报喜鸟的销量一直处于上升状态。图 6-1 是中国服装网提供的“2016 年 3 月报喜鸟官方天猫旗舰店的销量图”。

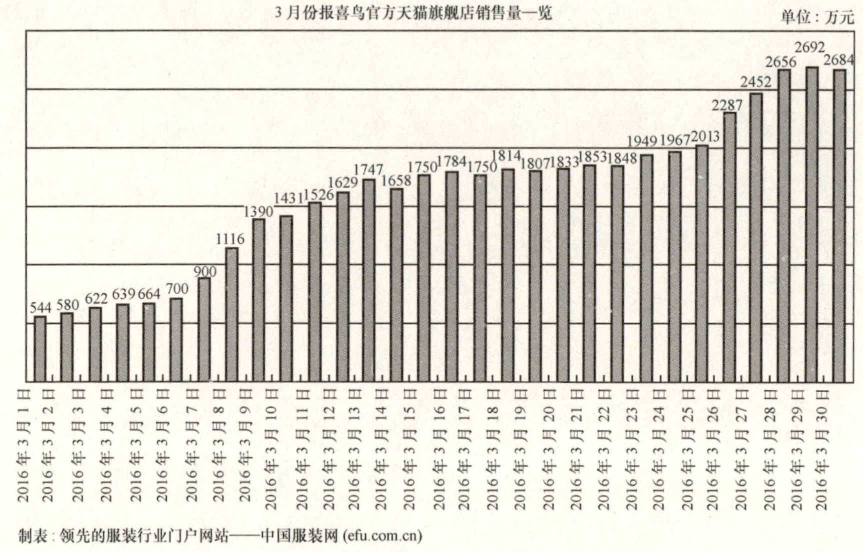

图 6-1　2016 年 3 月报喜鸟官方天猫旗舰店销量

事实上，早在十年前，报喜鸟就涉足量体定制业务，但是当时由于条件并不成熟，还不具备智能生产的能力。如今，报喜鸟经过多年的经验沉淀与积累，加上后台工艺、技术标准、制作流程的不断优化，已经全面展开了个性化定制业务，并与国际先进水平接轨。目前，报喜鸟已经率先全面实现了服装的私人定制，包括西服、衬衫、夹克、毛衣、皮鞋等多个品类。借助互联网互联的特点以及智能化，报喜鸟实现了无库存、毛利率高、物理网点渠道依赖小等特点，成为了互联网时代服装定制的标兵。

6.2　餐饮行业：互联网“大食代”，黄太吉集结传统餐饮反扑互联网

外卖作为餐饮的“最后一道门槛”，已经在互联网时代成为一股强势的互联网“大食代”潮流风，其刮过整个餐饮行业，并给餐饮行业带来了全新的

商机和发展前景。但是当前的发展，却依然不能满足黄太吉的“野心”，黄太吉由此打响了一场集结传统餐饮反扑互联网之战。

2016 年 4 月 19 日，多家知名餐饮品牌冠军入驻黄太吉外卖平台签约仪式在黄太吉 CIA 中心举行，这些知名餐饮冠军有黄记煌、一麻一辣、局气、青年餐厅、东方饺子王、仔皇煲、很久以前、有饭等，它们与黄太吉共同合作，以求共同打造标准化餐饮供应链生态圈，实现品牌营销、质量把控、全球扩展的远大目标。

众所周知，在外卖领域，饿了么、美团外卖、百度外卖等通过烧钱的方式，先人一步抢夺了外卖市场的先机，其拥有强大的流量入口、配送端等。在这些企业成为外卖巨头的时候，黄太吉经过三次迭代，并且在 2016 年 4 月初获得饿了么的战略投资，加速了品牌整合的步伐。这次，黄太吉集结传统餐饮反扑互联网，以此来搭建外卖生产供应链生态圈，必然是经过深思熟虑以及做好充分准备之后才做的决定，如图 6-2 所示。

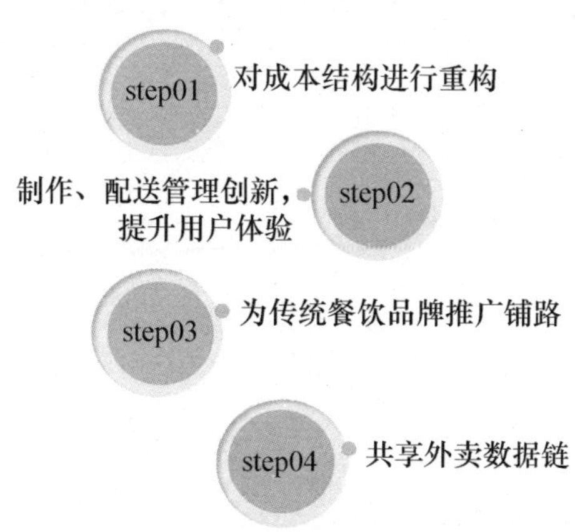

图 6-2　黄太吉反扑互联网的布局

1. 对成本结构进行重构

随着互联网的不断发展，未来，消费者已经不需要上街去购买所需品，在家足不出户就可以通过智能移动端完成，这使得外卖企业的成本结构基于互联网免费的特点而优于传统餐饮的成本结构。移动互联网的出现将使得交易方式更加简便，在降低交易成本的同时也使交易成本结构、置换成本结构得以优化。黄太吉外卖平台所采用的模式实际上就是将同类项目进行合并，将传统餐饮品类冠军集合到一起，并且利用优质的外卖产品来迎合消费者的需求，同时帮助顾客快速提供决策方案，使交易流程更加简单化。

所谓置换流程结构，是指在工厂店，将更多的基础设施共享给更多的品牌，从而产生更多的共享价值。这样，在成本相差无几的情况下，黄太吉作为一家工厂店，其产能可以抵得过十家门店，这也就意味着其可以省去90% 的中间成本。成本与利润就像是一个跷跷板的两端，成本降低的同时也就意味着盈利的提升。如此大的诱惑，也正是黄太吉优化成本结构的真正用意。

成本结构优化之后，企业才可以从房租、人员管理、运营等方面解放出来，全身心地投入到如何经营才能让自己赚的盆满钵满的问题上来，进而把更多的资金用于食材采购、产品研发，只有这样才能保证餐饮企业发展的持续性。

2. 制作、配送管理创新，提升用户体验

黄太吉作为一家工厂店，其生产终端集中在同一个地方，这样就非常便于整个工厂店的制作和配送实现标准化、统一化，客户也可以更好地体验“一单多配”服务。

假如你既想吃黄记煌的三汁焖锅，又想吃一麻一辣的麻辣香锅，还想吃东方饺子王的三鲜水饺，那么黄太吉就可以满足你的味蕾需求。你只需在黄

太吉选购你想吃的菜品，即便是不同的品牌，不同类产品，黄太吉都可以让一个订单一次性地满足你对多个品牌的需求。

值得注意的是，前边我们也提到过饿了么由于管理体系欠缺、质量标准不一而导致的曝光事件，然而黄太吉的管理方式正好是饿了么在这方面很好的补充。

3. 为传统餐饮品牌推广铺路

作为受到互联网影响的传统的餐饮企业，如果自身不能很好地利用互联网来扎根餐饮市场，就需要寻求能够为其提供平台扩大品牌知名度的合作伙伴，黄太吉就是众多传统餐饮企业合作伙伴的最佳选择。线上、线下场景结合，已经使得以往的场景受限问题得到了有效解决，同时，移动互联网推动了线上点餐的快速发展，使得产品时效性也极大地提高。这样，传统的外铺产品的方式很明显逊于借助黄太吉平台的推广方式，其速度太慢。黄太吉通过资源整合，能够将传统餐饮企业的产品快速送到客户手中，这对于广大传统餐饮企业来讲，是一种有效的快速拓展品牌知名度的方式和渠道。

4. 共享外卖数据链

在共享外卖数据链的问题上，黄太吉保持一种开放性的态度，通过大数据分析可以使传统餐饮企业很好地与客户进行精准匹配，而且在未来，黄太吉还可以在共享外卖数据链的基础上，与餐饮品牌一起共同利用这些数据反馈进行创新产品的研究，让这些数据充分发挥其应有的价值。

我们看到，黄太吉在这个竞争日益激烈的互联网“大食代”走的是竞合路线，利用开放、共赢的态度携手众多传统餐饮品牌同创大业，打造属于自己的一片蓝天。

6.3 房地产行业：我爱我家紧跟互联网，推出家装新模块

当下，传统房地产已经越过“中介”的角色，直接“触网”，并进行变革和升级。房地产行业与互联网相连接，已经不仅仅是单纯的流量买卖关系，更重要的是房地产行业进行服务延伸，从而开辟出全新的发展领域。家装模块便是房地产紧跟互联网推出的全新模块。

放眼望去，2015 年是互联网家装的元年，与此同时也是房地产进军互联网家装领域的元年。无论是电商巨头（京东、淘宝）、家电巨头（国美、苏宁），还是家居商（红美家居、居然之家、尚品宅配），抑或是工装巨头（幸福空间、龙发装饰），甚至连房地产也争食互联网家装这块蛋糕。但是，2015 年，互联网家装正值发展的初阶阶段，因此，可以说 2015 年是“半互联网家装”期。

进入 2016 年，互联网家装领域必将呈现产品快速迭代、市场迅速扩张的繁荣景象。结合 2015 年以及 2016 年年初家装行业的发展特点和情况，可以预见，整个 2016 年，互联网家装将呈现以下几种趋势。

（1）产品由低端转向高端

在一个相对的价格区间里，消费者对于价格的波动不会太在意，他们所关注的是产品的质量和装修后的整体效果，2016 年，消费者的家庭装修将借助互联网优势，打造标准化、统一化、个性化的专业服务软装将成为一个新亮点。

（2）家装标准向更深层次延伸

互联网时代，产品更迭速度非常快，但与此同时，各种技术（家居软装、个性化升级等）也在不断向更深层次推进，进而提升了家装标准，使其向更加深层次延伸。

（3）客户群从小众发展成大众，精细化营销为主

互联网家装主要是以套餐装修为主，整包成为消费者的首选，同时，能够接受标准化装修的消费人群越来越多。产品延伸也使得家装企业对目标人群进行了重新定位和细分，这样享受互联网家装服务的人也就越来越多，更重要的是精细化营销成为主要的营销方式。

（4）差异化竞争趋势明显

家装行业本身产业链条就很长，要在市场中找到更加适合自己的位置，关键还得靠服务质量的提升以及差异化特点，从而有效解决用户痛点和需求。从家装设计、施工、原料采购到用户体验，都要借助差异化策略来完成。

（5）地产商行业向该领域全面试水，个性化装饰凸显

当前，地产商已经由传统的毛坯房转向精装房，并以此作为获利的方式和手段，以服务为主题的成品房将成为一种潮流和趋势。另外，消费者个性化需求的特点要求地产商所提供的家装服务也更具个性化特征，这样消费者才会乐于买单。

的确，近几年，房地产行业有不少企业都在互联网家装行业试水，并且其中有不少企业取得了惊人的业绩。我爱我爱就是这些成功试水者中的一员。

作为一名成功的试水者，我爱我家CEO马自强对2016年互联网家装提出了自己独到的见解，他认为“2016年的经济发展将会延续2015年的态势，整个互联网家装领域将会逐步告别过去的喧闹、浮躁与炒作，回归行业本质，解决用户痛点。为消费者提供真正有价值的家装服务，将成为家装领域的着力点。智能家居也将延续自去年以来的热度，并向智能家装等细分领域分化，智能家居更具体、更触手可及，而不仅仅是用APP来替代遥控器这么简单。总之，谁的供应链更具优势，谁的管理更有效率，谁就将在整个竞争中占据领先优势，进而有可能成为最后的赢家。2016年的我爱我家将更加深入地了

解用户痛点，提升行业交易效率。进一步加大市场开发力度，并根据市场的实时变化做出相应的调整，为市场提供更加贴合的家装解决方案。”

2015 年，我爱我家紧随互联网时代的步伐，将自己的家装业务拓展至线上发展，使其营销活动都与互联网接轨，在提升企业营业额的同时也提升了企业在公众中的美好形象。在互联网家装领域的摸爬滚打中，我爱我家借鉴了不少同行的发展模式，同时也打破传统思维模式，推出了家装新模块，使其成为我爱我家市场竞争中的核心优势。家装的优势主要在以下几方面得到了体现，如图 6-3 所示。

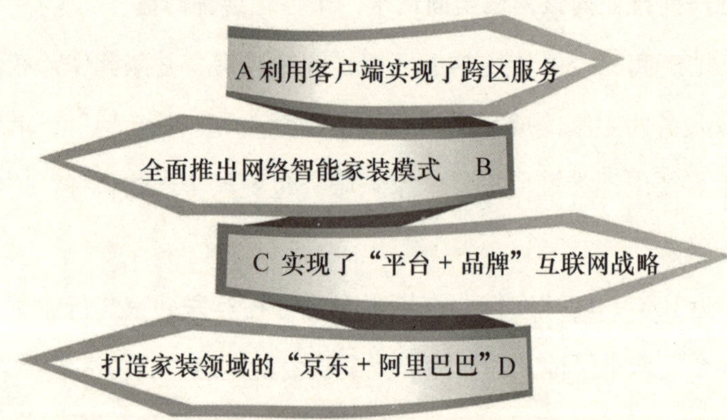

图 6-3 我爱我家的互联网家装新模式

1. 利用客户端实现了跨区服务

互联网的逐步发展，推动了房地产行业在互联网家装领域的进军步伐，并给房地产行业带来了全新的转机和生机。因此，线下业务逐渐向线上拓展，也成为众多房地产企业的最佳选择。我爱我家能够成就当前的辉煌，很大的一个原因就是其不断在创新。只有不断地发挥自己的特长和优势进行创新，才能够快速引领市场动态，占领领先的市场蓝海。利用客户端实现跨区服务，就是我爱我家的一个创新模式。

经过不断的摸索，我爱我家将房地产产业与IT业相结合，成为了互联网家装行业的龙头，并搭建了覆盖建材、家居、家电的全产业链电商平台，通过客户端为客户提供了很好的体验。像家装宝APP为消费者提供了免息分期付款的服务；不但如此，客户端还使得客户对于整个家装过程以及材料的使用等都能够进行透明化管控，这样既省钱又省心，消费者还能获得良好的服务体验。

2. 全面推出网络智能家装模式

网络智能家装模式是我爱我家家装的一大亮点，用户可以在网上预约，设计师为其提供3D设计方案，用户在线下与设计师对设计方案的不满进行高效沟通。与此同时，我爱我家还为用户赠送智能家装系统服务，由厂家直接供应选材，专业人员进行施工，并借助网络进行智能监控（利用手机APP对装修情况实时查询），使得整个装修过程都基于互联网实现智能化。

另外，在装修完毕之后，消费者可以利用手机APP对PM2.5数值进行检测。同时，还可以利用手机APP对家用家居设备进行远程遥控，从而实现智能化家居管理。

“所见即所得”是我爱我家互联网家装的核心理念，其保障了设计过程中所涉及的所有产品搭配都能够通过软硬装产品在线下快速实现。当前，我爱我家已经与数十家一线家居制造商以及知名家具企业达成共同合作协议。在我爱我家的互联网家装平台上，设计师只要登录设计平台，在众多的3D数据模型中进行选择，仅在短短1小时之内就可以为用户设计出一整套完整的普通三室一厅的房屋装修方案。与此同时，整个设计中所设计的家装所用产品的价格清单也相应生成，用户对于设计中的每个环节所产生的费用都能清楚明了，即便是一些细枝末节上的价格也都能够了然于心。

---

3. 实现了“平台 + 品牌”互联网战略

我爱我家将“上游入口”作为布局点，向各种家装企业开放品牌化的供应链体系，为其提供高品质又具有价格优势的产品，因为我爱我家在其领域经历了长达 15 年的流量积累，这一优势也吸引了更多的商家前来采购。不但如此，我爱我家还拥有庞大的数据库这一强大的资源优势，这一优势使其在互联网家装领域发展的时候，不仅省去了大量的人力和成本，还能做到为广大用户提供更加优质、安全的产品服务。

4. 打造家装领域的“京东 + 阿里巴巴”

我爱我家的互联网家装主要是通过 O2O、B2B、B2C 三种模式的叠加来实现的，这种模式可以用“京东 + 阿里巴巴”模式来表示。

（1）O2O 打造体验区

当前，我爱我家选择 O2O 打通线上线下，利用多年来积累的大量用户数据、企业运营数据等，为广大用户搭建了线下体验区，极大提升了用户的体验满意度。这种 O2O 模式将线上线下相连接，解开了以往效率低下、用户信任度低等诸多死穴。

（2）B2B 采购入口

材料的采购，通常有两种渠道：第一种是从供应商那里直接采购，第二种就是施工队作为施工的承包者，除了获取施工报酬外，还通过向客户推荐相关产品而从中获利。我爱我家本身具有很高的品牌美誉度，因此在为广大的消费者以及施工队提供建材的时候，同样也可以获得相应的合理回报。

（3）B2B 极致体验

京东之所以能够在阿里巴巴这样一家互联网巨头那里有效抢到用户，关键还在于京东坚持从用户的痛点和需求点出发，为用户提供非常好的解决方案。我爱我家可以说是在互联网家装领域中的“京东”，其为用户提供的不仅仅是家装方案和体验，更重要的是能够抓住用户痛点的家装方案，以及能够实现用户体验最优化的服务体验。

互联网时代给众多家装企业带来了更多的思考，未来家装领域该何去何从，成为家装领域关注的焦点话题。我爱我家作为一家以房地产服务商起家的企业，如今也能够在互联网家装领域如此快速地发展，并且取得了斐然的成绩，足以令其他同行企业，尤其是互联网家装企业肃然起敬。

6.4 汽车行业：汽车产业迎来互联网变革，电动汽车搭载互联网生态系统

2015 年 3 月，广州车展上一款非常吸睛的汽车，成为整个车展中的亮点。这款汽车是由北汽新能源打造的首款 A 级纯电动轿车 EU260，这款车售价为 25.49 万元。该款汽车实际上是融入了全新的“i-linkTM 智能网联”系统，其“乐享版”还带有北汽新能源与乐视联合开发的车联网应用。集各种先进技术于一身的 EU260，成为了我国首个融入互联网生态系统的新能源电动汽车。

EU260 配备了较高的 SmartCell 智能电驱系统，使汽车在行使过程中，从起步到加速为 50 千米 / 小时，仅仅需要 4 秒钟时间，达到 100 千米 / 小时所需的时间仅为 9 秒钟。EU260 借助快充技术完成充电，在 30 分钟内就可以补充 80% 的电量。

另外，用户可以在人机交互屏幕上进行各种指令，从而快速打开语音通话、地图导航、音乐广播等功能。借助互联网，该电动汽车还可以实现双向控制机车的互联功能，只要将汽车与手机连接，就可以快速进入北汽新能源与乐视共享界面，享受各种娱乐应用带来的愉悦感。

继北汽新能源与乐视合作共同打造的 EU260 之后，融入互联网生态系统的新能源电动汽车如雨后春笋般诞生。2015 年可以说是互联网电动汽车的元年，小米、谷歌、百度、腾讯、阿里巴巴等一大波互联网企业都与汽车公司强强联手，实现了汽车的跨界造车，电动汽车借助互联网生态系统正在汽车领域实现急速扩张。

如特斯拉布局车联网研发车载无线网络，谷歌推出的无人驾驶汽车，苹果强推 CarPlay 车载系统，诺基亚启动车联网基金，百度启动无人驾驶汽车研发计划，阿里巴巴联手上海汽车集团打造“互联网汽车”，腾讯首发路宝盒子试水车联网等。

深究互联网给电动汽车产业带来的巨大变革，主要表现在以下几个方面，如图 6-4 所示。

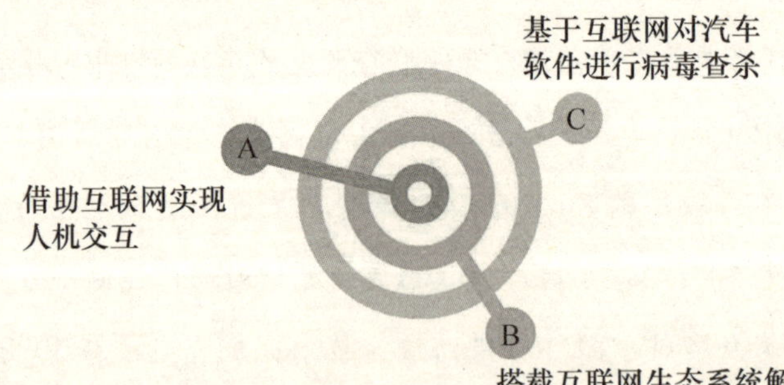

图 6-4　互联网给电动汽车产业带来的巨大变革

1. 借助互联网实现人机交互

随着屏幕触控技术的发展，以及互联网技术的应用，电动汽车的研发过程中也将这两方面进行了很好的融合。通过在屏幕上发号各种指令，就可以进行语音通话、收听广播节目、收听在线音乐、观看电影直播等。这样，用户即便是在枯燥无味的驾驶过程中，也可以通过这些借助互联网进行人机交互而带来的娱乐性活动放松身心，愉快地度过无聊的时间。

2015 年 7 月，潍柴英致汽车 + 新浪共同合作，共同研发了互联网汽车智慧化平台——Meetwo 米图。新浪为潍柴英致汽车的米图平台提供更多的气象数据、娱乐资讯等服务。

---

2. 基于互联网对汽车软件进行病毒查杀

一旦连网，就或多或少会受到病毒的侵害，为此，为电动汽车接入互联网提供杀毒软件，从而减少电动汽车因侵害而受到的精准性干扰，可以保证电动汽车安全驾驶性能。

2015 年 7 月，上汽集团 + 奇虎共同合作，奇虎 360 为搭载互联网生态系统的电动汽车进行杀毒，在给电动汽车提供安全保障的同时，也提升了其车联网系统的用户体验。

---

3. 搭载互联网生态系统解决交通拥堵以及安全性问题

车联网能够给众多电动汽车企业带来巨大的商机，但是从更深的层次上来看，车联网所带来的不仅仅是巨大的商机，更多的是通过其打造的智能交通可以给民众带来更多的便利和安全，可以造福于人类。

车联网在交通运输方面的应用主要表现为：一方面，通过碰撞预警、电子路牌识别、红绿灯警告、网上车辆诊断、道路湿滑监测等，为车主提供更加及时的警告，从而很大程度上提高了行驶的安全性；另一方面，通过城市交通管理、交通拥堵检测、路径规划、公路收费、公共交通管理方面的应用，来改善驾车出行的效率，从而缓解交通拥堵状况；另外，其可以促进节能减

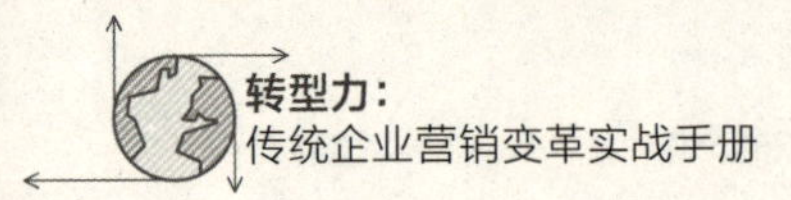

排，这符合当下能源结构的调整以及雾霾治理的需求，从而真正起到了绿色环保的作用。

无人驾驶汽车在智能交通体系内行驶，可以使得城市道路的通行能力提高2~3倍，从而降低60%的交通拥堵，减少30%行车过程中的停车次数、缩短13%~45%行车时间、降低30%油耗量、降低26%废气排放量。

电动汽车搭载互联网生态系统，使得汽车领域发生了重大变革，但与此同时，也为汽车领域带来了全新的发展机遇，通过搭载互联网生态系统，使得电动汽车的驾驶性能、安全性能、环保性能等都得到了有效的提升，给用户带来的舒适、安全的驾驶体验是不言而喻的。

6.5 金融行业：传统银行加速拥抱互联网，工行发力互联网金融

正当各个行业企业借助互联网发展得如火如荼的时候，传统银行后知后觉，才开始借助互联网的力量重新整合自己的生态链，打造互联网金融体系。基于互联网金融体系，银行有效降低了客户成本、提升了客户体验、并很大程度上提升了企业营业额。这与传统银行拥抱互联网之前大不相同。

互联网金融体系也为各银行未来的发展道路指明了方向，使得越来越多的传统银行开始拿出资金和热情打造不同于他人的互联网金融平台，从而加速了其向互联网金融的转型。中国工商银行就是在互联网时代首家看清当前发展形势，开始拥抱互联网，并全面发力互联网金融的企业。

2015年3月，中国工商银行利用互联网，正式开始发力互联网金融，

打造互联网金融品牌“e-ICBC”。工商银行的这一举动使其成为了传统银行在互联网时代的弄潮儿，同时也标志着我国的传统行业正在加快全面布局互联网，实现互联网金融战略的步伐，体现了传统银行的创新能力。同时，互联网金融也为其打造了独特的运营体系，使得工商银行以往所积累的大量客户资源优势、广泛的业务范围优势、丰富的经验管理优势等在互联网平台上很好地展现出来。工商银行发力互联网金融，具体在哪些方面有所体现呢？

1. 四维度打造全新的 e-ICBC

三大平台如图 6-5 所示。

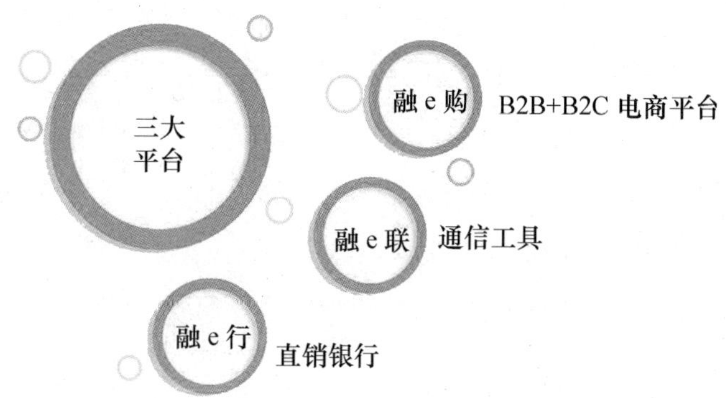

图 6-5　工商银行发力互联网金融的三大平台

（1）打造三大平台 + 三大产品

① B2B+B2C 电商平台：“融 e 购”

在“融 e 购”电商平台上，工商银行也是将信誉作为第一原则，确定了名商、名店、名品的“三名”定位，并且对于客户的要求相对较高。同时工行银行“融 e 购”对商品也有非常严格的要求，对用户体验情况可以做到实时监测，对于那些不良的商户，采取“零容忍”措施，及时清理那些没有诚信可言的商户。目前，在“融 e 购”平台上已经吸纳了包括家电、数码、服饰、

旅游等诸多行业，在这些行业中，前十大品牌都已被工商银行收入囊中，并且其中有70%以上的商户都为厂家直营。

在整个e-ICBC战略中，“融e购”是核心，“融e购”主要用于掌握用户真实的交易和信息，这对于整个工商银行来讲具有非常重大的意义。目前，“融e购”的金融产品所占的比重已经超过了工商银行的实物商品，但是，工商银行并不满足于此，希望能够将商品交易与B2B、B2C平台更好地结合，从而更好地为用户提供满意的服务。

② 通信工具：“融e联”

“融e联”作为三大平台中的通讯工具，主要是集合投资理财、账户交易等集团服务进行重新开发。这其实类似于微信平台，但是较微信平台又更加具有安全性。微信平台的弊端是后台建立在外部合作方，因此容易使客户流失；而“融e联”则将客户信息留在了银行内部，因此获得了更多的用户数据，能够更加有效地进行客户管理。

③ 直销银行：“融e行”

“融e行”平台搭建的目的是为了进一步拓宽银行的服务覆盖面积，使得那些即便是没有在工商银行开户的用户依然可以享受工商银行提供的服务。

（2）搭建基于互联网的支付、融资、投资理财四大产品体系

四大产品：“工银e支付”“逸贷”“工银e投资”“工银e缴费”。工商银行所推出的每个平台或者每项产品，都能够将信誉度贯穿在整个过程中。

2. 通过利用O2O模式构建线上线下一体化体系

O2O的最大特点就是将线上与线下紧密地联系在一起。目前，工商银行正在全面打造一个能够将衣食住行用等全部覆盖在旗下的“工银e生活”线下商圈，通过线上线下的合作，组建前台界面，向客户有效推荐特惠商品，一次性满足客户需求。

3. 建立十分健全的大数据应用体系

工商银行在商品流、信息流、资金流三大流的共同作用下，打造出了“三流合一”的运营模式；再借助多年来的数据积累，使得客户管理、客户账户管理、客户交易信息管理有了很好的数据依据，从而降低了银行人员与客户之间的违约记录，并且加快了客户个人信贷业务的发展。除此以外，工商银行还建立了信用风险监控中心，对那些每年累计贷款超过 8~9 万亿的客户贷款进行实时动态监测以及预警控制，有效地化解了潜在贷款风险带来的巨大损失。

工商银行在互联网中的布局，让众多传统银行所羡慕，于是越来越多的传统银行开始大步流星地拥抱互联网。目前，光大银行也不甘示弱，已经全面整合期平台资源，并倾力打造移动互联网金融品牌 M-Ebank。光大银行还嫁接微信平台，打造微信银行、“微商城”等为客户提供更加优质的服务和高品质的产品。另外，一些股份制商业银行也在工商银行的带领下开始倾向于借助第三方平台发展，像浦发银行与中国移动互联网金融、新媒体等领域进行的全面合作。

6.6 生产制造行业：制造业谋变互联网，三一重工通过网络实现服务型制造

当前，在信息技术、物联网、大数据、云计算的快速发展与相互融合的背景下，新一轮技术革命正在到来。互联网技术在各个领域的不断渗透，使得跨界融合成为一种新常态，产业也正面临前所未有的大变革。制造业也在互联网的推动下开始谋变，开始借助网络实现生产制造。

三一重工作为我国制造业的精英，也是我国最大、全球第五的工程机械

制造商，正开始全面发力互联网，走“互联网+服务型制造”的道路，这也是与当前互联网与工业相融合实现制造业服务化相吻合的。三一重工正在借助互联网为自己塑造一个“多元跨界者”的形象，其正在全面洗牌，并向电商、银行、保险、风投、手机等诸多行业渗透，成为打破原有生产格局的“搅局者”。三一重工可谓是借助互联网实现了产业多元化的变革，如图6-6所示。

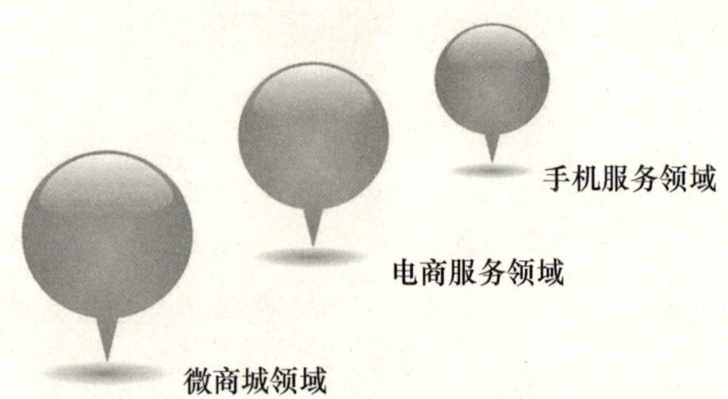

图6-6　三一重工借助互联网实现产业多元化的变革

1. 手机服务领域

三一重工在手机领域进行的工程机械产品的延伸，使其在原有工程机械领域的市场基础上得到了很好的拓展，这也是为了适用工程机械领域的工作环境要求而专门打造的一款智能手机，因此在工程机械领域受到热捧。

2015年5月28日，三一重工倾力打造的4G“三防智能手机”面世了，就此表明作为重型机械制造商的三一重工，也开始向手机领域进军。该手机之所以被称作“三防”，主要是其具有1米防水、99%防尘、1.2米防摔的功能。用户在任何恶劣的气候和环境中都可以正常使用该手机，非常适合郊外工程人员、建筑师以及户外运动爱好者。

三一重工本身拥有的全球数万名员工就是其潜在客户，加之电信运营商的换机补贴，使得三一重工的三防智能手机在工程机械领域拥有巨大的潜在市场。三一重工的这款专为工程机械领域人员设计的手机，实际上也是看准了该领域的差异性，从而在研发和设计方面走差异化道路以实现服务型制造。

2. 电商服务领域

互联网已经成为人们生活中不可缺少的一部分，也正是因为互联网，人类的生活方式被改写。三一重工作为工业领域中的佼佼者，也看中了这一点，力图借助互联网在快消品行业有所创新和发展，三一重工作为工业领域第一个吃螃蟹的人，以期借助互联网把握市场先机，率先在电商领域中打出一条发展之路。三一重工在电商领域的布局主要呈现以下几个特点。

（1）用平民价格卖世界高端品牌

三一重工专门开辟了专题卖场，做到了全面促销活动不重样，不打烊，能够做到这一点，三一重工在同行业中还是首例。三一重工力求用平民的价格卖世界高端品牌，这样客户花相对较低的价格就能够买到更高品质的产品，客户在享受低价、高品质产品的同时，也获得了更好的产品和服务体验，

2016年3月，三一重工在聚划算推出“你创业我给钱”的促销活动，主要售卖混凝土设备和港口机械设备。活动对前20位购买成套农村混凝土小型设备并成功付款的客户给予5万元的创业资金券。另外，活动还推出港口机械指定机型交5万元定金，在提机时可以抵用10万元，在活动日期内线上完成签约，即可获得5万元配件优惠券。这种“购机即有礼”的方式原本只能在零售商品的促销活动中看到，如今在工程机械领域也被三一重工成功应用的游刃有余。

（2）自建电商平台

早在2012年，三一重工就建立了属于自己的电商平台，将传统的销售引入互联网电商。三一重工力求从收到客户订单，到后续的产品交付、物流、售后服务等产业链上的诸多环节都实现完整。经过对电商平台的整改，三一重工获得了众多用户数据，为其日后把握市场动向以及洞察客户需求提供了很好的依据和方向。

3. 微商城领域

传统思维往往认为微商城只是销售面膜的渠道，但是，三一重工看好这条渠道，通过打造自己的微商城，三一重工成为工程机械领域玩转微商城的“第一人”。

移动互联网为成为三一重工转型的另一个有效杠杆，三一重工利用手机端微信公众号搭建微商城平台，将客户广泛地聚集起来，并且和客户在平台上经常进行互动，形成了庞大的社群。可以说是移动互联网带动了三一重工的微商城平台，同时也为其带来了巨大的粉丝团队。三一重工在一场为其一

周的活动中就吸引了很多的粉丝，粉丝数量从1.5万猛增至40多万，这在工程机械领域实属奇迹。

另外，三一重工还通过秒杀、降价拍等活动，为客户带来了更多的全新体验，进而为自己聚集了更多的人气，提升了产品销量。线上线下相结合也是三一重工新玩法中的一种方式，也是其他工业领域企业未来需要重点打造的O2O营销模式。

由此可见，三一重工在互联网时代大有作为。通过积极拥抱互联网，将传统制造业与互联网相融合，走网络服务型制造道路，三一重工取得了惊人的成果。可以说，在互联网时代，一切皆有可能，如果善于合理利用互联网，即便是制造业也能够在巨大的竞争市场中拥有属于自己的一片蓝天。

6.7 计算机行业：持续看好互联网，联想搭建O2O平台加速互联网化

近几年，不论是传统企业还是新进创业企业，其发展如不涉及互联网，不与互联网挂钩，似乎都让人感觉与时代发展格格不入。因此诸多企业开始搭载互联网这趟顺风车谋出路、谋发展，其中有的企业做得可谓是风生水起。

联想集团作为IT行业中的老牌军，在近几年也在互联网方面做了非常大的突破，并取得了不少成绩。O2O平台就是联想加速互联网化所做的一大突破。联想除了在手机终端业务以及软件应用上有了全新的尝试，也在售后服务环节开启了O2O模式，实现了用户与工作人员的一对一服务。这样不仅可以深化用户体验，让用户直接参与进来，使用户更加喜欢联想的服务、喜欢联想，也提升了联想的企业形象，进而为提升联想的产品销量奠定了坚实

的基础，如图 6-7 所示。

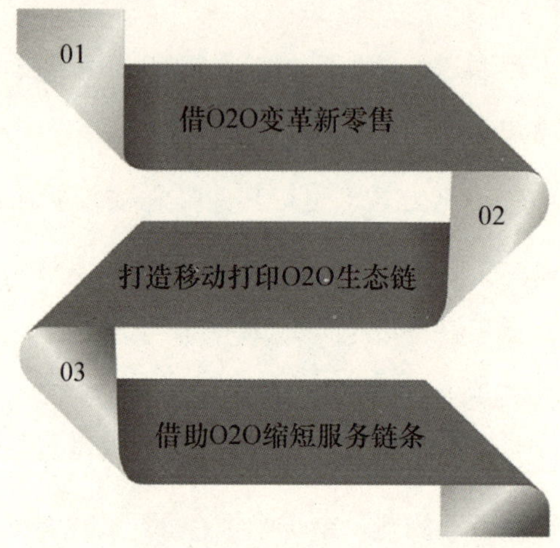

图 6-7　联想搭建 O2O 平台加速互联网化

1. 借 O2O 变革新零售

O2O 本身就是将互联网作为线下交易的前台，将线下的商务机会与互联网很好地连接在一起。这样可以通过线上为线下实体店吸收流量，与此同时，客户也可以在网上选择自己感兴趣的服务，并且在线上下单，线上支付。这种模式可谓是双赢模式，也正是如此，企业的用户规模得以快速形成。

联想非常看好这种模式。2013 年，联想在官方旗舰店开业前一周，就利用 O2O 模式为其招揽流量。通过开展名为“开业剪出彩”的活动，仅旗舰店开业当天联想就斩获了数量颇丰的客户流量，其中有一半是来自线下实体店的促销活动，还有一半是来自线上。由此可见，O2O 已然成为了一种加快提升客户购买率的方式。

2. 打造移动打印 O2O 生态链

联想对于在互联网领域提升自身潜能是非常看好的，并且再一次发力互联网，开启移动打印模式，推出全新升级的综合打印应用平台——打印工场。

2014 年，联想针对不同的品牌、不同的打印机，提出了更具针对性的打印方案，即酷酷辫、歪歪狗、Wi-Fi 打印三种方式。并且顺势在打印工场内部搭建了能够融合用户、渠道、产品、服务功能的 O2O 平台。在这个平台上，联想通过利用互动互联的数据中心来帮助自己实现线上浏览、线下体验打印的 O2O 完整闭环，有效降低了联想实现电商化的成本，而且给客户提供了非常完整的服务体验。

此外，联想还与好邻居、Costa 等达成跨界合作，在提升用户体验的同时，还通过跨界，为自身带来了更多的活力。这其实是互联网时代的一种创新精神，是一种全新商业模式的突破。联想依然将打印工场传统形式的办公功能作为核心，在此基础上进行各种融合与创新，从而为自己的发展道路提供了更多的商机。联想的这种“电商 + 移动端 + 线下”的 O2O 战略模式，引领了打印行业的全新变革。

3. 借助 O2O 缩短服务链条

当前，互联网一边连接了企业，一边连接了客户，因此将企业与客户之间的距离拉得越来越近，联想也借助官方微信极大地缩短了自身与客户间的距离。

2015 年，联想借助互联网又出新招。通过联想的官方微信，用户可以直接在网上咨询维修人员，如果当时无法解决，维修人员将会对你进行定位，为你推荐离你最近的维修点进行维修。这种方式即是线上预约线下维修，保证了线上线下的无缝连接。

另外，联想还推出了特色服务，即青春手艺人项目。所谓青春手艺人，其实就是为广大客户提供服务的联想工程师。这些手艺人分为三种：第一种是联想集团内部的工程师；第二种就是从社会上征集的专业服务人才；第三种就是在校大学生中具有相关专业的学生。如果用户想要调试软件或者其他相关性服务，可以在联想的官方微信上进行预约，之后即可在最短的时间内获得周边青春手艺人的上门服务。当然，联想在与这些手艺人划分利益的时候，是将客户的基础服务费用划分给手艺人，如果有产品售出所获得的费用则由联想收取。青春手艺人也是经过一定的相关培训之后才上岗的，并且其所提供的服务已经在线明码标价，因此价格对于用户来讲是完全透明的。除此以外，联想也为用户提供了在线服务功能，使得支付更加便捷、灵活。

近几年，联想对于互联网一直保持持续看好的态度，并且频频出招，利用 O2O 模式进行了各种创新，为客户提供了更加便捷的服务，给客户带来了非常好的用户体验，获得了广大用户的认同和赞许，并最终使其品牌形象大幅提升，由此也推动了其销量稳中有升。

6.8 家具行业：家具行业新出路，小米开启智能互联家居时代

近几年，互联网的迅速发展已经给人们的生活带来巨大的改变，互联网经济成为当下全新的经济增长动力，在生活中的体现和应用也越来越明显。互联网在各个行业中的渗透随处可见。互联网已经彻底颠覆了传统行业以及其产业链，形成一种全新的产业模式，即“互联网 + 传统行业 = 新兴业态”，像“互联网 + 百货 = 淘宝”“互联网 + 传统银行 = 支付宝”“互联网 + 交通 = 滴滴快的”“互联网 + 传统家具 = 智能家居”等。

智能家居的出现，使得整个家庭内部都更加具有灵动性，而不像传统家具一样呆板。究其原因，这些智能家居的核心都是由传感器通过普通路由器与互联网进行简单初级连接，再融合智能化、云计算、大数据、物联网等相关技术来实现。

一提起小米，大家都会认为它是与手机挂钩的，但是小米作为互联网企业，也开始借助互联网推出智能联网家具，并以此在家具行业开辟了一条新出路。

1. 让灯泡实现智能

2015 年，小米与欧普、飞利浦强强联合，全力打造智能化的灯泡。小米智能硬件团队在 1~2 天内就可以把普通的家用照明灯泡通过小米智能模块实现智能化。安装了小米的无线智能模块之后，传统灯泡就可以直接接入小米的智能生态系统当中，从而在小米生态链上实现与硬件的互联互动。

2. 小小智能安防管家

小蚁智能摄像仪是小米公司推出的又一智能互联家居。小蚁智能摄像仪可以在室内有 Wi-Fi 的环境中，通过小米路由器在智能家居 APP 上进行集中管理，同时其记录下的视频也可以存储到小米路由器硬盘当中。小蚁智能摄像仪可以对室内情况进行全天候监控，即便是家中人员外出旅游，也可以随时了解家中的情况，为用户提供了极大的便利。

3. 开放的电视盒子

小米研发的互联网电视盒子也是其争夺市场的一个核心武器。小米盒子接入到小米路由器的网络中，该盒子就会主动搜索、添加小米路由器，所有在线缓冲的视频都通过小米路由器的网络传输直接投放在电视屏幕上，用户只需要在手机端安装小米遥控器 APP，就可以利用手机对电视盒子的所有功能进行随心所欲地操作。互联网电视盒子很大程度上满足了人们的日常娱乐需求。

4. 智能空调、冰箱、洗衣机战略启动

2015 年，小米与美的联手，达成合作共识，将在智能空调、冰箱、洗衣机方面有更新的突破，产品预计在 2017 年问世。

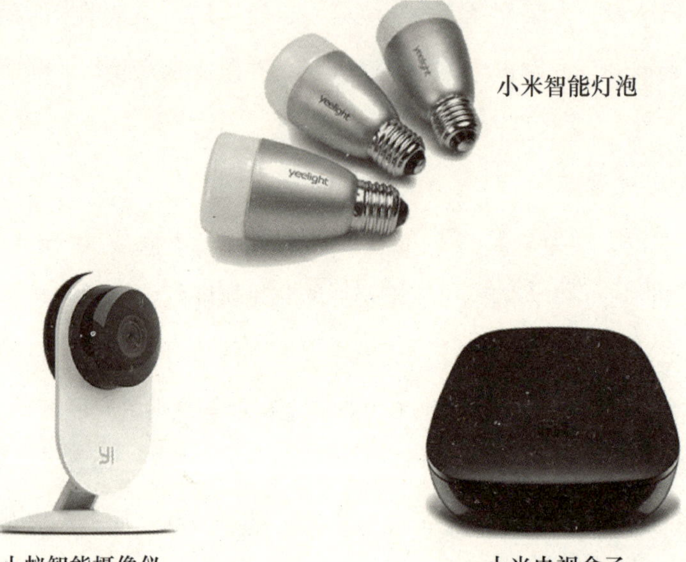

小米智能灯泡

小蚁智能摄像仪　　小米电视盒子

无论是小米智能灯泡，还是小蚁智能摄像仪，抑或是互联网电视盒子，甚至是未来的智能空调、冰箱、洗衣机，其实现智能的关键节点都是小米路由器。小米路由器不但可以提供网络连接功能，其1TB内置存储空间也为用户带来了非常完美的使用体验。1TB=1024GB，1TB的内置存储空间意味着，家中的高清电影院通过远程部署的方式，借用插件系统，可以下载4000多部用户喜欢观看的免费电影、10万多集高清电视连续剧。此外小米路由器还可以将全家人照片组成的超级照片集、平时拍摄的视频等进行备份，用户再也不用担心珍贵的留念意外丢失。不仅如此，作为小蚁的本地存储空间，小米路由器还可以在监控录像两不耽误的情况下，记录120天家中的高清视频。因而，小米路由器扮演着家庭数据中心这一角色。

路由器将成为小米新一轮硬件布局的重要支点，时下非常炙手可热的可穿戴手环设备以及其他常用智能家居的出现，将成就小米路由器硬件开放平台的核心作用。

小米以生产手机起家，因此手机成为小米的核心产品。然而手机作为移动互联网时代连接人与服务的操控中心，与其他设备进行连接控制也是可以做到的。然而小米要想发展以手机为核心的硬件生态，小米路由器的角色不容忽视。虽然手机可以实现人与服务的连接，但是还需要小米路由器作为数据吞吐枢纽将所有的设备接入互联网。小米路由器在连接过程中扮演着非常重要的中心环节作用。

很显然，作为智能家庭的重要控制中枢，小米路由器的职责是将小米研发的诸多智能设备进行互联互通，如手机、电视、平板等。用户可以根据自己的需求，利用小米路由器来创建智能场景序列，并且通过小米路由器让这些智能设备在预定的时间内进行相应的操作。

值得注意的是，进入 2016 年，智能家居已经与之前人们所了解的像小米智能家居一类的智能家居有很大的区别。2016 年之后，所有的智能家居将不再与智能 APP、智能手机、平板之类的终端挂钩，或者很少借助 APP 来实现操作，而是家具本身“自带智能”。像宜家家具在 2016 年年初，就全面推出一款虚拟与现实相结合的名为 IKEA VR Experience 的 APP，用户可以在虚拟与现实相结合的情况下，体验智能家居带来的美好生活。智能厨房就是宜家家具展示的其如何在未来利用“增强现实技术”为消费者打造更加智能化的厨房家居，从而使整个烹饪更加智能化、精准化、快速化。这也是未来智能家居发展的一个趋势。

6.9　旅游行业：旅游创新营销，去哪儿网开启“互联网 +”模式

当前，国内旅游业正进入一个多强时代，像艺龙、途牛、同程等强强对抗，携程与去哪儿网“联姻”，阿里“携家带眷”领着阿里去啊在旅游业拼杀。面

对这样混战的局面，2015年，去哪儿网作为全球领先的在线旅游平台对其内部进行了整合，将“互联网＋旅游”模式作为其生态布局。

自2005年创办以来，去哪儿网一直遵循一条规则：用户的选择和需求是瞬息万变的，谁能够既快速又成本低廉地满足用户需求，那么用户就会聚集在谁那里。用户的需求变化也成为各个企业加快布局“互联网＋旅游”步伐的动力。去哪儿网在旅游行业不断进行转型和扩展，如图6-8所示，以期在这场“火拼”中获胜。

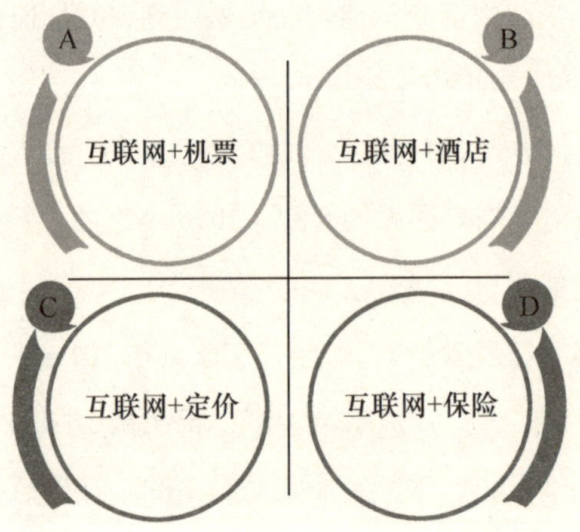

图6-8　去哪儿网的“互联网＋”模式

1.“互联网＋机票”：机票预订市场一家独大

2016年年初，众多航空公司宣布要封杀去哪儿网，关键在于去哪儿网在线旅游平台上推出了一站式旅行服务，想方设法为用户提供更多的服务，像机票预订就是去哪儿网布局的一个重点方向。去哪儿网将其价值链中的各个环节都用模块化的方式进行组合，最终实现了机票预订市场一家独大的局面。

在没有在线旅游平台之前，人们出游往往是通过找附近票务代理公司进行预订购买，这样既需要时间成本也带有距离成本。为了改变传统票务代理公司的时间冗余和资源冗余，去哪儿网在线上建立平台来消除这些冗余，让用户可以足不出户就随时随地看到每家出票公司的机票价格，并且可以有更多的乘坐时间、购买价格的选择，给用户带来了极大的便利。也正是如此，去哪儿网聚集了大规模的客户群，才使得众多航空公司对其制订封杀计划。

2.“互联网＋酒店”：签约线下低星级酒店

去哪儿网一直将“提升用户决策效率”作为企业的理念，也正是这一点使得去哪儿网在市场中极具竞争优势。为此，去哪儿网完善了一站式服务中的另一个环节，即签约线下低星级酒店。去哪儿网的这一动作是对其生态圈的进一步完善，因为无论是传统酒店领域还是在线旅行社，没有哪家会全面覆盖所有酒店，并且按照二八法则来看，绝大部分的收入都是酒店为在线旅行社打头阵，为在线旅行社创造价值。去哪儿网看好这一点，并且认为更多利润是靠与线下酒店签约合作并不断改进酒店结构获得的，而不是依靠签约酒店的数量来获得。

2015年，去哪儿网经过“互联网＋机票”“互联网＋酒店”模式，已经全面实现了O2O布局。2015年年底，去哪儿网的机票零售业务全国排名第一，酒店预订业务全国排名第二。由此可见，去哪儿网将机票预订和酒店预订作为两大流量的入口，并且进行资源整合的举措是十分正确的选择。

3.“互联网＋定价”：将定价权交给客户

强化用户体验是当前互联网时代的主旋律，企业能够在用户体验环节做出更多的创新，将意味着企业会获得更加庞大的用户群，进而赢得更多的利润。去哪儿网就做到了。

2015年11月，去哪儿网提出了“穿山甲”计划，该计划的主旨是将定价权全权交给客户。举个简单的例子。对于那些能够为去哪儿网提供大批量客户单的老客户，机票代理机构可以进行竞价抢单，从中产生的差价就是去哪儿网的获利来源。实际上，这种方式颠覆了传统广告推广模式，直接让客户加入进来，打破了以往的B2C模式，而转化为C2B模式，这种新玩法是去哪儿网做出的颇具特色的模式创新。

4.“互联网+保险”：打造最优秀的保险平台

2015年，去哪儿网和携程网已经化干戈为玉帛，成为了合作伙伴。2016年2月，双方共同合作，开始在“互联网+保险”上寻求新的发展点。通过IT技术以及信息化的处理方式，再借助互联网、大数据技术的应用，去哪儿网和携程网在平台开放合作、安全第一、高效经营、互惠共赢、合规经营的五大原则上，打造出“互联网+保险”战略平台，为消费者提供更好的保险产品和服务。

当前，与去哪儿网合作的保险企业数量已经达到了44家，与携程网合作的保险企业数量为21家，双方公司的保费金额已经达到了50亿元，为“互联网+保险”平台的高效运转提供了强有力的后备保障。

对于去哪儿网生态圈的搭建，我们不得不说，去哪儿网的确借助“互联网+”模式进行了很多方面的创新，可以说，去哪儿网的这种“互联网+”模式的布局是成功的。但是一个生态圈的高效发展，也需要有很好的管理者来进行全面的维护，只有这样，才能保证整个企业内部不断改进和完善，从而在同行中处于遥遥领先的地位。

6.10 医疗行业：医疗新趋势，百度医疗在“医疗+互联网”领域全面布局

在过去的2015年里，有人认为互联网医疗即将成为过去式，因为众多互

联网医疗企业，像阿里健康、春雨医生正在该领域不断退缩。诚然，不论是以退为进还是真退，有一点是值得肯定的，那就是互联网公司已经很难在医疗行业进行融资了，这也正是众多互联网企业为何退出该市场或者转向其他领域的原因。

1. 满足医疗刚需

百度 CEO 李彦宏曾经说过：“互联网时代就是要把战略从连接人与信息进一步延伸为连接人与服务。”然而对于每个人来讲，生存的基本条件就是健康需求，这对每个人来讲都是刚性需求。百度也正好抓住了这个刚需，并将其作为自身持续发展的切入点，开始向“医疗 + 互联网”领域进军。于是，百度搭建了百度医生、拇指医生、百度医疗等诸多平台，利用这些平台为广大的病患提供更好的医疗服务。

一提到互联网医疗，绝大多数人的第一反应就是好大夫、阿里健康、春雨医生等每天拥有几十万病患进行咨询的软件，但是很少会有人意识到百度搜索其实比它们拥有更多的访问次数。

根据相关数据显示，百度每天的信息搜索量达到了 60 亿次，手机百度地图和位置服务的访问次数是 100 亿次，两者相加总共的访问次数为 160 亿次，其中每天有 10% 的访问量是与医疗有关的，包括寻医问药、医院方位等，访问次数达到了 16 亿次；与医疗健康相关的访问用户数量为 2600 万人，与医院相关的访问用户数量为 300 万人……这些与医疗相关的百度搜索数据大的惊人，但这还仅仅是每日的数据。

除此以外，百度还有许多与医疗有关的产品，像百度推广（让有需求的病患便捷地找到自己需要的医疗产品和服务）、百度知道（一些头痛脑热之类的“家常病”可以在这里搜索）、百度贴吧（可以在这里讨论相关病症）、

百度经验（可以获得很多治疗小窍门、小偏方）、百度百科（对一些不明医疗概念进行查询、了解）以及百度地图（寻找药店、医院、诊所方位的好帮手）。

通过以上百度产品可以获得众多医疗数据，不论数据价值大小，对于医疗终归是有一定帮助的，因此，这些数据为百度构建医疗体系打下了良好的基础。

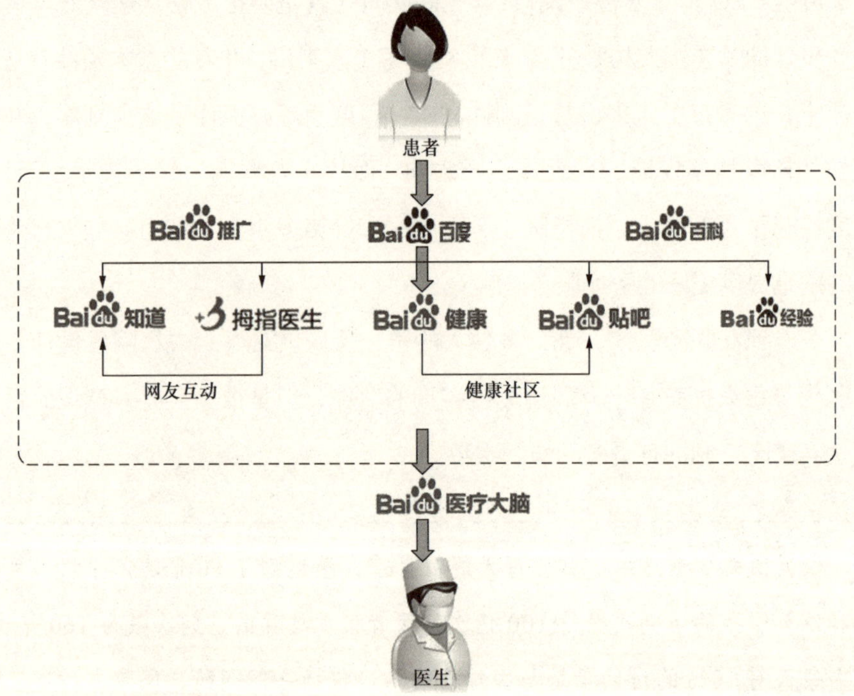

2. 打造医疗产品

百度医疗旗下有很多产品，像百度医生（挂号网）、拇指医生（病患交流平台）、百度健康（寻医问药网）、百度医学（医生使用工具网站）、百度医图（上传医疗图片）、百度医疗大脑（实现医疗创新的平台）。

利用这些产品，可以收集到许多与医疗有关的讨论，并可以帮助医生和病患、医生和医生、医生与知识库进行连接，由此产生更多的数据，进而反馈给百度医疗大脑，百度医疗大脑再反馈给医生，这样医生就可以获得更加有价值的医疗数据，从而更好地为病患服务。

3. 启动“医疗 + 互联网生态联盟”

2015 年 9 月百度启动“医疗 + 互联网生态联盟”，旨在吸引更多与医疗行业有关的企业加入，共同构建开放的互联网医疗生态圈，实现智能化的医疗方式以满足病患需求。百度对每个加盟合作伙伴都采取开放态度，让每个合作伙伴全面发挥自己的大数据和技术优势，在预约挂号、医疗保险、医药制造、医疗可穿戴设备、医院系统等方面更好地提升互联网医疗服务能力，更好地为病患提供多样的医疗服务，同时也让合作伙伴之间实现共赢。

百度作为互联网巨头中唯一一家在医疗行业向外延伸并成立医疗事业部的企业，其“医疗 + 互联网”战略布局是非常具有前瞻性的，同时也可以看出百度布局医药领域的巨大野心。但是，由于战略定位不够清晰，其逐渐走向了下坡道路。2016 年 3 月中旬，百度健康的医药馆宣布关闭，并进行全面整合。

虽然百度医疗遭遇了挫折，但是百度医疗借助互联网在医疗领域所作出的贡献是不可以忽略的。也正是有了像百度医疗这样的平台，才使得以往病患挂专家号难的问题得到了很好的解决，百度医疗同时也为广大病患提供了很好的医疗服务，这些是有目共睹的。

相信，随着互联网的不断发展，“医疗 + 互联网”必将为竞争日益激烈的医疗领域提供更多、更新的发展契机，这也是我们可以预见的。

6.11 出版行业：出版业实现颠覆式创新，喜马拉雅 FM 移动听书成“香饽饽”

近年来，随着互联网的发展，网络数字听书，即移动听书成为了非常盛行的一种收听或者阅读方式。各类移动听书 APP 平台、微信公众号等不断崛起，并且受到广大读者的喜爱，移动听书成了“香饽饽”，但同时也对出版行业造成了一定的影响。

移动听书是借助移动智能设备，通过移动互联网在线或下载后收听各种脱口秀、百科知识、原创小说、广播剧、培训、资讯等。这里我们要对传统的电台节目收听进行甄别。移动听书区别于电台节目收听的主要特点在于：一方面，移动听书能够为读者提供更多碎片化的收听体验，能够迎合当前广大听众的碎片化时间与注意力的特点；另一方面，移动听说所利用的 PGC 技术（即相位产生载波技术，是一种光纤传感技术）和 UGC（用户原创内容）能够积累海量的阅读资源，因此，能够满足广大听众在不同方面的收听需求。也正是因为这两大特点，使得移动听书的队伍不断壮大。

当前，已经有 500 多家移动听书平台成功搭建，并且市场前景非常好。2015 年 7 月，中国印象与数字出版协会有声读物专业委员会在国家新闻出版广电总局的指导下成功换届，其会员单位发展到了 45 家，其中还吸纳了倾听 FM、喜马拉雅 FM、听书平台等的加入，并且有越来越多的知名移动听书平台运营商申请加入。

2014 年，我国移动听书市场在互联网的基础上进入了初级阶段；到 2015 年，移动听书逐步形成一个新蓝海；2016 年，移动听书平台必将大幅增长。这是因为目前我国有声书市场是一个超过 20 亿元规模的蓝海市场，加上我国当前庞大的人口规模，2016 年，移动听书规模壮大必将势不可挡。可以说，移动听书是当前出版行业竞争日趋激烈的环境下出现的全新经济增长点。

喜马拉雅 FM 作为一家互联网移动电台，带动移动听书行业的发展，并且助力出版业在移动听书上的发展。自 2013 年 3 月喜马拉雅 FM 上线以来，至 2016 年 1 月，其在移动端的用户数量已经超过 2 亿人，月活跃用户数量达到了 4500 万人，日新增用户数量也已过万人，这一切使得喜马拉雅 FM 能够在移动听书领域排名第一。喜马拉雅 FM 在这些光鲜的数字背后，究竟有着什么样的逻辑和模式，如图 6-10 所示。

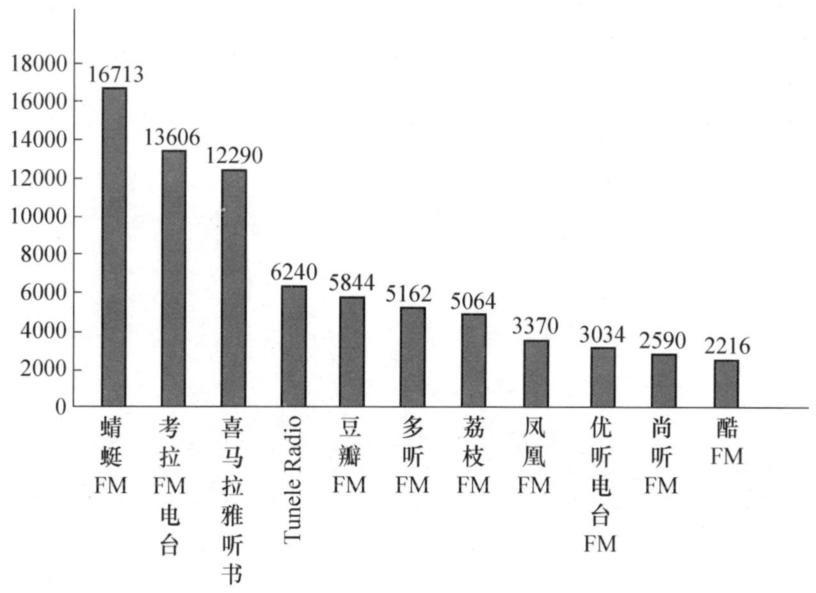

图 6-9　2015 年移动电台累计下载量排行榜（万次）

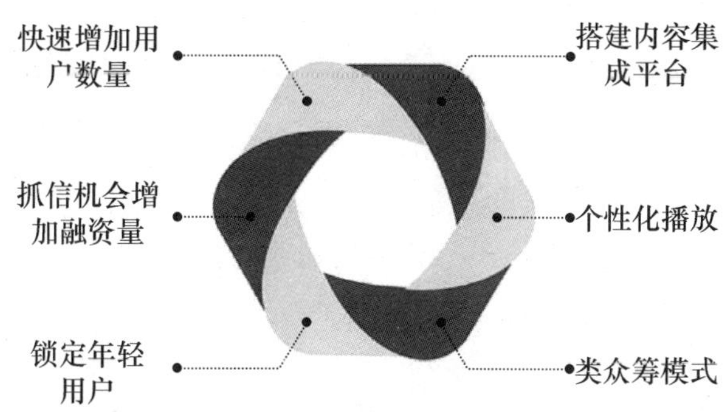

图 6-10　喜马拉雅听书创新模式

1. 快速增加用户数量

喜马拉雅FM，不仅依靠内容来提升用户数量，也利用明星效应吸收流量。像TFboys、郭德纲、吴晓波等都是他们请来的嘉宾。喜马拉雅FM甚至通过签约的方式来提升其点播量。像每周一期的《罗辑思维》，在喜马拉雅FM上的平均播放数量已经超过了200万，高于其在优酷的点播量。

2. 抓住机会增加融资量

2014年喜马拉雅FM完成了1150万美元的A轮融资。2015年4月，喜马拉雅FM完成5000万美元的B轮融资，其估值达到了12亿元。

3. 锁定年轻用户

喜马拉雅FM的绝大多数用户都是年龄段集中在20~39岁之间的年轻群体，这个群体的用户大多数都已经进入职场，并且有较强的消费能力和消费欲望。因此，喜马拉雅FM将目光集中到这部分人身上，为其选择和提供更加适合其收听的内容，并且选择在其工作的闲暇时间播放，这样不仅有效地缓解用户工作压力，也变相地提升了他们的工作效率，进而更好地提升了用户体验的满意度。

4. 搭建内容集成平台

在这个内容为王的互联网时代，移动听书行业同样需要以内容取胜。基于这一点，喜马拉雅FM也将内容作为吸引用户的重要手段，并且搭建内容集成平台，其中收录了大量经济、娱乐、相声等内容，包括教育、都市、体育、小说、戏曲等共3000多个频道，提供24小时不间断播放服务。此外，喜马拉雅FM还花重金买下了人物版权，正是这样，喜马拉雅FM聚集了大规模的手机广播用户，使自身成为了互联网移动听书领域的领军者。

5. 个性化播放

（1）精准推送

喜马拉雅FM与其他传统电台在内容推送方面的区别是，喜马拉雅FM

是在充分了解用户兴趣点、用户习惯特点之后，进行精准推送。

（2）缩短播放时间

喜马拉雅FM的播放时间大多为5~20分钟，这样更加能够适应用户时间的碎片化特点，有利于用户更好地获取所需信息。

6. 类众筹模式

喜马拉雅FM给“读者”放权，“读者”可以自由投票选出喜欢的书籍，然后由喜马拉雅FM的优秀制作团队将其制作成音频内容，供“读者”听。另外，喜马拉雅FM还利用声优文化将各种文学作品、影视作品等的角色演绎出来，让用户充分结合声音来辨识角色，从而充分体验和了解“听觉拼图”的内涵。

虽然听书和读书之间没有太大的区别，但是在读书的基础上结合移动智能设备和移动互联网创新读书的方式，不但能够给人一种新潮感，更重要的是能够帮助那些时间碎片化的读者更好地获取知识和信息，从这一点出发，移动听书便优于传统的读书方式。

6.12 娱乐行业：互联网重塑行业格局，《中国好声音》完美演绎互联网思维

浙江卫视联合星空传媒旗下的励志类音乐评论节目《中国好声音》，自2012年开播以来，已经播放过四季，每一季都能够吸引众多的粉丝观看。2016年7月份，改名为《中国新歌声》，但众多粉丝对第四季的期待绝不亚于前几季。

《中国好声音》作为一档音乐评论节目，为何能够赢得如此大的粉丝团来助阵呢？其实仔细研究，其中还是有一定的玄机的。互联网思维便是其核心，

《中国好声音》正是借助互联网思维做了一场互联网的“好生意”。

1. 用户思维

《中国好声音》在利用互联网思维的过程中，用户思维是其核心。腾讯视频数据显示，《中国好声音》首播24小时内就获得了1.2亿的用户点击量，并且几乎每期节目都能够蝉联电视节目收视率第一名，稳坐“收视冠军”的宝座。

《中国好声音》在利用用户思维的时候，往往利用用户参与方式以及用户体验方式来增加用户数量。举个简单的例子，在节目播放期间，无论是现场还是其他渠道的观众，都可以参与微信摇一摇有奖互动，这种做法非常明显地将用户放在了最为重要的位置。

另外，《中国好声音》还通过现场评选与大众评选的方式调动大众参与的积极性，让观众更好地享受极致的、前所未有的体验，这样就能够使用户思维的作用在整个节目过程中充分体现。

2. 简约思维

《中国好声音》节目的最大特色就是导师背对选手，不看演唱者外表，只通过听声音来判断和评选，这种方式告诉观众即用户“简单即是美”，背对选手聆听他们的声音，可以不参杂任何个人主观思维，即把美的声音甄选出来。这种做法简单且富有创新性，只有少数娱乐节目中可以做到。

3. 极致思维

这个节目期初先进行盲选，然后再到十六进八、八进四、之后每组选出冠军，整个过程中导师们严格把关、严格考核，都是为了一步步选出最佳选手，为了追求最好的声音，可谓是将互联网的极致思维发挥得淋漓尽致。

4. 迭代思维

《中国好声音》在迭代思维方面的利用也是相当充分的。起初，《中国好声音》将电视和腾讯作为主要播放渠道，之后又借助微信公众平台等进行互动。随着移动互联网的进一步发展，以及移动智能设备的不断更迭，《中国好声音》抓住了移动互联网的优势，将《中国好声音》变为了“口袋好声音”，用户可以随时随地观看节目并参与互动。这就是一种迭代思维。

5. 流量思维

根据腾讯视频数据显示,《中国好声音》第一季的播放总次数为 6.0 亿次；第二季的播放总次数达到了 13.8 亿；第三季的播放总次数为 42.7 亿次；第四季的播放总次数为了 41.8 亿次。能够有如此规模的点击播放量，在娱乐节目领域还是很少见得。

究其原因，主要是以下几点：首先，节目的商业模式较以往的模式有所创新，使得观众即用户具有耳目一新的体验感，其次，借助电视、互联网和移动互联网三重渠道进行播放，增加了流量渠道。

6. 社会化思维

社会化思维是现代营销中所必备的思维，尤其是微信公众号、微信朋友圈、微博等诸多社会化媒体渠道的打开，为社会化思维提供了广阔的方向。《中国好声音》利用社会化思维为其品牌口碑奠定了一定的基础。

7. 大数据思维

互联网时代的大数据营销可以让每一个营销细节都深入客户的心。《中国好声音》的制作方对用户评估数据进行统计，进而发现节目有哪些地方不足需要进一步完善和提高。另外，制作方也可以从这些评价中进一步预测用户需求，以便做出更好的节目，从而让盈利达到最大化。

8. 平台思维

平台思维即是共享、共赢、开放的思维，通过这三种思维打造一个互利共赢的生态圈。在《中国好声音》的生态圈中，导师、学员、赞助商、观众、节目制作组聚集在《中国好声音》平台上实现共赢。可以说《中国好声音》为众多生态圈中的成员提供了一个获利平台，而广大观众以及互联网为这个平台注入了新鲜的活力，从而打造了《中国好声音》这个多主体的互联网平台。

《中国好声音》可谓将互联网思维应用到了极致，正是基于这些互联网思维，才使得《中国好声音》越来越受观众喜欢，观众数量越来越多，更重要的是使其获利更加丰厚。可以说《中国好声音》是对互联网思维的一次完美演绎。

6.13 农业行业："互联网 + 农业"渐入佳境，雷军成为押注农业互联网的先锋

自从 2015 年国家将"互联网 +"纳入国家战略后，"互联网 +"在各行各业受到高度重视，农业"拥抱"互联网已成为既定事实，并由此催生了诸多具有创新性的产品和项目。无论是智能农业模式中对互联网技术的应用，还是互联网营销中融入的农业电商服务模式，抑或是农业与互联网的深度融合，都向我们表明，农业已经与"互联网 +"之间建立起了千丝万缕的联系，同时也向我们证明"互联网 + 农业"正渐入佳境。

进入 2016 年，"互联网 + 农业"有了全新的发展趋势，农业领域也出现了全新的商机。

1. 农村微商、电商将受到全面扶持

作为一项国家级战略，在"互联网 + 农业"的模式下，农村微商、电商正全面兴起；与此同时，国家也更加重视和扶持农村微商、电商的发展，像政策扶持、基础设施扶持等。

2. 移动端发力农业更加明显

由于农村网民数量增长受限，因此，其电脑操作水平受到了影响，进而

使信息传播的最后一千米还是难以在农村普及。而手机作为移动端，既方便携带，又便于操作，因此成为了解决这最后一千米问题的关键，也使得移动端向农业发力更加明显。

3. 农业新媒体成主要宣传方式

随着微信、QQ等在农村网民中的普及，农作物推广方式由传统的广告粘贴、电话联络转变为网络新媒体。

4. 农产品销售渠道大幅扩张

以往，由于信息传播具有一定的局限性，使得农产品的销售受限，同时也很大程度上影响了农产品的质量，更重要的是分散式销售使得产品的品牌知名度不够突出。

但是，进入互联网时代，借助互联网“短、平、快”的特点，农产品销售渠道也得到大幅扩张，农业产品的生产、销售、运输等各个环节都能够得到有效、快速的把控；另外，绿色生态产品、农产品体验式采摘旅游成为一大亮点，也给农业发展带来了全新的机遇。

5. 农业众筹模式兴起

农业也开始基于互联网开启众筹模式。农业电商已经不仅仅局限于线上销售农产品，还通过众筹模式创新农产品，让消费者有更多创新性的农产品可以选择，使得个性化定制农产品和服务的实现成为了可能，并为创新农产品的培育提供了资金保障。

6. 社区电商成为新角色

城镇化、互联网化使得农业电商接轨O2O，社区电商成为农业领域的新角色，这使得现代化农产品较传统农产品的品质大幅提高；同时，生鲜农产品社区电商更是受到广大消费者的欢迎；另外，生鲜电商物流冷链问题也得到了有效解决：基于此，生鲜农产品社区电商获得了更多的盈利。

雷军作为互联网大佬，早已经嗅到了“互联网 + 农业”中存在的巨大商机，因此，其率先参与和下注了多个“互联网 + 农业”项目，成为押注农业互联网的先锋，像农村互联网巨头美菜网，就是雷军押注的重点，其原因是雷军看中了美菜网独特的商业营销模式。

美菜网作为一家生鲜电商，用前卫的理念和先进的技术打造了 B2B 食材平台，这一举动完全颠覆了传统的农业领域。

1. 自建仓库，手机接单，发展 O2O 模式

美菜网建立了自己的农产品仓库，并且对物流模式进行了创新，从中间砍掉了产品流通环节，缩短了与客户之间的“最后一千米”，为中小型餐厅提供了优质、新鲜、低价的菜品，同时也缩短了运输成本和时间成本。互联网时代，时间和速度就是金钱。

2. 加速深化源头直采的 B2B 战略布局

美菜网作为一家农产品电商平台，还全面布局 B2B 战略，与山东省淄博某农业发展公司达成战略合作伙伴关系。该农业发展公司拥有 150000 多亩（1

亩≈ 666.7 米 ^{2}）标准化生产基地，并且其种植管理技术在我国处于领先地位，具备很多优势，如进行专业种植、机械设备、空中作业等，并且年供应量超过 10 万吨。

作为生鲜食材，对于消费者而言，一定要保持新鲜，如果从采摘到进入消费者手中的时间过长，就会使食材的新鲜度大打折扣，因此，美菜网该农业发展公司作为直采源头，从食材被采摘的那一秒起，就对其进行科学管理，采用科学的保险方式，使得食材的品质得到了有力的保障。

其实，对于美菜网的整体发展模式，可以用图 6-11 来表示。

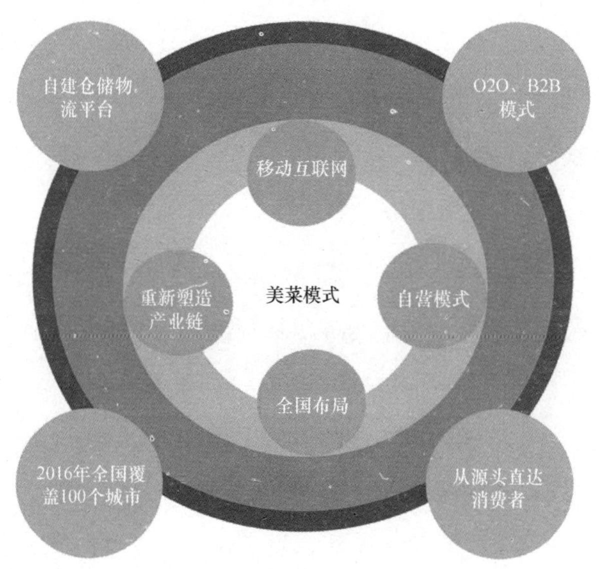

图 6-11　美菜网的整体发展模式

以上这两点，正是雷军看好美菜网，并选择美菜网作为投资对象的原因。雷军对于美菜模式在未来“互联网 + 农业”道路上的发展很有信心，美菜网代表的是我国未来“互联网 + 农业”发展的一种趋势。因此，雷军作为押注农业互联网的先锋，其眼光还是非常独到和有远见的。

6.14 物流行业："互联网＋物流"，牛到家向智慧物流挺进

众所周知，传统的物流配送往往存在很大的问题，并受到很多方面的制约。以同城配送为例，大多数同城配送的第三方物流企业拥有自己的物流配送人员和车辆，然而，这些配送车辆往往是单程运输，返回的时候就是空车行驶，这样就使得油耗浪费严重，由此带来了成本居高不下的困境。为了降低油耗成本，有的物流企业开始寻求新的模式，即采用集中配送的方式，通过凑单凑足了一次运输成本之后开始集中运输，这样成本减少了，但与此同时用户的体验满意度却降低了，因此，传统物流行业的发展往往不尽如人意。

自2015年"互联网+"升级为国家战略高度后，各个行业都开始谋变，物流行业也是如此，利用"互联网+"分食物流行业这块蛋糕。以前，人们总是认为物流业是其他产业的附属产业，是连接商家与买家的桥梁。然而，时至今日，随着互联网格局的全面打开，人们才打破这种思维，认为物流业实际上是一个独立的服务型行业。

的确如此，在互联网时代，物流行业的特性变得越来越明显，"互联网+物流"成为了加速物流行业发展的新型模式。因此，众多传统物流企业纷纷试水互联网，与此同时，以往单一的互联网企业也开始将目光瞄准物流市场，浩浩荡荡地向智慧物流挺进。

牛到家作为这批进军者中的一员，致力于打造全国智慧物流公共服务平台，结合互联网，利用软件和技术，如GPS、大数据、云计算、LBS等来提升用户体验，同时也使得基于移动互联网的同城配送信息实现了共享和资源

适配。牛到家智慧物流公共服务平台主要有 4 个版本，分别是司机版 APP、货主版 APP、微信端和 Web 端，如图 6-12 所示。

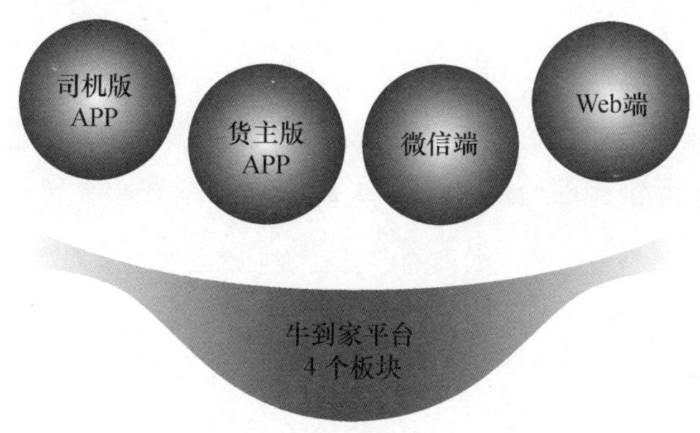

图 6-12　牛到家平台 4 个板块

1. 司机版 APP

顾名思义，司机版 APP 就是针对司机而言的，在这个版本上有许多货单可以供司机公开竞标抢单。通过牛到家的司机版 APP，司机可以实现就近拉货，返回不空车，同时还可以实现运费实时结算，通过这种方式，司机不但节省了成本，还在运费结算的时候多了一重保障。

2. 货主版 APP

利用货主版 APP，货主可以快捷查询附近的空货车资源，可以随时叫车装货；同时还可以选择在线支付，也可以选择货到付款，使得付款方式更加灵活；另外，货主还可以对送货车辆的行车路线等进行实施监控，不必再为货物安全问题而担心、不安。

3. 微信端

利用微信端的目的主要是为了迎合当前移动互联网的发展，以及用户更加倾向于使用手机操作而设计的，微信公众号可以更好地帮助司机了解牛到家的报价信息，帮助货主明确空车信息等。

4.Web 端

Web 端是连接牛到家与司机和货主的主要端口，司机和货主可以按照个人习惯和喜好来选择微信端或者 Web，无论哪个端口，都是围绕能够尽可能给客户提供最佳的服务体验而进行的。

虽然不能用语言向每一个用户讲述自己的平台概念和产品逻辑，但是通过互联网，以及更多的人性化设计，牛到家在同行业中受到众多客户的认可。因此，可以说，企业能够在激烈的市场竞争中存活并不是最终目的，能够合理利用互联网实现企业的持续发展，才是王道。